"十二五"国家重点图书出版规划项目

中国企业行为治理研究丛书

组织行为卷

组织公正与伦理决策若干问题研究

金杨华著

浙江工商大学出版社
ZHEJIANG GONGSHANG UNIVERSITY PRESS

图书在版编目(CIP)数据

组织公正与伦理决策若干问题研究 / 金杨华著. —
杭州：浙江工商大学出版社，2016.12
ISBN 978-7-5178-1463-4

Ⅰ. ①组… Ⅱ. ①金… Ⅲ. ①组织管理学－伦理学－
研究 Ⅳ. ①C936②B82

中国版本图书馆 CIP 数据核字(2015)第 306093 号

组织公正与伦理决策若干问题研究

金杨华 著

责任编辑 郑　建
封面设计 林朦朦
责任印制 包建辉
出版发行 浙江工商大学出版社
(杭州市教工路 198 号　邮政编码 310012)
(E-mail:zjgsupress@163.com)
(网址:http://www.zjgsupress.com)
电话:0571-88904980,88831806(传真)
排　　版 杭州朝曦图文设计有限公司
印　　刷 杭州恒力通印务有限公司
开　　本 710mm×1000mm　1/16
印　　张 16.5
字　　数 250 千
版 印 次 2016 年 12 月第 1 版　2016 年 12 月第 1 次印刷
书　　号 ISBN 978-7-5178-1463-4
定　　价 45.00 元

浙江工商大学出版社营销部邮购电话　0571-88904970

本著作是以下项目资助成果

➢ “十二五”国家重点图书、音像、电子出版物出版规划“中国企业行为治理研究：理论前沿与现实对策”丛书

➢ 浙江省重点创新团队“道德建设与价值培育创新团队”研究成果

➢ 浙江省高校人文社会科学重点研究基地（浙江工商大学工商管理学科）研究成果

➢ 本书为国家自然科学基金“管理者伦理决策过程及多水平影响因素研究：行为伦理视角”（批准号：71072136）；国家自然科学基金项目“基于策略互动实验方法的大股东控制权私利形成机理研究：影响因素与伦理决策”（批准号 71272143）；浙江省自然科学基金“道德解脱对组织伦理决策的影响——行为伦理视角”（批准号：LY14G020002）；浙江省哲学社会科学基金之江青年“组织伦理决策的影响因素与效应研究”（批准号：13ZJQN052YB）资助项目成果，特此感谢！

总 序

企业是社会发展的产物,随着社会分工的开展而成长壮大。作为现代经济中的基本单位,企业行为既是微观经济的产物,又是宏观调控的结果。从某种意义而言,企业行为模式可被看成整个经济体制模式的标志。中国企业经历了改革开放后 30 多年的高速发展,已然形成自身的行为体系和价值系统,但是在国际环境的复杂多变及国内改革步入全面深化、攻坚阶段的特殊历史背景下,如何形成系统的行为治理框架将直接决定中国企业可持续发展能力的塑造以及核心竞争力的形成。

从社会学的研究来看,人类社会就是一部社会变迁的进步史,社会变迁是一个缓慢的过程,而转型就是社会变迁当中的"惊险一跳",意味着从原有的发展轨道进入新的发展轨道。30 多年来,我们国家对外开放、对内改革,实质上就是一个社会转型的过程。这一时期,从经济主体的构成到整个经济社会的制度环境都发生了巨大的变迁,而国际环境也经历着过山车般的大起大落。"十一五"末期国际金融海啸来袭,经济急速下滑,市场激烈震荡,危机对中国经济、中国企业的影响至今犹存。因此,国家将"十二五"的基调定为社会转型。这无疑给管理学的研究提供了异常丰富的素材,同时也给管理学研究者平添了十足的压力。

作为承载管理学教学和科研任务的高校,如何在变革的时代中有效地发挥自身的价值,以知识和人才为途径传递学者对时代呼唤的响应,是一个非常值得思考的论题。这个论题关系到如何把握新经济环境下企业行为的规律,联系产业特征、地域特点,立足当下,着眼未来,为企业运营、政府决策提供有力的支持。

在国际化竞争和较量的进程中,中国经济逐渐显现一种新观念、新技术和新体制相结合的经济转型模式。这种经济转型模式不仅是中国现代经济增长的主要动力，而且将改变人们的生产方式和生活方式，企业则是这一过程的参与者、推动者和促成者。因此，企业成为我们管理学研究者最为关注的焦点。在经济社会重大转型这一背景之下，一方面由于企业内部某种机理的紊乱，以及转轨时期企业目标的交叉连环性和多元性，另一方面由于外部环境的不合理作用，所以企业行为纷繁复杂，既有能对经济社会产生强劲推动作用的长远眼光，也存在破坏经济社会可持续发展的短视行为。随着经济和社会的进步，企业不仅要对营利负责，而且要对环境负责，并承担相应的社会责任。总体而言，中国企业发展中面临许多新问题、新矛盾，部分企业还出现生产经营困难，这些都是转型升级过程中必然会出现的现象。

“转型”大师拉里·博西迪和拉姆·查兰曾言：“到了彻底改变企业思维的时候了，要么转型，要么破产。”企业是否主动预见未来，实行战略转型，分析、预见和控制转型风险，对于转型能否成功至关重要。如果一个企业想在它的领域中有效地发挥作用，行为治理可以涉及该企业将面临的更多问题；而如果企业想要达到长期目标，行为治理可以为其提供总体方向上的建议。在管理学研究领域，行为治理虽然是一个全新的概念，却提供了一个在新经济环境下基于宏中微观全视角来研究企业行为的良好开端。

现代公司制度特指市场经济中的企业法人制度，其特点是企业的资产所有权与资产控制权、经营决策权、经济活动的组织管理权相分离。于公司治理而言，其治理结构、方式等的选择和演化不仅受到自身条件的约束，同时还受到政治、经济、法律和文化等外部制度环境的影响。根据North(1990)的研究，相互依赖的制度会构成制度结构或制度矩阵，这些制度结构具有网络外部性，并产生大量的递增报酬。这使得任何想改善公司治理的努力都会受到其他制度的约束，使得公司治理产生路径依赖。在这种情况下，要想打破路径依赖，优化治理结构，从制度设计角度出发进行行为治理便是一个很好的思路。

此外，十八届四中全会提出“实现立法和改革决策相衔接，做到重大改革于法有据、立法主动适应改革和经济社会发展需要”的精神，而《中华人民共和国促进科技成果转化法修正案(草案)》的通过，则使促进科技创新的制度红利得到依法释放。我国“十二五”科学和技术发展规划中明确指出，要把科研攻关与市场开放紧密结合，推动技术与资本等要素的结合，引导资本市场和社会投资更加重视投向科技成果转化和产业化。新时期科技创新始于技术，成于资本，以产业发展为导向的科技创新需要科技资源、企业资源与金融资源的有机结合，因此如何通过有效的企业行为治理，将各方资源进行有效整合，则成为促进科学技术向第一生产力转化所面临的新命题。

由上述分析可以发现，无论是从制度、科技、创新角度，还是从公司治理、企业转型角度出发，企业的目标都是可持续的生存和发展，而战略则成为企业实现这一目标的有效途径。战略强调企业与环境的互动，如何通过把握新时期新环境来制定和执行有效的战略决策以获取竞争优势，则成为企业在新经济环境下应担起的艰巨任务。另外，企业制定发展战略的同时应当寻找能为企业和社会创造共享价值的机会，包括价值链上的创新和竞争环境的投资，即做到企业社会责任支持企业目标。履行战略型企业社会责任不只是做一个良好的企业公民，也不只是减轻价值链活动所造成的不利社会影响，而且要推出一些能产生显著而独特的社会效益和企业效益的重大举措。

浙江工商大学工商管理学院（简称“管理学院”）是浙江工商大学历史最长、规模较大的一个学院。其前身是 1978 年成立的企业管理系，2001 年改设工商管理学院。学院拥有工商管理博士后流动站和工商管理一级学科博士点，其学科基础主要是企业管理，企业管理学 1996 年成为原国内贸易部重点学科，1999 年后一直是浙江省重点学科，2006 年被评为浙江省高校人文社科重点研究基地，2012 年升级为工商管理一级学科人文社科重点研究基地，该研究基地始终围绕“组织、战略、创新”三个最具企业发展特征的领域加以研究，形成了较为丰硕的成果。本套丛书正是其中的代表。

经过多年的理论研究和实践尝试，我们认为中国企业经历了改革开放后 30 多年的高速发展，已然形成自身的行为体系和价值系统，但是在国际环境的复杂多变及国内改革步入全面深化攻坚阶段的特殊历史背景下，如何形成系统的行为治理框架将直接决定中国企业可持续发展能力塑造以及核心竞争力的形成。

本套丛书以中国企业行为治理机制为核心，分“公司治理卷”“转型升级卷”“组织伦理卷”“战略联盟卷”“社会责任卷”“领导行为卷”“运营管理卷”七卷。从各个视角详细阐述中国企业行为治理的理论前沿以及现实问题,首次对中国企业行为治理的发展做了全面、客观的梳理。丛书内容涵盖了中国企业行为的主要领域,其中涉及战略、组织、人力、创新、国际化、转型升级等宏观、中观、微观层次,系统完备;所有的分卷都是所属学科的最前沿研究主题,反映了国内外最新的发展动态,立足学术前沿;所有分卷的作者均具有博士学位,是名副其实的博士文集,其中包括该领域国内外知名的专家和学者;所有分卷的内容都是国家自然科学基金、国家社科基金以及教育部基金的资助项目,体现了较强的权威性,符合国家科研发展方向。

本套丛书既是我们对中国企业行为治理领域相关成果的总结,也是对该领域未来发展方向探索的一次尝试,如果本套丛书能为国内外相关领域理论研究与实践探索的专家和学者提供一些基础性、建设性的意见和建议,就是我们最大的收获。

“谦逊而执着,谦恭而无畏”,既是第五级管理者的特质,也是我们从事学术研究的座右铭,愿中国企业行为治理研究能够真正实现“顶天立地、福泽万民”!

郝云宏

浙江工商大学工商管理学院院长 教授 博导

2014 年 11 月 15 日于钱塘江畔

目　录

Contents

图目录

Figure Contents

表目录

Table Contents

第1章 什么是组织公正——历史回顾

无论是东方还是西方，公正是保持社会存在、维持社会秩序正常运作的最基本要素。在中国，孔子的“义”学说用公正原则建立起“仁”“礼”之间的桥梁；在西方，柏拉图的“理想国”掀起了对公正的探讨。此后，在研究发展过程中，对公正的持续研究不断深化，从探讨社会中的公正向组织延伸。

1.1 中国传统文化与公正思想

追溯公正思想的基础，影响最深的是传统文化中的义利之辨。义，即道义，指的是符合道德准则的思想行为；利，即利益、功利，指的是物质上的功效和利益(曹德本，2005)。不同学派的思想家大都关注义利之辨，其中又以儒家最为突出。孔子曰：“君子义以为上，君子有勇而无义为乱，小人有勇而无义为盗。”明确指出了“义”是君子的重要品质之一。罔顾道义法纪，只重物质享受，甚至犯上作乱而陷人于不义之中，不仅危害个人的利益，而且会严重威胁组织存亡。因而孔子主张“义以为上”，不论是君王还是普通百姓，在面对利益诱惑时都应该“见利思义”，即时刻提醒自己。在面对利益诱惑时，必须思考这种“利”是否得当：如果合情合理，合乎义，便取之；如果不合乎应当，与义不符，便舍之。如果以“义”作为社会生活的标尺，公正也便自然存在。

此外，朱熹也对公正做出过清晰的解释，他认为“公正”二字，“公”指“公心”，是“正”的前提，“正”为“当于理”，也就是符合“礼”的要求，这里的“礼”也就是上文所说的“义”，即正义、道义。以公正处事，便能维护生活的稳定和谐，不论是政治、法度、教育或者分配都能各得其所，因而体现公正。

1.1.1 政治领域之“公正”

政治领域内，“天下为公”的施政理念历来是安邦治国的首要条件。孔子提出：“大道之行也，天下为公。”这里的“公”具有公共、公正的含义，指的是若要推行大道，就要将天下归百姓所有，以公正、公平的方式处理政事。即希望施政者能够站在百姓立场，制定体现公正的法度，并以公正的思想治国。

类似的，道家老子认为：“圣人无常心，以百姓心为心”。他要求施政者应保持公正，以百姓利益为首要准则，为百姓考虑，摒弃自己的主观私心。墨家墨子之“天均”理念也指出，公平的法则是上天制定的，任何人都不能违背，包括父亲、恩师、兄长，甚至天子、诸侯、士大夫，都必须按公平之道处事。黄宗羲对这些思想进行了发展和升华，提出了“公利”和“公害”的观点，前者是指对天下百姓有利，后者则指对天下百姓有害。他认为天下是由百姓做主的，君王是过客。这种主客关系是公正思想的进一步体现，如果颠倒主客，便是对公正的漠视和践踏，这样的施政者必然会遭到百姓的厌恶。因此，在中国传统文化中，“天下为公”是必不可少的政治思想，是统治阶级治国安民的根本法则，也是仁人志士孜孜以求的政治哲学。

1.1.2 社会分配领域之“公正”

社会分配领域内，公正更是亘古不变的话题。我国社会历来有着强烈的均等思想，财富分配过度悬殊会招致人们的极大不满，甚至成为社会动荡的直接导火索。孔子明确强调：“有国有家者，不患寡而患不均，不患贫而患不安。”自然，这种“均”并不是一味地信奉平均主义，毫无差别可言，而是一种有秩序的归属，或者是各得其所。以董仲舒的注释为参考，所谓“不患寡而患不均”，他认为这种“均”并非指拉平上下等差，消灭差异，而是各种身份的人都能够各司其职，获得应有的财富，富人不飞扬跋扈，穷人也不自艾自怜。类似的，中国传统文化中指导社会分配的公正思想也要求要合乎“理”，即按“礼”的等级差序而分。正如荀子所言：“上贤禄天下，次贤禄一国，下贤禄田邑，愿悫之民完衣食。”贵贱、长幼、贫富皆有差别，关键不是均等，而是各得其份。

1.1.3　教育领域之“公正”

最能体现教育领域公正思想的当数孔子倡导的“有教无类”思想，他提倡普通百姓也应当享有平等的教育机会和教育权利，打破了“学在官府”的制度禁锢。这一伟大的创举无疑为社会培养了更多人才，开了教育扩大公平理念的先河。如今看来，这种“无类”不仅摆脱了封建等级观念的束缚，承认不同出身的人具有平等的受教育权利，而且无疑对传统等级制度造成了有力冲击。而继兴私学之后，后续的思想家和学者们深受影响，纷纷号召教育的普及化和大众化，例如，朱熹在教书育人的 40 余年间，在各地修办学堂 27 所，真正做到了传道授业解惑。显然，教育领域的公正极大扩展了知识的传播范围，推动了文化发展，对国家和民族都有划时代的意义。

除了上述的政治、分配和教育领域，公正思想在其他领域内也发挥着重要作用。其实，公正从来都是历史的、具体的。每个时代的公正思想都存在于具体的大环境中，但不可否认，我国传统文化中的公正思想是中华民族思维方式、价值观念以及社会形态的真实写照。这些优秀的理念跨越了时空界限，不仅与现代公正观高度契合，还与西方的公正观遥相呼应，为后续的理论、实践发展奠定了良好的基础。

1.2　从柏拉图的理想国到罗尔斯的正义论

西方关于正义的思想可能起源于柏拉图，他的著作《理想国》被誉为西方乃至世界上最早的“正义论”，是有关正义研究的鼻祖之作。他在著作中所讨论的正义观点对后世研究起到了开拓性的作用，从而催生出不同学者对正义的不同理解，丰富了西方世界对正义的研究脉络和内容体系。

1.2.1　柏拉图之“正义论”

在《理想国》中，柏拉图认为正义存在于一个理想的国家中，人们各司其职、按部就班，使国家日益壮大；尽管每个国家间会有不断的冲突，但仍有优秀统治者进行领导，也有受过良好教育的护国者日夜保卫。这样的正义关乎国家整体，而不是个人，但是只要以大见小，宏观的国家就能引出微观的个人正义。

国家和个人的正义是相对应的，国家利益对应于个人幸福。正义能够带来智慧、善良和快乐，正义的国家是利益最大的国家，正义的人也是最幸福的人。尽管学者们对柏拉图式的正义褒贬不一，如早在1937年，福斯特就论述了柏拉图观点中的错误，对柏拉图笔下的苏格拉底与其对手间关于正义的讨论进行了批判(罗跃军，2012)，但正如波普尔(1996)所认为的那样，无论好坏，柏拉图著作的影响都是不可估量的，可以说，西方思想不是柏拉图哲学就是反柏拉图哲学，但很少有非柏拉图哲学。由此可见，柏拉图的"正义论"对后续研究影响具有不可估量的深刻影响。

1.2.2 亚里士多德之"中庸论"

亚里士多德在总结柏拉图思想的基础上，分析了希腊一百多个城邦的阶级统治状况，系统提出了"中庸"的伦理观去解决现实生活中不断出现的各种矛盾(余兵，2008)。他将社会正义问题放到首位，认为正义是一种驱使所有人做出公正事情的品质，使他们成为做公正事情的人，并区分了若干种正义:分配的正义、矫正性的正义和相互性的正义，而完全意义的正义只能存在于由相当自由和平等的人所组成的，因而正义根本上乃是某种政治正义或社会正义。

1.2.3 霍布斯之政治哲学思想

霍布斯的政治哲学思想进一步认为决定人的思想和行为的是两种意向，即获得某些事物的意向和避开另外一些事物的意向，这两种意向引申出其他诸如爱与恨、好与坏等价值判断:"人们所欲求的东西也称为他们所爱的东西，而嫌恶的东西则称为他们所憎的东西"(赫费，1998)。霍布斯提出了第三条自然法，即"必须履行已订的契约"，于是，人类社会一切正义的法则均在自我保存中找到最终的根据，区分正义与不正义的标准就是契约，遵守契约即为正义，违反契约则为不正义(邓恒，2006)。

1.2.4 罗尔斯之“正义论”

20世纪70年代，罗尔斯的《正义论》问世。罗尔斯的正义，是以权力分配为主的程序正义，强调平等的秩序和谐，反对功利主义。他尝试运用正义原则来解决政治、经济和社会问题，探讨自由、宪法、多数原则、政治义务、非暴力反抗等重大主题。

罗尔斯(1971)认为正义有两大原则。一是每个人对所有人所拥有的最广泛平等的基本自由体系，并且与该体系相容的类似自由体系都应有一种平等的权利。二是社会的和经济的不平等应这样安排，使它们在与正义的诸多原则一致的情况下，适合于最少受惠者的最大利益；在机会公平的条件下，向所有人开放职务和地位。可见，前者支配的是人们的基本自由，后者支配的是人们的基本利益，也就是说这两大原则涵盖了生活的政治和经济领域。第一个原则被普遍认为优先于第二个原则，第二个原则里的机会公正平等原则又优先于差别原则。从中可看出，罗尔斯强调公民的基本自由包括政治自由、良心与思想自由、保障个人财产的自由权利，等等，并且每个人都公平地享有这些权利；也强调了应消除因每个公民不同的禀赋特点所带来的财富、权利收入差别，最终实现平等的分配，从而使每个人得到应有的利益。根据这两个原则，罗尔斯并不是绝对地将最初的平等视为最终的目标，不是要消灭所有不平等，而是要看这种不平等能不能使公民的整体处境更好。也就是说，如果在社会基本结构中，某种不平等能够使每个公民享受到比最初的平等状态更大的利益，那么这种不平等也符合正义原则。

罗尔斯的独到之处在于在个人独立与社会制度、体制的整合中确立自己的正义观。其中包含浓重的自由、平等、博爱意识，和柏拉图《理想国》的理念一致，这些观点似乎都适用于转型社会的和谐构建，不论是政治方面、经济方面还是社会方面，是整个国家还是单独的个体，这些历久弥新的哲思精华赐予人们无尽的宝藏，从而夯实人们的价值观，打造共有的精神家园。

可以说，正是由于中西方璀璨文化的相互碰撞，才有了公正思想的历久弥新。不难发现，两者在一定程度上有相似之处，特别是居其位、安其政的思想更是如此。社会稳定需要不同角色各司其职，通力合作，不逾越，不冒犯。当然，人类的天性中包含对自由和权利的向往，所以得到普遍认可的公正思想也包含对公民基本自由的强调和基本权利的维护。任何人都有需要，不论是物质层面还是精神层面，即便是“圣人”，也有为之心动的事物。但是在利益面前，如何维持君子风范，就需要公正的规范。而带着锁链的舞蹈也更符合大多数人的利益，公正就如这锁链，是维持平衡、和谐的良方。

1.3 组织公正的概念演变与发展历史

1.3.1 组织公正的概念演变

中西方的古典公正理论是组织公正的思想源泉，组织公正的研究也主要起源于哲学领域公正主题的探索，两个领域的成果不断交融、影响，推进了公正的演变。17 世纪前，人们一度对有关公正的研究热情大减，但不久之后，局面被彻底改变。洛克关于人权的著作和霍布斯对有效契约的分析使公正主题的研究一度复兴。到 19 世纪，穆勒提出的经典功利主义概念再度掀起了公正研究的热潮。然而，以上这些研究并非关注“公正应该是什么”，而是关注“它为个体所感知”。从某种意义上来说，要理解公正问题，就必须了解什么是公正。尽管不同时期对公正的研究存在一定差异，但这些研究所采用的哲学方法有着相似之处，并且学者们都试图给出公正的标准化解释。科恩(1986)认为，不同学科领域的社会科学家对公正的描述性倾向产生了极大兴趣。例如，财富和政治权力的获取与使用、教育机会的平等、医疗保健体系的健全等方面的专题论文中都包含公正话题。

以上研究的共同点是所聚焦的公正是社会领域内的，而我们关注的(也是本书的焦点)则是在工作场所这个特定情境中的公正问题。虽然如泰勒、福莱特等经典管理理论学家曾对工作场所中的公正问题产生过兴趣，但是直到 20 世纪后半叶，社会心理过程被应用于组织情境后，工作场所中的公正问题才受到广泛关注。由于早期概念如平衡理论(Heider，1958)、认知失调理论(Festinger，1962)、心理抗拒(Brehm，1966)和挫折——攻击假说(Homans，1982)等的推动，已有一些现成的工具用以研究工作场所中基本的公正问题。

French(1964)首先把公正概念引入组织领域,提出了“组织公正”概念,用以特指工作场所中员工的公正感知。Greenberg(1987b)则首次展开了组织公正的实证研究。此后,有关组织公正的研究层出不穷。具体来说,员工工作生活的各方面均与组织公正相关,可以分为分配公正、程序公正、互动公正三方面。分配公正是指个体对资源配置结果公平与否的感受,程序公正是指分配资源使用的程序、过程的公正性,互动公正则是指由于程序执行者对待个体的态度、方式的不同从而影响其公正判断。具体而言,员工普遍关注报酬、奖金、晋升和争端解决结果等资源分配的公平性,这类情况就被定义为分配公正(Adam,1963/1965;Leventhal,1976a)。员工也关注那些导致分配结果的决策程序的公平性,并尝试了解它们发生的原因和作用机理,即程序公正(Thibaut 和 Walker,1975)。最后,员工还关心来自他人(尤其是上级领导)的人际对待的公平性,即互动公正(Bies 和 Moag,1986;Greenberg,1993a)。总体而言,这三种公正类型构成了组织公正的三个维度。由此,学者们对公正的关注焦点也大都从社会层面转移到组织层面。

可以说,组织公正的三种类型对员工而言至关重要。例如,公正感知可以加强员工对组织领导合法性的支持(Tyler 和 Lind,1992),从而消除各种类型的破坏行为,同时提高员工对组织变革的接受度。公正感知还可以加强员工感知到的领导诚信度,减少他们对剥削的恐惧,同时激励同事之间的相互合作。在个人层面上,公正感知可以满足人们的需要(Byrne 和 Cropanzano,2001),如对控制、自尊和归属的需要。最后,公正感知还在表现方式上满足了人们履行道德和伦理责任的兴趣(Folger,1998)。下文将对组织公正的研究历史进行了详尽描述。

1.3.2　组织公正的研究历史

组织公正的研究历史可分为四次浪潮。如图 1-1 所示对这四次浪潮了标示,相对较黑的区域表示在每次浪潮中研究活动更为频繁的时期。首先,分配公正浪潮是从 20 世纪 40 年代末到 70 年代初,研究聚焦于资源分配公正。程序公正浪潮起始于 20 世纪 70 年代中期到 90 年代中期结束,这个时期的研究焦点转移到决定报酬分配的程序过程是否公正的问题上。

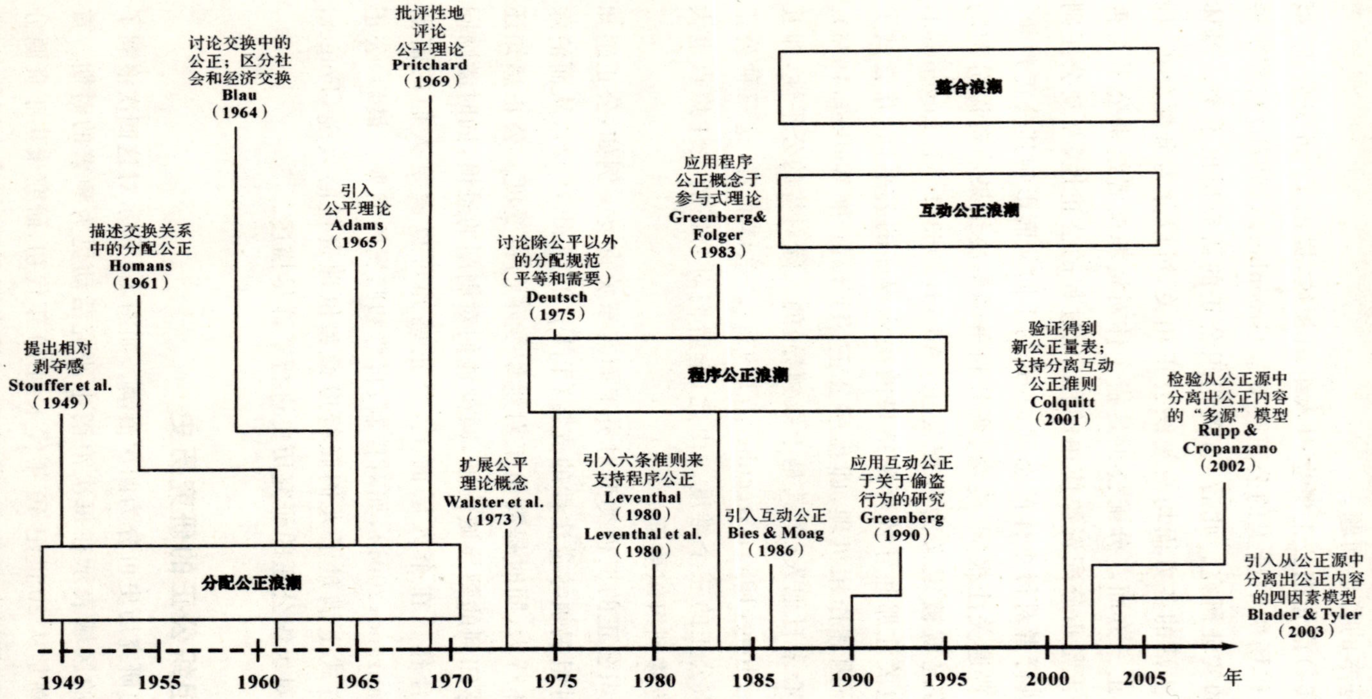

图 1-1　组织公正理论与研究的四次浪潮

资料来源：Greenberg & Colquitt: Handbook of Org. Justice，Lawrence Erlbaum，2005.

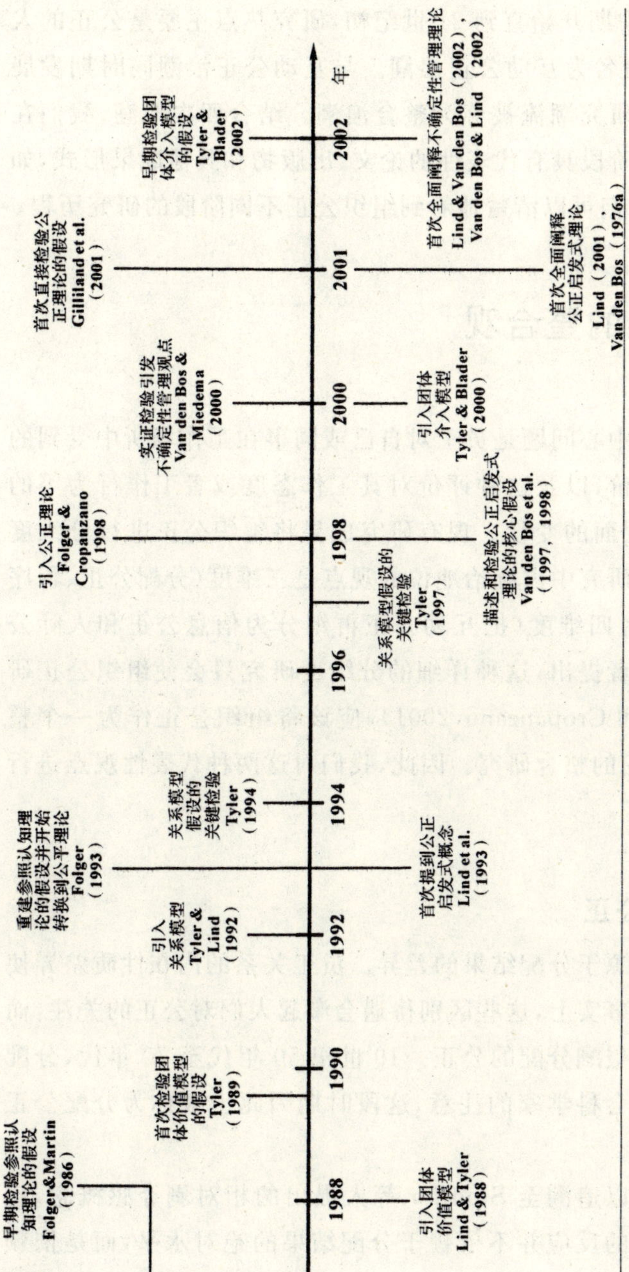

图 1-2　整合浪潮

资料来源：Greenberg & Colquitt: Handbook of Org. Justice, Lawrence Erlbaum, 2005.

20世纪80年代中期开始直到21世纪初，研究热点主要是公正的人际方面，这个时期被命名为互动公正浪潮。与互动公正浪潮同时期发展起来的另一波理论和研究潮流被称为整合浪潮。结合四次浪潮，我们在时间轴上标识出每一阶段具有代表性的论文、出版物和其他成果形式，如图1-2所示。至此，我们可以清楚地看到组织公正不同阶段的研究历程。

1.4 组织公正的整合观

组织公正关注的中心问题是员工对自己或同事在工作场所中受到的对待是否被公正地评价，以及这种评价对其工作态度或者工作行为等的影响，从而影响组织层面的变量。现有研究成果将组织公正进行分维度和整合研究。分维度研究中占统治地位的观点是三维度（分配公正、程序公正和互动公正）或者四维度（把互动公正再细分为信息公正和人际公正）理论，也有不少学者提出，这种详细的分维度研究只会使组织公正研究趋于破碎（Folger 和 Cropanzano，2001），应该将组织公正作为一个整体来对待，即组织公正的整合研究。因此，我们对这两种代表性观点进行详细解释。

1.4.1 分配公正

分配公正问题起源于分配结果的差异。员工关系的内在性质差异使员工受到不同待遇。事实上，这些区别待遇会激起人们对公正的关注，而最先被关注的是关于报酬分配的公正。19世纪50年代至70年代，分配公正极大地吸引了社会科学家的注意，这段时期因此也被称为分配公正浪潮时期。

分配公正研究可以追溯至 Stouffer 等人提出的相对剥夺感概念，该概念指出人们对结果的反应并不依赖于分配结果的绝对水平，而是依赖于他们选择的比较对象。而后，Homans（1961）沿袭了相对剥夺感的概念，将分配公正定义为与他人有着交换关系的人，期望自己获得与所付出的成本相匹配的报酬（成本越高，回报越高），并且每个人的净收益或利润要与他的投资一致（投资越大，利润越高），即一旦利润达不到投资目标，投资者会感到愤怒，而当利润超过投资目标时，投资者则会感到内疚，这两种情况都会引发分配不公正感。

对 Homans(1961)分配公正观点做出进一步发展的是 Adams(1965)的公平理论，他根据感知的产出/投入比构建了分配公正框架。其中，产出包括“工资、工作的内在回报、对上级的满意度、资历福利、额外福利等”，投入包括“教育、智力、经验、培训、技能、社会地位和在工作中付出的努力等”。Adams 认为个人会将他(或她)的产出/投入比与他人做对比，如果一个人的产出/投入比低于他人的产出/投入，那么他(或她)会产生低报酬不公正感；如果一个人的产出/投入比高于他(或她)人的产出/投入，那么他(或她)就会产生高报酬不公正感。而一旦人们感到不公正后，就会做出相关反应来恢复平衡，这些反应包括在行为上通过调整个人的产出或投入，促使他人改变其产出或投入甚至退出比较关系来实现，在认知上则可以通过重新评估自己的产出或投入或更换比较他人来实现。Adams 的公平理论一经提出就引起了广泛关注，尽管存在一些质疑，如 Pritchard(1969)认为产出和投入的定义过于模糊，公平理论仍被认为是最有用的组织行为学中期理论之一，并“已然成为具有最高可学效度的组织行为理论之一”(Miner，2003)。

除了关注分配规范的结果外，越来越多的学者考虑到了其他因素。Deutsch(1975)和 Leventhal(1976a)将公正理论从单一规范(公平)扩展到三个规范(公平、平等和需要)。也有许多其他理论学家将其扩展到 4 个规范(Lerner，1977)，甚至 17 个(Reis，1986)。多分配规范的运用扩大了分配公正的定义及其研究范围，即只要一种分配规范有助于关键目标(如生产率、团结和福利等)的完成，那么它就是一个公正的结果，并且绝大多数的分配决定可以更精确地被描述成多个分配规范的组合。至此，有关分配公正的研究已经比较完善，但许多学者并没有停留于分配公正，而是开始关注程序公正。20 世纪 80 年代起，程序公正就成为组织公正研究的主导流派。

1.4.2 程序公正

Leventhal(1976b)指出人们的公正感知不仅受到分配结果的影响，还受到导致这些结果的信息体系的影响。他在 1980 年提出的问题——

“我们应该如何对待公平理论?”——激起了流行于 20 世纪 80 年代和 90 年代初的研究程序公正的浪潮。这一问题直指公平理论忽略了主导分配结果的程序。为了详细说明“程序公正”的概念,他着重参考了 Thibaut 和 Walker(1975)有关程序公正结构的先进性成果。

(1)Thibaut 和 Walker:争端程序中的公正

Thibaut 和 Walker 关注的主要是司法情境中的公正问题。1975 年,他们联合出版了一本专著,极具特色地结合心理学和法学,历时 5 年研究了合法争端解决情境中的公正问题。其研究核心是对比两大类法律程序:一是英美法系的对抗制(Adversary System),在这个制度中法官只主持审判而不主持举证过程(进行实际的事实调查);二是欧洲大陆法系的纠问制(Inquisitorial System),在这个制度中法官同时主持审判的结果和程序。

虽然 Thibaut 和 Walker 试图通过比较这两类程序的效率来建立客观公正的审判,但是他们最具影响力的贡献在于明确了公正感知,凸显了程序公正对结果公正的影响——即“什么是公正的”依赖于员工能够感知到的公正程度。具体而言,在对抗程序的情境下,人们的满意度更高。诚然,参与者对无罪的判决结果更满意,但是,程序主效应却与结果主效应互相独立。这表明,不仅结果会影响人们的关键态度,程序也能起到同样的作用。

随后,Thibaut 和 Walker 对程序公正进行了正式界定:“一个在过程上给予争论者多少控制权的程序。其中包含许多相关的和辅助的程序公正因素,但是主要的程序公正因素是控制权的最优分配。”他们(1978)也区分了两种控制类型:决策控制权(一个争论者可以单独决定争议结果的程度)和过程控制权(一个争论者可以控制用于解决争端的证据的发展、选择和陈述的程度)。最优的争端解决模式是争论者掌握过程控制权,但中立的第三方保留决策控制权。随后,这两种控制权类型的相对效应得到了高度重视,并为后续研究奠定了良好的基础。

(2)Leventhal:程序公正准则

Leventhal(1976b)在 Thibaut 和 Walker(1975)的研究基础上,对程

序公正进行了更为深入的探讨。他进一步明确了程序公正的七个要素：(1)选择决策代理人；(2)设定基本准则；(3)收集关于符合接受者的信息；(4)制定决策的结构框架；(5)建立申诉程序；(6)建立安全体系；(7)运用变革机制。

在提出确切的程序公正理论之前，Leventhal，Karuza 和 Fry(1980)认为："此时，关于程序公正的研究还很少，所以用于定义公正程序准则的指标只能粗略估计。"基于此，他确定了以下六条程序公正准则，用于评价上面列出的程序要素。

- 一致性准则：是指分配程序应该在时间和人员上保持一致。时间的一致性要求分配程序具备一定的稳定性，人员的一致性要求每个人都不能拥有特别的优势。
- 抑制偏见准则：是指分配程序应该避免个人私利或盲从偏见。
- 正确性准则：是指分配程序应依据有效的信息和意见做出决策，从而达到误差最小化。
- 可修正性准则：是指分配程序应考虑员工的要求和意见。
- 代表性准则：是指分配程序必须反映受分配影响的个体和团体的基本问题、价值和观点。
- 道德性准则：是指分配程序必须与个人拥有的基本道德和伦理价值一致。

但是，一定程度上，Leventhal 等人还是断言程序公正不如分配公正那么重要，因为程序经常是复杂和难于理解的，并且当结果符合接受者的期望时，人们就不会考虑程序的公正性。

(3)Greenberg 等：程序公正的应用及扩充

一些学者将程序公正与其他领域结合，程序公正才真正得到了重视。Folger(1977)提出了"谏言"的概念，探究参与者非缄默的看法。他(1979)还创建了"公正过程效应"这一理念，用来指代"员工对决策的谏言可以提高员工的满意度"这种现象。此后，Greenberg 和 Folger 将其应用于各种组织参与形式，并对这一效应的心理机制进行预测，同时限定了控制人员反应的潜在边界条件。1983 年，Greenberg 和 Folger 将相关理论应用到不断丰富的参与式管理、领导和决策等方面的研究中，并添加了在雇员反应方面“选择”和“呼喊”(Voice)的效应(后来,这两个概念在研究中常被互换使用)。

除此之外,Folger 和 Greenberg(1985)将 Thibaut 和 Walker(1975)的公正概念及 Leventhal(1980)的程序准则应用于如绩效评估和薪酬体系构建等人力资源管理上。特别地,他们(1985)提出,通过将员工投入因素加入评估过程,允许他们自评以及改善记录保存程序等方法,可以使绩效评估结果更为公正。类似地,通过让员工了解关于报酬水平的评判标准,并为他们提供“自选式”(Cafeteria Style)的福利计划机会,薪酬体系也可以变得更为公正。这些领域的研究使得组织公正的应用更为广泛。

程序公正被正式引入组织科学的领域中后,就不再停留在概念和构思的解释上;并且研究者们不仅仅看到客观存在的程序,也发现了主导分配结果和程序的“人”。比如,研究者们注意到 Thibaut 和 Walker(1975)的对抗程序和纠问程序比较中的人际因素,也注意到 Leventhal(1980)提出的当否决员工要求时应以友好和支持的方式回应他们的讨论。这些举措都将组织公正研究推向了另一个维度——互动公正。

1.4.3 互动公正

20 世纪 80 年代中期,学者们迅速将视角从正式决策程序的结构特征转移到程序中所包含的人际特点。一般而言,前者指的是对生成决策的过程公正与否的评判,后者则倾向于对人际互动公正与否的评判。换句话说,后者更侧重于社会交往方面。具有标志性的是 Bies 和 Moag(1986)的研究,自从他们分析人际交流公正之后,社会学家才开始真正地全面关注互动公正。因而,20 世纪 80 年代后期至 90 年代前期被称之为互动公正浪潮时期。

(1)Bies:人际互动中的公正

Bies 从所有的硕士研究生和博士研究生都会抱怨教职人员的不公正对待中产生了对人际互动问题的研究兴趣。Bies 认为虽然程序受到重视,但是人际互动方面的问题仍然存在。因此,Bies 和 Moag(1986)认为,人际互动在概念上有别于程序构思,他们用图解法表示这个观点:程序公正——互动公正——结果,互动公正源于这个图式中的互动阶段。他们也正式界定了互动公正的概念:“人际交流公正所关心的是一系列典型问题。”

概念清晰后,另一个问题是如何构建它。为了确定互动公正的前因,Bies 和 Moag(1986)借鉴了 Bies(1985)前期未发表的研究成果,在这个研究中,候选人被问及他们关于招聘人员应该如何对待应聘者的看法,同时也确定了用以控制互动公正的四个准则,具体描述如下。

- 坦诚:当执行决策程序时,领导在交流过程中应该是开放的、诚实的、坦率的,并且应该避免任何形式的欺骗。
- 正当性:领导应该为决策过程的结果提供充分的解释。
- 尊重:领导应该真诚地对待个体,并且避免故意粗鲁的行为。
- 适当性:领导应该避免带有成见的表述或提出不合适的问题(如一些与性别、种族、年龄或宗教有关的问题)。

在这四个准则中,近 1/3 的应聘者选择了坦诚,却很少提及其他三个。虽然这些互动公正准则是根据招聘情境获得的,但是它们与决策情境紧密联系。

尽管如此,Bies 没有在他的任何著作中使用“互动公正”这一术语,反而是使用了诸如“程序制定”“程序公正中的人际情境”“人员方面的程序公正”等概念。此外,其他学者也没能使用任何术语来确认这个概念。随后几年里,这一不确定性导致了互动公正实证研究的不连贯。一些研究者没能使用明确的术语对互动公正假设进行检验(Greenberg,1990),其他研究者则将互动准则和程序准则合并成一个单一指数量表加以检验(Dailey 和 Kirk,1992)。

(2)互动公正的结构界定

学者们进行一些尝试,试图解决上述混乱。这些尝试包括以下两方面:一是程序公正和互动公正的分离;二是人际公正和信息公正的分离。例如,Bies(2001)提出要分离程序公正和互动公正,因为这两个结构基于不同的准则,所以其含义不同,同时他利用有关实证研究来强调这两个结构各有其重要作用。结果证明互动公正一般与领导联系更为紧密,而程序公正一般与组织联系更为紧密。

此后,绝大多数学者承认了两者的差别:公正内容不同(如一致性准则、尊重准则等)和公正源不同(如系统、代理人等),并且开始比较这两种公正的效应,其中最合适的方法就是全面交叉公正内容和公正源(Blader 和 Tyler,2003;Colquitt,2001)。在细化互动公正方面,Colquitt(2001)试图把互动公正分为人际公正和信息公正,并就其效用进行研究,从而检验得到一个新的组织公正量表。

这些研究成果对互动公正的整体研究产生了积极影响,使得其研究热度急剧上升。另有一些研究开始单独测量互动公正的人际方面和信息方面,以确定它们的独立效应(Judge 和 Colquitt,2004)。更值得关注的是,整合组织公正的全部维度成了研究主流,而且互动公正对结果变量的关键部分具有最显著的效应(Ambrose,Seabright 和 Schminke,2002)。这也说明了互动公正浪潮没有衰退,只是随大势所趋,整合到了组织整体公正中。

1.4.4 公正整合

组织公正的整合和互动公正几乎是同时期出现的,这个阶段被命名为整合浪潮阶段。在此期间,学者们开始构建理论假设和模型来检验多元公正维度的联合效应。虽然这一浪潮最鼎盛的时期出现在 21 世纪开端,但是多数相关理论建立在早期提出的模型之上,并且这些模型实质上也带有公正的整合特质。与互动公正浪潮相似的是,整合浪潮在出现完整的理论和模型之前,酝酿期及准备期非常长。具体表现为三种方法的逐一形成:反事实概念化(如认知参照理论和公平理论)、团体取向概念化(如团体价值模型、关系模型和团体介入模型)、启发式概念化(如公正启发式理论和不确定性管理理论)。如图 1-3 所示对这些方法间的关系做了概括,并被称为当代组织公正整合概念化的"谱系树"。其中,实线表示一个理论或模型直接继承于较早的成果,而虚线表示这个方法是先前概念化的结果。

组织公正的整合浪潮始于 Folger 的反直觉概念化,他提出了两种方法——认知参照理论和公正理论。针对认知参照理论,Folger(1986a)认为应该更清楚地阐明形成不公正意识的认知和情感等要素,重点关注生气或愤怒的感觉和相对剥夺感(Folger,1986a/1986b/1987)。按照认知参照理论,当以下三个条件都成立时,人们对于决策事件的愤怒将会最大化:

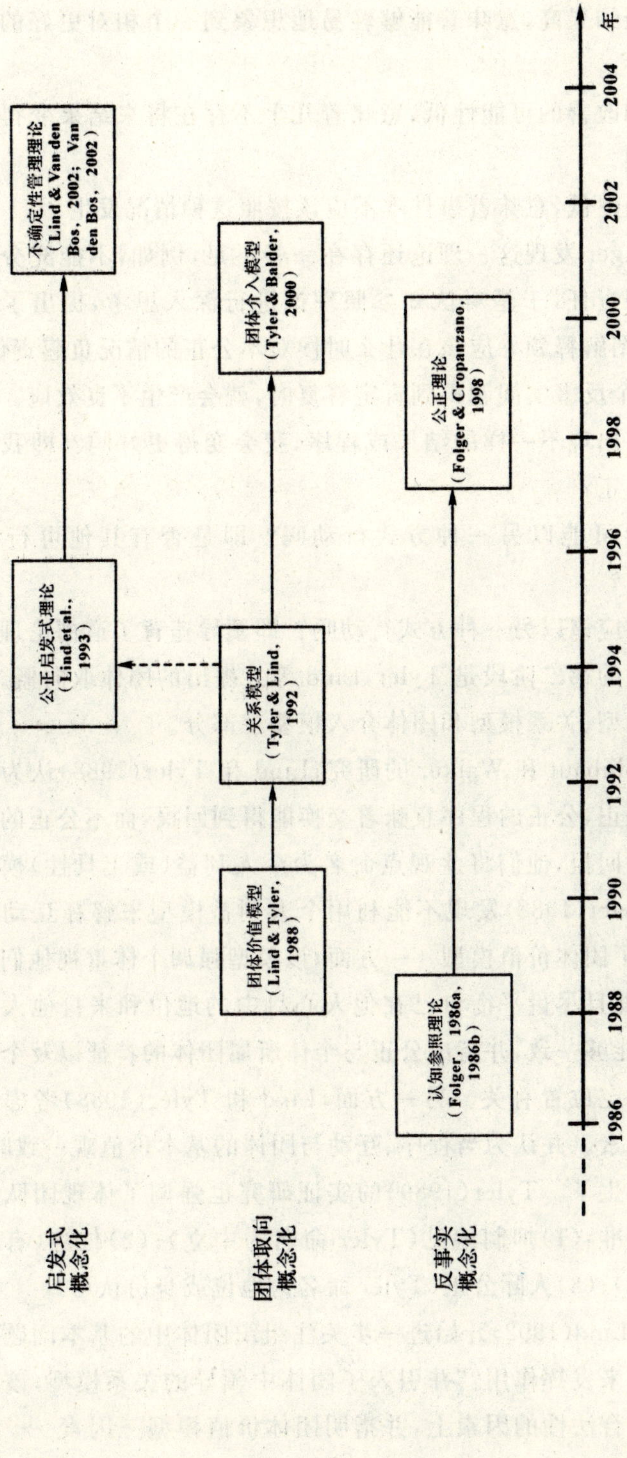

图 1-3 组织公正的整合概念化的联系图

资料来源：Greenberg & Colquitt: Handbook of Org. Justice，Lawrence Erlbaum，2005.

- 参照结果高，意味着能够轻易地想象到一个相对更好的替代性事件。
- 感知改善的可能性低，意味着几乎不存在将来结果变得更好的希望。
- 正当性低，意味着事件本不应该按照这种情况发生。

随后，Folger 发现这一理论还存在一些不足，例如，不能充分区分因果责任和道德责任，于是对认知参照理论进行深入思考，提出了公正理论，该理论试图解释领导应该在什么时候对不公正的情况负起责任，特别地，当以下三个反事实问题得到肯定答复时，就会产生不良效应。

- 如果出现不一样的结果或程序，我会变得更好吗？即我经历了不公正？
- 领导可能以另一种方式行动吗？即是否有其他可行的行动方案？
- 领导应该以另一种方式行动吗？即领导违背了道德伦理准则？

整合浪潮的第二阶段是 Tyler，Lind 等人提出的团体取向概念化，包含团体价值模型、关系模型和团体介入模型三部分。

基于对 Thibaut 和 Walker 的研究，Lind 和 Tyler(1988)认为参与者更重视程序公正，公正的程序意味着交换能得到回报，而不公正的程序则不能保证这些回报，他们将此观点命名为个人利益（或工具性）模型。之后，Lind 和 Tyler(1988)发现不能利用个人利益模型来解释互动公正效应，于是诞生了团体价值模型。一方面，该模型强调个体重视他们与团队成员的关系，并且尽量平衡自己在他人心目中的地位和来自他人的人际互动，使两者能够一致，并指出公正与个体所属团体的特征以及个体在团体中所处的特定位置有关。另一方面，Lind 和 Tyler(1988)考虑了公正感知的影响因素。并认为当程序、互动与团体的基本价值观一致时，公正就自然而然产生了。Tyler(1989)的实证研究也强调了体现团队价值观的三个公正标准：(1)抑制偏见（Tyler 命名为中立）；(2)仁慈（有时等同于信任或诚信）；(3)人际公正（Tyler 命名为地位或身份认可）。

Tyler 和 Lind(1992)开始进一步关注组织团体中的基本问题："领导需要依靠什么来发挥作用？"并引入了团体中领导的关系模型，该模型聚焦于决定领导合法性的因素上，并指明团体价值模型三因素——抑制偏见、仁慈、人际公正——影响着个体对领导的合法性认可程度。也就是说,与领导的良好关系有助于提升员工的程序公正感,进而使个人感受到团体价值,影响其态度和行为。

随后,学者们开始关注“是什么促使个体通过履行他们的行为来帮助团体达到目标的?”,即是什么使个体“介入”他们所属的团体中?由此,Tyler和Blader(2000/2003)引入了团体介入模型。他们认为公正是动机的内在表现形式(被称为心理介入)、绩效的任务和公民形式(被称为行为介入)的关键推动力。该模型更多地关注个体行为效应,主张源自上级和组织的公正对员工身份判断的影响(如团体自豪感、感到来自团体的尊重和团体识别)。即组织公正影响员工对团体资源的感知,进而影响其身份判断,最终影响他们在团体中的介入程度。

整合浪潮的第三阶段发生于20世纪90年代末,此时,组织公正的整体研究达到了高潮。代表性理论包括Lind等人提出的两个启发式概念:公正启发式理论和不确定性管理理论。

公正启发式理论(FHT)认为公正是领导人合法性的一个关键决定因子(Tyler和Lind,1992)。Lind等人(1993)在进行有关诉讼人对仲裁案的反应研究中得出公正启发式(在其研究中作为程序公正的综合感知)与人们对仲裁的接受度正相关。其后,Van den Bos等人先后检验了公正启发式理论的两个核心假设:一是公正启发式能够利用可以得到的任何信息迅速形成,得到的启发式可以用于指导后期的决策,通过该假设的验证他们认为这种启发式将成为一种主效应,与滞后但获得及时的信息相比,第一时间得到的信息对公正判断的影响更大。另一假设则是公正启发式可以作为信任的替代指标,这是因为在组织中,领导人的诚信是一个关键指标,但是诚信比公正更难判断,因此一定程度上诚信可以用公正来代替。除了信任的不确定,相关研究表明公正还可以用于处理其他不确定性。Van den Bos和Miedema(2000/2001)对参与者进行计算机模式识别任务的研究催生了不确定性管理理论(Lind和Van den Bos,2002;Van den Bos和Lind,2002)。该理论把信任作为使个体感到不确定性的众多相关因素之一,它基于程序控制的核心观点或公正的工具性模型(Thibaut和Walker,1975)发展起来,并且将它们扩展到了资源分配和争端解决情境以外的领域。

自此,组织公正研究基本上进入了整合时代。越来越多的学者认为,分维度的公正只有与整体公正结合时,才能发挥真正的效力,而员工本质上也的确是以整体的方式来思考公正性,并产生相应的态度和行为。

1.4.5 小结

综观组织公正的发展史,自相对剥夺感成为研究兴趣后,公正概念在半个世纪里取得了极大发展。使用"浪潮"这一比喻来构建具有代表性的发展历程,可以详细说明研究史上每个主要潮流所取得的进展。从浪潮的演进可见,公正是一个复杂而多面的问题,比如个体关注公正的原因是多方面的,导致决策公正的影响因素也是多方面的。

当然,最令人感兴趣的问题还是"下一个公正浪潮是什么?"当然,新一轮的浪潮可能已经开始,正如几乎没有学者在 20 世纪 90 年代早期就预见了互动公正浪潮或整合浪潮一样。也许一项新的实证研究或理论概念化将在随后的几年里被引入,它将产生与 Leventhal(1980)、Thibaut 和 Walker(1975)、Lind 和 Tyler(1988)的著作一样重大的影响。

第2章　组织公正的测量与效应研究

组织公正根据发展阶段的不同，其测量内容也有所变化，从经典的三维度测量演变为四维度测量，最终回归到整体公正感的测量。这一演化为组织公正的发展及其效应的实证研究提供了重要基础。组织公正对组织成员具有重要意义，组织成员的公正感知能够促进组织功能的发挥，提升其积极感受与正向行为，如满意度、组织承诺、信任、组织公民行为等。

2.1　组织公正的测量

组织公正的测量依据其结构的不同可分为4类：一是将组织公正作为整体构念，因而测量的是个体对组织的整体公正感；二是依据经典的组织公正研究成果对其三个维度，分配公正、程序公正和互动公正进行测量；三是在组织公正三维构念的基础上将互动公正分为人际公正和信息公正，因而对四个维度进行测量。

2.1.1　整体公正感测量

组织公正早期研究成果认为组织公正首先体现在员工对分配结果的感知。但随着研究深入，研究者们开始探讨反应过程的程序公正时，个体会在一定程度上接受分配结果不公正，因而开始将程序公正纳入组织公正构念中。Bies，Moag（1986）提出人际处理在程序执行中的作用，因而加入互动公正维度。Coliquitt 等人（2001）和 Greenberg（1993）进一步深入研究将互动公正分为信息公正和人际公正。Greenberg（2001）指出近期研究将组织公正进行整合，指出影响员工行为的是员工的整体公正性判断而不是具体独立的组织公正感知，因此，组织公正重新回到整体公正感这一方向上,相应的测量也以员工对组织或领导的总体性和概括性公正感知为依据。

具体而言,王宇清、周浩(2012)清晰地指出整体公正感测量的两种思路:一是将整体公正感视为员工基于主观经验的全局公正性评价,因此,量表强调员工的个体体验;二是将整体公正感视为由对组织的整体性陈述构成,或是测量因听说或看见组织中同事受到不公正对待而做出的整体公正性判断。因此,整体公正感的测量在问卷指导语中需指出对总体印象进行评价,问卷题项如 Kim 和 Leung(2007)的测量问卷,该问卷在亚洲使用过程中的信度为 0.97,效果较好,具体题项如表 2-1 所示:

表 2-1　整体公正感测量问卷

类　型	编　号	问卷项目	量　表
整体公正感	1	我所在组织总能给我公正的对待	五点量表
	2	我所在的组织是一个公正的组织	五点量表
	3	用“公平”这个词描述我所在的组织非常适合	五点量表

KIM T Y, LEUNG K. Forming and reacting to overall fairness: A cross-cultural comparison[J]. Organizational Behavior and Human Decision Processes, 2007, 104(1): 83－95.

2.1.2　组织公正三维度测量

在组织公正的结构研究脉络中,最早提出对分配结果的公正性感知,随着程序公正的提出,大量证据表明程序公正存在的合理性。互动公正理论的进一步发展,促成了组织公正的三维度测量。

分配公正一般测量的是员工对分配结果的公平感受,问卷的编制以 Adams 的公平理论为基础。比较早期的问卷有 Moorman(1991)、Farh 等(1997)研究者的,另外,Colquitt(2001)的问卷较具代表性。程序公正一般测量的是员工对决策过程的公正感受。学术界大致有三种程序公正的问卷编制方法,它们分别基于三种理论:一是 Thibaut 和 Walker(1975)等强调的参与作用,将参与与否、参与程度或对决策的影响力作为程序公正的指标;二是 Leventhal 等关注的程序方面的表现;三是将 Thibaut 和 Walker 的强调参与和 Leventhal 等的注重程序相结合的理论方法。互动公正一般测量的是员工对决策过程中的人际互动与沟通的公正感受。参考 Bies 和 Moag(1986)的理论来编制，该量表一般由员工填写，由员工根据其主管行为而感知到的内容进行评价，因而量表题目的编写通常从员工的角度出发，侧重于员工的感受而非直接评判主管的某些行为。如表 2-2 所示为张宁(2013)在刘亚等(2002)和 Niehoff、Moorma(1993)的基础上编制的，内容完整，量表共计 24 个题项，问卷采用 Likert 五点量表的形式。

表 2-2　组织公正三维度测量问卷

维　度	项　目	量　表
分配公正	与相同工作和职务的同事比，我的薪酬是公平的	五点量表
	就我的工作量和责任而言，我所得到的报酬是合理的	五点量表
	我认为我目前的工作职责是很合理的	五点量表
	总的来说，我所得到的薪资是公平的，组织让我感到劳有所得	五点量表
程序公正	公司有完备的分配制度体系	五点量表
	公司的分配制度能够保持前后一致	五点量表
	我们公司的分配制度能代表大多数人的意愿	五点量表
	公司员工有权利对各种制度的执行进行监督	五点量表
	公司制度的执行对事不对人	五点量表
	公司决策的制定不偏不倚	五点量表
	在决策前，领导能充分倾听下属的意见	五点量表
	在决策前，领导能充分收集信息	五点量表
	当下属产生疑问时，领导都能够清晰地解释并提供充分信息	五点量表
	公司对每项工作决策都考虑周全，员工对决策欣然接受	五点量表
	员工对主管经理制定的工作决策有申诉的权利	五点量表
互动公正	能够友善对待员工，尊重每位员工	五点量表
	注重员工的个人需求	五点量表
	能够对员工坦诚相待	五点量表
	不会侵害员工的正当权利	五点量表
	能够同下属讨论与其相关的决定	五点量表
	能够清楚的解释与下属相关的工作决策	五点量表

续表

维 度	项 目	量 表
	对每位下属的评价都是恰当的	五点量表
	在工作中，能够尽可能为下属提供支持和帮助	五点量表
	当与下属意见不同时，会同其进行商讨	五点量表

张宁. 组织公平感对组织动态能力影响的实证研究[D]. 北京：中国政法大学，2013.

2.1.3 组织公正四维度测量

继提出组织公正的三维度结构后，Greenberg（1990）又将互动公正分解为人际公正和信息公正，形成了组织公正的四维度测量。人际公正主要针对上下级的互动过程，考察的是上级在执行某些命令时在多大程度上考虑下级的尊严，信息公正则主要针对决策者或上级向当事人或下级提供的解释或者信息而言。

在这一研究上，Colquitt 在 2001 年做了两次实证分析，证明人际公正和信息公正可以明显区分开，分别作为两个独立的维度存在，他发现四维模式与实验数据的拟合度最好，并进一步揭示出四个维度可以预测不同的结果。组织公正四维度测量如 Colquitt 等人应用（2001）对分配公正、信息公正、程序公正、人际公正的测量问卷，采用 Likert 五点量表形式，问卷题项如表 2-3 所示。

表 2-3 组织公正感四维度测量问卷

维 度	问卷项目	量 表
分配公正	我在公司的晋升结果反映了我工作上的努力程度	五点量表
	我所得到的晋升结果与我完成的工作是一致的	五点量表
	我所得到的结果反映了我对组织已做的贡献	五点量表
	根据我的表现，我得到的晋升结果是合理的	五点量表
程序公正	在晋升制度和程序执行的过程中，我能够表达我的观点和感受	五点量表
	对晋升决策，员工有权要求做出澄清或提供更多的信息	五点量表
	这些制度和程序在公司中的应用是始终如一的	五点量表
	我很清楚明了这些制度和程序	五点量表
	这些程序排除了偏见因素	五点量表

续表

维 度	问卷项目	量 表
	这些程序及其执行是基于正确的信息	五点量表
	公司给员工提供机会，对晋升决定提出质疑或申诉	五点量表
	员工晋升和发展不会受到公司潜规则的影响	五点量表
	这些程序没有违背伦理和道德标准	五点量表
人际公正	他(她)对我很礼貌(他/她是制定程序的权威者，下同)	五点量表
	他(她)不对我摆架子	五点量表
	他(她)尊重我	五点量表
	他(她)克制自己不做不合适的评论或评价	五点量表
信息公正	在你们的交流中，他(她)很坦诚	五点量表
	我有意见时，他(她)能详细解释有关的政策和程序	五点量表
	他(她)解释有关的政策和程序的合理性	五点量表
	他(她)及时地传达一些细节问题	五点量表
	他(她)很关注我的需求，并及时地与我进行沟通	五点量表

资料来源：COLQUITT J A. On the dimensionality of organizational justice: a construct validation of a measure[J]. Journal of Applied Psychology, 2001, 86(3): 386－400.

2.2 组织公正对员工态度与行为的影响

目前对组织公正与员工心理与行为之间关系的解释主要有三种：Leventhal(1980)的分配优势模式，强调程序公正是人们形成公正判断以及导致员工心理与行为后果的重要因素，但分配公正在解释员工心理与行为上起到更为基础的作用，即分配公正比程序公正更重要；McFarlin和Sweeney(1992，1993)的两因素模式，认为程序公正主要预测以组织系统为参照的后果(比如组织承诺)，而分配公正主要预测以个人为参照的后果(比如薪酬满意度)，两者对不同结果变量的解释和预测力不同；Masterson，Lewis，Goldman等(2000)提出的代理者——系统模式，即认为组织中的个体要处理两类关系，与直接上司的关系以及与组织的关系，互动公正预测与上司有关的后果，程序公正预测与组织有关的后果，互动公正对以代理人为参照的后果比对以系统为参照的后果有更强的预测力。

2.2.1 组织公正对员工态度的影响

(1)工作满意度

工作满意度是指员工将自己获得的实际收益与其期望得到的收益进行比较时所产生的心理感受,它以个体从现实工作中将要得到的结果和期望从工作中得到结果之间的差异比较为基础,由于个体察觉到的结果往往会受到不同客观变量(比如工作负荷、工资)的影响,因而其察觉的结果水平和实际的客观水平相比通常并非绝对一致,并且个体的价值观、兴趣和各自需求也不尽相同,造成不同个体期望从工作中获得的结果也不同。

不同学者工作满意度的研究侧重点不同。Vroom(1964)将工作满意度概括为七个层面:组织本身、升迁、工作内容、直接主管、待遇、工作环境、工作伙伴;Locke(1969)将工作满意度划为七个维度:工作本身、公平的待遇、良好的工作环境、组织特性、领导、同事、下属;Wanous(1974)把工作满意度划分为外部满意度和内部满意度,外部满意度主要来自外部因素,用于研究低层次需要的满足,内部满意度主要来自内部因素,用于研究较高层次需要的满足及自我实现;卢嘉、时勘、杨继锋等(2001)提出工作满意度的五因素模型,分别是:对企业形象的满意度、对领导行为的满意度、对工作回报的满意度、对工作协作的满意度、对工作本身的满意度。

从组织角度,工作满意度的好坏对员工与组织效率的提高起到相当程度的作用。Brayfield(1955)发现员工工作满意度与离职行为之间存在显著的负相关关系。Jock 和 Peters(1983)认为,对于那些对工作不满意的员工,当他们觉得进入其他组织可以减少这种不满意感的话,则必然会采取离职行为。如果员工的工作满意度下降,对待不满的第一反应就是试图改变让其产生不满的条件,即产生行为改变,因此当员工的不满意感达到一定程度时,行为的改变可能会演变成激烈的冲突,从而对组织产生严重影响。

①组织整体公正对工作满意度的影响

大量研究显示，组织公正对工作满意度具有显著的影响。并且，很多学者对组织公正与工作满意度之间的关系进行了研究并指出，总体来说，感知到组织越公正的员工，其工作满意度也越高。Lee(1995)的研究表明，员工对组织的薪酬管理制度和管理方式公正与否的看法会影响他们的工作满意度，特别是薪酬满意度；Tremblay 和 Roussel(2001)选取法国、加拿大两国 3 000 多名不同层级的管理者为样本，通过使用结构方程模型进行分析，其结果支持了组织公正对工作满意度的作用效果。

还有一些学者对组织整体公正与工作满意度中薪酬满意度的关系研究具有浓厚的兴趣，Sweeney 和 Mcfarlin(1993)研究发现分配公正感更能提高员工的薪酬满意度，薪酬满意度水平会随参照对象所得的薪酬水平而变化，当员工感知其薪酬高于参照对象时，其满意度就会提高。相似地，相对于感知到薪酬分配不公正的员工，感知公正的员工具有更高的薪酬满意度和工作满意度，并能采取更有效的工作行为；还有一些研究表明，内部和外部参照对象对薪酬满意度有一定的影响，内部比较相对于外部比较更能提高薪酬满意度。

②分配公正、程序公正、互动公正对工作满意度的相对重要性

目前，国内外大多数学者倾向于认为分配公正对工作满意度的作用影响最大。其中，Leventhal(1980)的分配优势模式就表明，分配公正相比程序公正在解释员工心理与行为上能够起到更为基础的作用，即分配公正比程序公正更重要；Moorman(1991)也强调相对于程序公正，分配公正能够更大程度地影响工作满意度；Conlon(1993)也发现，在对权威不满的评价上，分配公正比程序公正能够解释更多的变异。

认为程序公正对工作满意度的相对重要性优先于分配公正的研究包括以下观点。Alexander 与 Ruderman(1987)发现，与分配公正相比，程序公正可以更好地解释工作满意度；Mossholder, Bennettand, Martin(1998)也认为程序公正感与工作满意度高度相关；Cropanzano 和 Folger(1996)根据认知参照理论，研究认为即使分配公正程度较低，程序公正依然可以降低员工的不满意度；Tremblay 等(2000)认为程序公正和分配公正对工作满意度具有相似程度的影响，但程序公正和工作满意度之间的相关性更强，虽然分配公正较之程序公正能更好地解释员工薪

酬方面的满意度,但程序公正对整体工作满意度具有更强的影响作用。Chockalingam 和 Viswesvaran(2002)对组织公正的各维度进行元分析,得出程序公正、分配公正与工作满意度的相关系数分别是 0.36 和 0.35,从而支持了 Tremblay 等人的研究结果。

还有许多学者并没有指出程序公正与分配公正哪一方的重要性更强,他们认为两者对工作满意度都具有一定程度的影响。卢嘉(2001)以中化国际有限公司、红牛饮料有限公司的职工为样本进行研究,发现程序公正与分配公正一样,都对工作满意度具有影响作用;Viswesvaran(2001)认为,分配公正和程序公正与工作满意度的关联程度相似。也有一部分学者认为,分配公正、程序公正对工作满意度的作用是独立的。Dailey 和 Kirk(1992)研究认为,只有分配公正影响工作满意度,程序公正没有影响。Parker 等(1997)通过对样本的验证性因素分析得出,程序公正、分配公正与工作满意度存在相关关系,并且它们与工作满意度之间的作用是相互独立的。

在有关组织公正和工作满意度关系的研究中,大部分的观点都集中在分配公正与程序公正这两者对工作满意度的解释上,专门涉及互动公正与工作满意度的研究则较少。有研究认为,互动公正着重影响与上司有关的后果,主要体现于员工在与上司的互动过程中能否受到尊重礼貌的对待、能否获得准确完备的信息传达与解释,在这一层面上,互动公正与员工的内在满意度呈正相关,对工作满意度的重要性也相对较强。

(2)心理契约

心理契约作为存在于雇佣双方之间的一种未书面化的契约、内隐契约和期望,涵盖了员工与组织之间的所有关系,影响层面很广。而心理契约的实践及违背又与员工的行为表现相关,深刻影响着组织与员工之间的关系。

①心理契约的概念

心理契约是一种心智模式,是人们用以形成承诺、同意和信赖感的基础。首先将契约概念引入心理学领域并进行详细讨论的是 Argyris(1960),他在其《理解组织行为》一书中使用“心理工作契约”来描述工厂员工和主管之间的关系。这种关系表现为员工如果对主管的领导行为表示赞同,则会创造出最佳的产量;如果主管尊重员工的非正式文化规范(比如让员工独立工作、给予员工应得的工资、保证员工稳定的工作),则员工就会维持高生产量、减少抱怨的行为。

Levinson(1962)认为心理契约是“不可言喻”的,是员工与组织之间彼此相互期望的心理,其中,重点在于强调员工与组织之间除了如正式契约等有形的文件外,彼此还具有无法言明的、相互期望的心理关系。

普遍意义上认为,正式提出“心理契约”专有名词的是Schein(1980)。他认为,在任何一个时刻,组织与组织内每个成员之间存在着无法言明的期待。他明确指出心理契约的两个层次:个体和组织,这两者构成心理契约的条件。心理契约是组织中所有成员即各部门管理者和他人之间随时存在的未文字化的期望,它暗示每一角色的扮演者均会形成期望(如员工对于薪水、工作时间、福利及关于工作或不被意外解雇等权利的期望)。相对地,组织也会对员工形成微妙的期望(如员工会致力于增进组织的形象、保守组织秘密、为组织尽力)。

Davis和Newstrom(1989)将心理契约定义为员工对组织心理层次介入的情况。员工愿意做出贡献并保持忠诚度,但相对地也会向组织要求超越经济性的报酬,例如安全、受尊重、人际关系及组织支持。因此,组织必须兼顾员工经济与心理上的期望,以确保员工的满意度和绩效水平,并使其愿意留在组织中。

②组织公正与心理契约违背

心理契约违背,是员工基于对雇佣双方向对方所做的承诺是否得到履行而做出的认知评价(Morrison,et al.,1997)。心理契约是建立在“信任”的基础上的,其违背会导致背叛的感觉和强烈的情绪反应。当员工感觉组织履行了其相应的心理契约,他就会以积极的态度和行为努力支持组织;相反,如果员工感觉组织违背了其相应的心理契约,就会有一种被欺骗的感觉,从而降低对组织的支持性行为,甚至产生破坏性情绪和行为。

组织公正包括分配公正、程序公正、互动公正。对员工而言,组织给予其的分配结果如果满足其自身期望,则员工的心理契约就会维持平衡,就能对员工的满意度和行为产生正向影响,如果员工通过与他人比较发现自身所得的结果不公或是分配结果根本没有达到自身期望,则员工的心理契约就遭到违背，感受到不公平的感觉，此时员工可能会减少自身的投入程度，或是采取偷盗、缺勤等负面行为来降低自身的不公平感，缓解其心理契约的违背感。

然而，若是分配不公可以辅助以公正的程序、决策或说明，使员工感受到分配不公是有理由的、可谅解的，那么程序公正就在一定程度上抵消了由于分配不公所造成的心理契约违背，由此员工对管理者也会抱有宽容的态度，对心理契约违背的认知程度也不会过于消极，对管理者的信任程度也不会降低太多，其行为也不会过分负面化和情绪化；但若是分配不公和程序不公结合在一起，员工的心理契约违背的感知则会成倍增长，其行为也会变得更为负面和反常。

互动公正中主要侧重的是员工在与主管互动交往中的受尊重和彼此的信息沟通程度，这是一种员工内在的公平感知，互动不公往往意味着员工受到上司的不尊重对待，上司也不告知员工有关工作上的详细信息，此时员工的心理契约就遭到违背，认为上司本该重用和体恤自己，实际上却对自己漠不关心，甚至不管不问，这种情形下员工就会产生即使认真工作也得不到上司赏识的心理，为了缓解该心理，偷懒、迟到等消极行为就会变成惯有的现象。

以上组织不公所造成的员工心理契约违背，并由此产生的员工消极行为势必会对组织的效率产生严重影响。在这里，我们可以使用Greenberg(1990)的一个案例研究来说明。

Greenberg(1990)的个案研究针对的是一家制造业公司，它有三个制造厂，分别位于三个不同地区。该制造厂由于失去两笔大订单，在不愿意裁员的情况下，不得不降低薪酬水平来进行管理。因此，管理层决定削减薪酬的15%以弥补失去订单的损失，三个制造厂中A厂为对照组，即维持原有水平，不削减薪酬；B厂削减薪酬，但对员工说明薪酬削减的合理理由；C厂削减薪酬，但仅仅告知员工削减薪酬，不告知其理由。实验结果发现，A厂(即对照组)的偷盗损失率基本稳定维持于约3%，B厂(即给予合理解释)的偷盗损失率由薪酬削减前十周的3%上升至执行政策十周内的4.8%，但在薪酬恢复后的十周内又恢复至3%。C厂(即未进行任何解释)的偷盗损失率由原先的3%上升至8%。同样，离职率的变化也如同偷盗损失率的表现。

由该案例可见组织公正程度对员工心理契约违背的影响，进而造成员工行为的变化。薪酬削减，即使分配变得不公，此种情境下，B厂由于进行了合理说明，员工没有得到应得但却知晓未得的理由，能够体谅上司，程序公正与互动公正依然得以维持，并一定程度上抵消了由于分配不公给员工造成的心理契约违背，员工的消极行为小幅上涨并最终回落。然而，C厂中员工没有被告知任何薪酬削减理由，员工没有得到应得同时还一无所知，分配不公结合程序不公、互动不公，员工明显感受到了心理契约遭到大幅违背，因而为了弥补自身薪酬的损失和心理不平衡感，员工偷盗等消极行为频发，从而影响组织效率。

2.2.2 组织公正对员工行为的影响

(1)员工行为反应

在组织中，员工的行为反应往往可以归纳为两类：亲社会行为和反社会行为。亲社会行为通常会给组织带来好的结果，而反社会行为往往会致使组织的管理难度加大，效率降低。

①亲社会行为

组织中的亲社会行为涵盖了利他行为，利他行为是指行为人以帮助他人或组织团体为目的的自愿行为，并且不期望他人或组织团体给予回报。亲社会行为所涵盖的范围比利他行为要广，行为人可以期望该行为对自己有好的结果，因而，亲社会行为是指行为人帮助他人或组织团体的自愿行为，并且行为人期望对他人或组织团体有好的结果，但不排斥利己性。在组织中，亲社会行为可能表现为移情感同身受、帮助同事、更好地服务顾客，等等。尽管采取亲社会行为的员工并不纯粹是无私的，而可能希望得到某些回报，例如，员工帮助同事是为了提升自己的人际关系，更好地服务顾客是为了提高或维持自己的营业水平，加倍努力工作是为了赢得团队项目。然而，对组织来说，员工的这些亲社会行为都会提高组织的管理效率，使组织发展得更好。

在员工的亲社会行为中，有一种行为值得引起注意，即员工的亲社会违规行为，它是指员工为了帮助组织或者组织的利益相关者有意识地违背正式的组织政策、规定或禁令的行为(Morrison，2006)。这种行为本质上违背了组织规则，即组织的正式规章、政策或禁令，而非一些非正式的组织规范，同时还是行为人经过理性考虑后有意识的自愿行为。有时候，员工的确是出于好意，为了他人或组织而实施亲社会行为，但有些行为的实施却挑战了组织的明确规章。例如，员工为了更好地服务顾客而给顾客虚开发票，为了帮助同事渡过难关而故意掩盖其工作上的问题，为了更加努力工作赢得项目而暗中给竞争对手设陷阱。这些亲社会违规行为往往会给管理者带来管理上的混乱，但对组织的管理来说，灰色地带的纵容常常会引发较大隐患，而明确组织规章制度的明确界限，降低员工的亲社会违规行为，提高员工的自我监管意识等才能有效促进真正的发展。

②反社会行为

组织中的反社会行为是指会伤害到组织中个人和组织财物的行为，具有潜在的有害性。并且由于组织的集体性，这种反社会行为不仅仅是一种个人行为，在一定条件下它还表现为一种集体特征。一旦由个人行为引发至集体行为，则其行为的破坏程度就更强，进而严重损害组织成员的福利和组织的经营发展。员工的反社会行为是其负面行为的表现之一，除此之外，员工的非生产性工作行为、越轨行为、不当行为等都会给组织生产造成消极影响。比较常见的现象就有逃避工作、偷窃、磨洋工、组织小集团、身体或言语侵犯他人等，这些行为大多是员工宣泄自己不满的途径，其危害程度可大可小，有些是给组织造成了财产损失、人才损失，而有些则挑战了组织的权威，破坏了组织的系统规范和文化氛围，这些都应当引起管理者的足够重视。

(2)分配公正、程序公正、互动公正对员工行为的影响

我们知道，员工在组织中的行为反应存在正面和负面两种，正面的如亲社会行为有助于组织的成长和发展，而负面的如反社会行为则会威胁到组织及其成员的福利。那么员工的这些行为是由什么因素引起的？很显然影响因素有众多，例如，员工的道德标准、自我控制和人际关系等个人因素，也有组织文化、工作环境等组织层面的因素。在这里，我们着重基于组织公正的角度，因为组织不公被认为是引起负面组织行为的核心特征之一，并由此来分析其对员工行为的影响。

毫无疑问，组织公正会促使员工做出更多的正面行为，分配公正会使员工感受到自己的付出获得了合理回报，并在与他人比较时也由于分配结果的合理而不会产生不公平感；程序公正会使员工认为组织的所有决策与规范的执行都是有章可循、清晰明确的，不存在管理者歧视或偏袒某些员工的行为，因而也会增强员工对组织的信任和信心；互动公正使员工感受到自己的人格受到了尊重，被人以礼相待，同时管理者在有关工作信息方面与自己进行了友善的沟通，使其觉得组织给予了自己发展机会，自己受到了重用。这些组织公正的措施一方面促使员工为了回报组织对自己的关照而认真工作，另一方面也会培养并提升员工对组织的忠诚度，使员工不仅仅在工作上，在其他许多方面都会做出有益于他人或组织的正面行为，促进组织的成长与发展。

在组织不公的情况下，我们仍旧以分配不公、程序不公、互动不公来阐述其对员工行为的影响。员工的破坏性行为一般有两个目的：恢复公平和报复不公正的制造者。分配不公往往表现为员工实际获得的低于预期应得的，或是明明自己比别人干得多，拿的却比别人少。这种状态下，员工采取破坏行为旨在恢复公平，即要求补偿。若是组织未满足员工的补偿要求，则员工会产生自己干多干少得到的报酬一样多，甚至还不如别人，那就干脆少干一点的思想。因此，其通常会采取某些消极的退缩行为，例如，迟到、早退、缺勤等。

分配公正往往与程序公正密不可分，由上述 Greenberg（1990）的案例分析可知，在分配不公的情况下，如果辅助以程序公正，就能减少相当程度的员工消极行为。由于程序公正更多的是与员工对组织的信赖和承诺有关，分配不公导致的员工怨恨情绪如果在程序不公的诱发下会更为强烈，引发的怨恨行为可能有对遭受偏袒员工的人身或言语侵犯、偷窃财物、诋毁组织等。而如果程序公正程度高的话，即组织依然可以保持决策或执行程序的公正透明不偏袒，那么员工或许会体谅组织有什么难言之隐而不得不在分配结果上有失偏颇，那么其消极行为的表现也不会过分强烈而持久。

同样，互动公正会影响员工对管理者的反应，互动不公往往意味着上司对待员工不尊重，与员工关系不友善，给予每一个员工工作机会的分配不平等，工作与信息的传达与解释不到位，等等。此种情况下，员工觉得自己虽然得到组织的聘用，却得不到组织的重用，甚至觉得自己在组织中是可有可无的，采取的消极行为可能有偷懒、缺勤、迟到早退、甚至离职等。

2.3 组织公正对组织结果变量的影响

组织公正的结果变量包括结果满意度、工作满意度、组织承诺、信任、对权威的评价、组织公民行为、退缩、绩效这几大类（李晔、龙立荣、刘亚，2003），既涵盖了员工个体的水平，也延伸至了在组织整体层面上的影响。下面，我们着重从组织公民行为、组织承诺和任务绩效三个角度来分析组织公正对其的影响。

2.3.1 组织公正对组织公民行为的绩效影响

(1)组织公民行为

Organ 等（1983）首次提出“组织公民行为”的概念，认为组织公民行为是一种有利于组织的角色外行为和姿态，是组织内员工表现出的与工作有关的自主行为。而 Organ（1988）的组织公民行为的定义最具代表性，限定词多、最严格，并使其在研究中得到了广泛的沿用，他将组织公民行为正式描述为“员工自发进行的，在组织正式的薪酬体系中尚未得到明确或直接确认，但就整体而言有益于组织运作成效的行为总和”。Bettencourt（2004）从“变革”和“合作”两个角度对组织公民行为进行界定，提出“组织公民行为是超出正常角色期望或工作要求，并通过行为累计推动组织有效运行的行为”。众多学者对组织公民行为的定义和相关概念进行研究，但通常都认为，组织公民行为一般具有三个标准：源于积极的或非自利的动机、促进组织的有效运作、组织公民身份会为员工带来利益。

①国外背景下的组织公民行为划分

Katz（1964）将组织公民行为划分为五种：与同事的合作型行为、对所在组织或部门的保护型行为、有益改善组织的创意、为了提升负责能力的自我训练、有利于组织外部提供有益建议的姿态。

对组织公民行为的维度研究，以Organ(1988)对其划分的五个维度影响最大，这五个维度分别为：一是利他主义，如帮助同事完成与组织相关的任务或解决有关问题的行为；二是运动员精神，如员工愿意承担如加班等额外责任的行为；三是责任意识，如主动提醒，指责对组织有害的行为，或提出改进工作的建议；四是礼节，如主动避免在工作上与他人发生争端；五是公民道德，如忠诚、主动维护和提升公司形象。

随后，Graham和Van Dyne(1994)按照古希腊经典哲学中对于公民的观点，提出在组织公民行为中应加入"忠诚"和"拥护"两个维度，并强调组织公民行为应包含因坚持原则而对一些组织行为存有异议，以及对于组织现状进行挑战的行为。

②中国文化背景下的组织公民行为划分

Organ和Ryan(1995)在元分析中把行业、技术、工作技能等背景因素作为对组织公民行为的影响因素加以考察，从这个角度来说，与社会文化和经济体制相关的背景因素对组织公民行为应当会产生重大影响。但是，在以西方文化为背景的研究中，通常把文化和经济制度等因素作为一个常数而不加以考虑。因此，在对其他文化背景下的组织公民行为进行研究时，首先应该探索该文化背景对组织公民行为的结构和维度的影响。

Farh，Earley和Lin(1997)采用华人样本，以中国台湾为文化背景，定义出华人本土组织公民行为的五个维度，分别是：公司认同、协助同事、人际和谐、公私分明、敬业精神。

关于不同于西方的两个新组织公民维度——人际和谐和公私分明的出现，Farh，Earley和Lin(1997)的解释如下：人际和谐维度的文化根源是中国人"以和为贵"的价值观。中国文化对人际和谐的重视程度之深往往是西方人所不能理解的。此外，中国是一个人情化的社会，相对于人情面子，制度法则在组织运行中的作用比较有限，所以组织内部的人际关系不和谐将会在很大程度上影响组织的正常运行。因此，维护人际和谐的行为在中国文化中被认为是重要的角色外组织促进行为。由此，通过以上学者的研究可以发现，华人的组织公民行为维度与西方的组织公民行为维度不尽相同。在中国文化背景下的组织公民行为研究中，直接采用西方学者提出的维度模式是否合适仍然值得商榷。

(2)组织公正与组织公民行为的关系

当员工认为组织是公正的,那么他们就更有可能参与组织公民行为;而当组织不公时,员工就倾向于减少其组织公民行为。Organ(1988, 1995)通过引用 Blau(1964)的社会交换理论与 Adams(1965)的公平理论指出,当员工面临组织不公时,组织公民行为可能是员工响应不公的最好方法,因为组织公民行为是一种员工自行决定要不要去做的行为,它不在组织角色要求的范围之内,员工可以选择减少组织公民行为的出现,从而缓解内心的不公平感。

组织公正的不同维度与员工组织公民行为的关系强度不同,众多学者通过其研究都表达了不同的看法。Scholl,Cooper 和 McKenna(1987)通过对 161 家财务机构员工的调查,分析了员工对薪资公正性的认知与组织公民行为之间的关系,结果发现两者之间存在正向的效应关系,即分配的公正与否会影响到员工的组织公民行为。Lind 和 Earley(1992)认为程序公正和互动公正与组织公民行为相关。Niehoff 和 Moorman(1993)研究发现,分配公正、程序公正以及互动公正都对五种组织公民行为(利他主义、运动员精神、责任意识、礼节、公民道德)有显著的正向影响。Farh(1997)的本土化研究也指出,分配公正、程序公正、互动公正与组织公民行为都具有正向相关,但关系最强的是分配公正与互动公正。周杰(2009)通过研究得出与 Farh(1997)一致的结论,并强调互动公正对组织公民行为的预测作用最大,认为工作中除了要满足员工的低层次需求,还要注重对员工提升其自身价值和满足其自我实现等高层次需求的满足。

还有一些学者通过研究指出并非组织公正的所有维度,只有其中的某一个或两个维度会对组织公民行为产生影响。如 Moorman(1991)引用 Greenberg(1990)的观点发现,组织公正与组织公民行为显示了较强的关系,互动公正能预测组织公民行为的四个维度,但分配公正和程序公正与组织公民行为并无直接相关性。

另有一些学者认为,组织公正并不是直接作用于组织公民行为的。如 Moorman,Blakely 和 Niehoff(1998)研究指出,员工对程序公正的认知会通过组织支持感的中介作用,进而影响组织公民行为。洪振顺(1998)

在研究中以主管信任及同事信任作为中介变量，并发现就组织公正对组织公民行为的直接效果而言，程序公正较能预测主管观点的组织公民行为，而制度公正则较能预测员工观点的组织公民行为。

2.3.2 组织公正对组织承诺的影响

(1)组织承诺

组织承诺的概念最早由Becker(1960)提出，其认为组织承诺是指员工随着组织“单边投入”的增加，而不得不继续留在该组织的一种心理现象。但当时他在提出这一概念后并没有对其进行更加系统、深入的研究，因而未能引起社会重视。直到20世纪70年代以后，众多研究者发现组织承诺是许多人力资源管理措施的基础和根源，对组织承诺的研究也因此兴盛起来。而在国内，张治灿、方俐洛、凌文辁于1997年率先引入组织承诺，对组织承诺的研究也因此而兴起。

各个学者分别从各自不同的视角来理解与解释组织承诺，因而其对于组织承诺内部结构维度的划分也存在着明显的差异。目前最具代表性且受到广泛公认的是Meyer和Allen(1990)的组织承诺三因素模型。该模型认为组织承诺由三个不同因素组成：①感情承诺，用于表示员工对组织认同的程度；②持续承诺，用于表示员工离开组织的成本；③规范承诺，用于表示个体留在组织中的义务。

而在中国文化背景下，对组织承诺各维度的划分又存在不同。张治灿、凌文辁、方俐洛等人(1997)针对中国国情，对中国企业员工的组织承诺进行了实证研究，该研究提出了有关中国企业员工组织承诺的五因素模型：感情承诺、规范承诺、理想承诺、经济承诺、机会承诺。从研究结果来看，五因素模型包括了西方学者的三因素模型的内容(感情承诺、持续承诺与规范承诺)，这也反映了不同文化圈中组织承诺的共性成分；从本质上看，凌文辁等(2001)深化了Meyer和Allen的持续承诺研究，并将其细分为理想承诺、经济承诺和机会承诺。其中，理想承诺是指员工对个人成长和理想实现的重视程度，关注组织能否提供工作或学习条件以及晋升的机会以发挥自身专长或实现理想；机会承诺是指员工留任在组织中是因为找不到其他更满意的组织，或是由于自身技术水平的限制而失去另找工作的机会；经济承诺则指员工选择留任是因为担心离开当前组织而遭受经济损失。

(2)组织公正与组织承诺的关系

组织公正中，分配公正、程序公正、互动公正都会对组织承诺产生积极影响，西方许多研究结果都认为互动公正的作用力最强，分配公正的作用力最弱。然而，也存在不少研究对此结论表示不认同，如 Greenberg(1990)发现分配公正比程序公正对组织承诺的预测作用更强，Masterson, Lewis 等(2000)也发现程序公正比互动公正更能解释员工的组织承诺。而国内研究中，刘亚(2002)发现程序公正和分配公正都对组织承诺有显著影响；陈志刚(2003)更进一步地将影响细分为，程序公正影响个体的情感承诺、持续承诺和规范承诺，分配公正和互动公正则影响情感承诺。由此，我们认为组织公正与组织承诺之间的关系需要依具体情境进行具体分析。下面，我们将以中国文化为背景，对中国组织中的组织公正与员工组织承诺之间的关系进行说明。

在中国文化背景下，集体主义的中国文化在某种程度上降低了员工对分配公正的要求，增强了对互动公正的期望。与西方个人主义文化强调的个性张扬和直接冲突不同，集体主义文化致力于维护集体和谐，回避人际间的直接冲突。处于这种文化中的个体会为了集体和谐而对自我利益的得失看得相对平淡一些，会非常关注人际和谐而相对漠视个体回报的差异，甚至会为了集体利益及和谐氛围而牺牲个人利益(Leung 和 Bond,1984)。因而，中国员工为在组织中谋得长久发展，或许宁愿忍受分配的不公，也要维护集体的互动和谐，以此来表达对组织的长久承诺。

并且，中国文化重视人脉"关系"，个人在社会中的发展往往离不开互利互惠的人际网络。员工得到尊重的对待、工作机会的给予，往往就会更为努力的工作或是培养对组织的忠诚感来报答上司对自己的重视，员工对组织的承诺也由此产生；但是如果员工认为自己受到忽视、可有可无，就会觉得上司对其互动不公，则其就没有必要努力树立对组织的承诺。由此也可见，互动公正对组织承诺的强烈影响。

此外，随着中国社会与经济的转型，企业管理愈加规范化和科学化，员工更加关注的是管理行为的长期稳定性和公正性，而分配公正与否往往只能代表一时得失，程序公正和互动公正更能培养起员工留在组织中的意愿，从而对员工的组织承诺产生更为持久的影响。

2.3.3 组织公正对任务绩效的影响

(1)任务绩效

Borman 和 Motowidlo(1993)提出了绩效的二维模型，认为工作绩效应包含两个方面的内容：任务绩效和关系绩效。他们认为任务绩效是工作任务的完成情况，具体到企业中，是指岗位职务说明书中为员工做出规定的那部分绩效，它是企业中明确规定的与职务相匹配的行为，会随着职务的不同而不同。具体来说，任务绩效是指企业员工通过直接的生产活动、直接的材料和服务提供对企业所做的贡献，它会受到企业员工的能力、知识和经验等因素的影响。

随后，国内外的不同学者都对任务绩效提出各自的研究观点。李谦(2003)认为任务绩效区别于关系绩效的特点在于，任务绩效是为特定的工作任务服务的；不同的工作和任务会导致不同的任务绩效的行为；任务绩效来源于员工的知识、经验、能力、对工作的熟练程度等；任务绩效是在企业中明确规定的，是本职工作的一部分，与员工获得的薪酬挂钩；Lepine 和 Van Dyne(2001)指出，任务绩效是用以评价体现在工作任务完成方面的直接成果的，任务绩效与工作任务范围内的主要作业活动紧密联系；葛玉辉、陈悦明(2008)表示，任务绩效是指与企业所规定的行为和其所规定的任务相关的绩效，它会直接影响组织效率的提高，其定义中的行为有两方面的含义：一是在企业中直接进行生产的一种提供劳务的活动；二是对原材料监督等职能的补充，这一系列的活动都旨在保证企业的有效运行。

(2)组织公正与任务绩效的关系

关于组织公正中分配公正、程序公正、互动公正与任务绩效的研究尚存争议。Weaver 和 Conlon(2003)发现互动公正与任务绩效无显著相关，但 Aryee，Budhwar 和 Chen(2002)研究表明互动公正对任务绩效有一定的预测力，并且 Devonish 和 Greenidge(2010)研究也发现互动公正与任务绩效呈显著相关；国内研究中，汪新艳和廖建桥(2007)分析了分配公正、程序公正和互动公正对员工绩效的直接作用，以及它们对员工绩效的间接作用机制，认为组织公正感的三个维度与员工的任务绩效和关系绩效直接相关；王怀勇、刘永芳、顾雷(2013)研究发现互动公正对任务绩效有直接的显著正向影响，并且互动公正还可以通过主管认知信任间接影响任务绩效。

我们可以分析，任务绩效往往与员工获得的薪酬相关，薪酬的多少即分配结果的程度，员工认为自己的分配结果就与自己投入和他人比较来说是很公正的，则其就会为了获得更高程度的分配而提高其工作任务水平，由此导致其任务绩效的提高；而分配不公正，员工就会产生即使自己创造再高的任务绩效也得不到符合绩效水平的分配结果的消极思想，则其工作任务的完成情况也不会太好，任务绩效也就可能会随之降低。

同理，程序公正使员工感觉组织公正严明，不偏不倚，则其工作任务完成得优秀，组织就会按照清晰的制度程序对自身进行嘉奖，那么员工的工作表现就会更为积极，其任务绩效也相应提高；但假使组织程序不公，员工对组织失去信心，增长其负面的情绪和心态，由此引发的消极怠工行为毫无疑问会使员工的任务绩效大大降低。

在组织彼此之间的互动中，上司公正地对待员工，如尊重、礼貌、信息畅通等，员工与其上司之间就会形成高质量的互动关系，并促使员工将大量的时间和精力投入自己的工作任务中，从而以高效的任务绩效水平来回报上司和组织。

2.4 人力资源管理实践中的公正效应

过去中国企业普遍强调福利性的平均主义，强调奉献精神等，这种种缺乏公正的方法造成了激励不足、员工士气不高的现象。在当前中国社会与经济的转型期，运用组织公正理论指导企业的人力资源管理实践，无疑会增加员工对组织的信任、承诺、组织公民行为、绩效水平等种种积极行为，这对企业的成长与发展，增强企业的核心竞争力与生命力具有关键作用。在这里，我们主要就组织的薪酬、绩效管理和升迁这三方面来说明其在人力资源管理实践中的公正效应。

2.4.1　薪酬公正

薪酬是否公正，员工是否得到了与自己努力程度、绩效程度相符合的薪酬水平，在与他人比较时薪酬是否公平，这些都会关系到员工对薪酬的看法，从而影响员工的工作行为。

(1)薪酬分配公正

众多研究都显示，薪酬的分配公正对员工的薪酬满足具有较高的解释力，与员工的工作绩效水平呈正相关。公正的薪酬分配结果能够带来员工更高的薪酬满意度和工作满意度，并使其采取更有效的工作行为；但如果不公正，则会使员工失去努力工作、创造高水平绩效的动力。然而，当前各企业中由于受种种主客观因素的限制，除了员工的实际产出，还有许多看不见的资源的投入。照理来说也应当计入员工的薪酬分配结果中，可实际做法中却没有。因而，许多企业对薪酬都未做到完全意义上的合理分配，绝对的分配公正只是一个理想化的目标。

(2)薪酬程序公正

关于薪酬决策过程的公正，Wallace和Fay(1988)指出为达到薪酬程序公正，组织应在政策上考虑：①公开。适度公开有关薪酬的决策信息；②沟通。向员工传递薪酬信息，主动向员工搜集其对薪酬的认知、偏好等，增进双向沟通；③参与。适时让员工参与薪酬的设计及执行；④申诉。建立员工对薪酬异议及不满的正式表达渠道。

员工获知有关薪酬分配决策的信息可以保证组织在分配薪酬时能够符合“一致性”与“避免偏差”的原则。而组织如果能依据员工的薪酬期望、福利偏好、对薪酬行政的偏好以及对公正的认知来改进薪酬制度，就能提高员工对薪酬程序公正的认知。因而，公开、沟通、参与、申诉这四项薪酬程序政策对提高员工对薪酬程序公正的认知具有显著作用。在实际的人力资源管理中，合理运用使员工参与薪酬决策的程序方法，一方面能使薪酬最大限度地激发员工的工作努力度和满意度，另一方面对营造员工对组织的信心，培养员工对组织的认同感和忠诚感也大有裨益。

(3)薪酬互动公正

上述提到,组织对薪酬的管理,绝对的分配公正只是一种理想状态,几乎不存在。当员工通过比较感知分配到的薪酬低于自身投入或他人薪酬时就会明显感到不公平。此时,为减少这种不公平感,组织中的程序公正和互动公正就显得尤为重要。程序上可以增加员工的参与,使其明白薪酬分配没有达到其自身期望结果的原因。而就互动公正而言,管理者通过必要的解释与沟通,使员工能够体谅组织的难处,并适时地尊重员工、认可员工,使员工建立起对组织的情感理解和精神支持,在一定程度上抵消降薪等导致的薪酬分配不公感所带来的员工消极反应和行为,保持并增强员工对组织的信任、忠诚感和满意度。

2.4.2 绩效管理公正

绩效管理作为组织中一个完整的循环系统,包括绩效计划、绩效实施、绩效评估和评估结果应用等几个环节,其实质就是一个组织与员工共同参与、不断交流沟通的持续的过程,通过彼此信息的接受和反馈沟通,实现员工、团队与组织战略目标的一致性。绩效管理直接关系到员工本身,其公正程度对员工的工作满意度、将来的绩效表现等种种行为都具有一定程度的影响。

Greenberg(1986)在一项调查中发现以下因素会增加员工对绩效管理中评估公正的知觉:员工参与评估、评估面谈时的双向沟通、被评估者对评估提出质疑的机会。因此,评估过程中员工是否有发表意见的机会,上级是否给予解释等都会影响到员工的公正感。

Folger,Konovsky 和 Cropanzano(1992)提出了一个绩效评估的公正理论模型,在这个模型中有三个主要因素影响到员工的程序公正感:一是给员工提供有关绩效评估足够的事前信息,包括事先确定的明确目标和评估标准,并让每位员工明确这些目标和标准,因而绩效管理中的目标明确与否会影响到员工的程序公正感;二是确保评估者了解与被评估者相关的信息,绩效评估中员工的自我评价会影响到员工的程序公正感;三是在事实基础上做出判断,要求评估者对所有的被评估者使用相同的标准,确保不存在偏见程序。事实证明，采用这种理论模型能够带来员工的积极反应，如更高的满意度、公正感和动机水平。

(1)绩效管理的分配公正

绩效管理中，员工在绩效评估阶段对分配公正所关心的是：我的评估结果与我的付出是否一致？与我的同事相比怎么样？由于绩效评估的结果直接与薪酬和人事选拔有关，所以它与分配公正关系密切，绩效评估、绩效工资和绩效奖励都会影响到员工的分配公正感。同时，员工的分配公正感也会直接影响到绩效管理和绩效评估能否顺利进行，绩效工资和绩效奖励对员工的激励强度如何。因此，当员工认为自身的评估结果与其所付出的努力是一致的，并且与同事相比是公平的，绩效管理才能顺利实施，绩效工资与奖励的激励作用才能得到真正发挥。

(2)绩效管理的程序公正

程序公正主要是指政策制定的过程、政策的执行过程、决策过程是否公正合理。绩效评估中，程序公正主要关注的是达到这些评估结果的过程。Flint(1999)指出在绩效管理中，员工参与目标制定、参与绩效评估等能有效提高员工的程序公正感。员工的程序公正感会影响到员工对绩效目标的明确性，以及员工参与制定目标的积极性，如果员工能充分感受到制定绩效目标过程中的公正性，就会增强员工对绩效目标的认可度，在执行过程中也会表现得更为积极。

(3)绩效管理的互动公正

绩效管理中，互动公正是指上司在对员工进行绩效评估时是否表现出认同、尊重、关怀和帮助员工的一面，是否给予员工合适的评估反馈以及对一些绩效结果不佳的员工提出建设性意见，包括人际公正和信息公正。上司对员工进行帮助和指导，彼此之间的双向沟通就能够提高员工的人际公正感和信息公正感。人际公正感的提高会增强员工对绩效管理的理解，从而提高对绩效管理过程的支持程度，而信息公正感的提高则能够增强员工在执行程序过程中的积极性。

2.4.3 升迁公正

组织中,升迁可以从内部培养、挑选管理人员,也可以进行外部人才引进。人力资源管理中,有才能的人如果常常得不到预期的重用和提拔就会感受到不公,在这种情况下,其中有一部分仍会继续留在组织中,但还有很大一部分倾向于转向企业外部寻求其职业生涯的提升,造成本企业的人才流失。

(1)升迁分配公正

升迁分配公正在于获得平等的升迁机会,当员工努力提高工作绩效时,除了财务上的薪酬激励外,非财务性激励往往就是升迁。当许多员工视跳槽为升迁的渠道时,组织如何留任合适的员工就变得相当重要,留才计划包括给予升迁的分配公正。升迁与员工的职业生涯规划关系密切,很少有员工希望一辈子的工作生涯皆为同一职等,组织给予每个员工平等合理的升迁机会,员工根据自己升迁意愿的强度做出相应努力,表现优秀的员工得到升迁机会,表现略不足的也可以获得下一阶段的升迁机会而继续努力,由此就可以维持组织内员工的稳定性。因此,升迁分配公正对降低员工流动率具有重要影响。

(2)升迁程序公正

升迁渠道是人力资源管理中一个相当重要的制度,一般指员工会通过何种手段来得到升迁。如果升迁完全是按照员工努力程度和绩效表现来决定的,则能够激发员工的良性竞争意识;如果升迁不似员工往常了解的那般,而是存在利害关系、暗中操纵、走后门、空降兵等现象,例如当员工在比较了包括自己在内的各位升迁候选人的能力和贡献后,认为升迁的人选与自己所想的不一致,或是与自己条件相当的人获得了升迁,甚至不如自己的人也升迁,而自己仍在原地踏步,则员工就会明显地感觉到升迁程序的不公,继而产生失望、沮丧、愤怒等消极情绪,从而可能会导致组织内的恶性循环竞争。

Rousseau(1989,1990)在其关于心理契约的研究中提到,当员工努力工作时,希望按照组织晋升的惯例,给予升迁机会。组织升迁依据的是员工的考核表现，无论考核是以绩效或工龄或技能为基础，均涉及升迁决策的程序，当员工对升迁的评定条件和决策程序越了解时，其对升迁程序公正的认知也就越高。

Martin，Stains 和 Pate(1998)结合心理契约违背的研究指出，员工对升迁的程序公正会存在潜在的怨恨情绪。例如，组织中往往会听到员工抱怨"公司没给予我机会来展示我的能力""我感到公司没有注意到有才能的人在公司的什么地方"，员工之所以会产生这些观念，也许是因为组织没有创建一套合理的人才搜索程序，最终导致大部分员工转向组织外部以寻求职业生涯的提升。

(3)升迁互动公正

升迁过程中，上司是否鼓舞员工争取升迁，人事管理层能否将有关升迁的满足资格、选拔过程、竞争候选人等详细信息公布出来，都会影响到员工在升迁过程中感受到的互动公正。员工得到上司的指导、关怀和鼓励，对升迁信息充分了解就会有较高的公正感；而上司如果偏袒于某一候选人而对其他竞争人员采取漠视态度，并且也不告知所有候选人关键准确的选拔信息，则员工就会产生强烈的升迁不公感。

2.5 组织不公正及其效应

Adams(1965)引领了组织公正问题研究的潮流，但是与此相反的组织不公正问题也应值得重视，即当组织公正程度较低或组织不公正时，会出现哪些组织不希望出现的行为，各种消极行为与组织不公正各维度之间又是什么关系，组织该如何减少这些消极行为发生的概率。处于社会与经济转型期的中国，由于受到各种因素的制约，组织不公正的现象非常多，有的甚至会危及社会的稳定，其后果不容忽视。

2.5.1 组织不公正的含义及其效应

与组织公正相对应，组织不公正的内容主要体现在三个方面：分配不公正、程序不公正和互动不公正。分配不公正是指对分配结果的不满意，这种不满意可能来自于社会比较，也可能来自于与自己过去或期望的比较。一般来说，结果不利通常被认为是结果不公正，关于结果不利的研究也被看成是分配不公正的研究，这些不公正主要表现在工资增长冻结、减薪、被裁员、下岗、招聘选拔落选、晋升失败等等；程序不公正既包括Thibaut等(1975)认为的个体没有表达自己意见的机会，不能控制结果产生的过程，也包括违背Leventhal等(1980)的六个规则，即与利益分配有关的政策缺乏一致性、有偏见、没有准确性、缺乏代表性(不能代表广大员工的利益)、不具有可修正性(一旦政策执行，即使不合理，也不能更正)、不符合伦理性；互动不公正主要是指上司在解决与员工个人利益相关的问题时，表现出不尊重员工，未给员工做出解释等的行为。

组织不公正的影响多是负面的，由其所导致的消极行为主要有三类：隐蔽攻击：对他人的攻击，如言语攻击、敌意、愤怒，对自己的攻击，如焦虑、失眠、压抑等；退缩行为：不能充分发挥自己的能力，如离职意愿提高、怠工、缺勤、减少帮助行为等；公开攻击：主要包括身体攻击、吵架、偷东西等。

(1)国外背景下的组织不公正效应

如前所述的Greenberg(1990)的个案研究可以发现未进行任何解释的C厂组织公正程度最低，其偷盗率也最高，而进行解释的B厂，其组织公正程度相对较高，因此偷窃行为也较少。Greenberg(1993)运用实验法研究在薪酬公正和不公正的情况下，管理者的互动过程——解释对偷窃行为的影响，并发现解释在薪酬低于预期的情况下有作用，而在薪酬公正的情况下，解释的作用不明显。Greenberg(2002)研究在收入不公的情境下，让被试自己领取收入以考察其偷窃行为，结果发现被试的道德发展水平没有作用，被试的偷窃行为大多发生在组织资助财物的情况下，并且开展道德教育的组织员工的偷窃行为较少。

Tepper(2001)探讨了组织不公正对身体健康的影响，研究得出分配公正与程序公正高，人们的心理压抑感受低，并且还发现分配公正与程序公正之间存在交互作用。Jawahar(2002)把分配公正、程序公正和互动公正都分成公正和不公正各两种共六种组合，提出组织不公正的效果理论模型并分析了这六种类型及其效果。De Boer等(2002)研究发现组织不公正会导致人们对组织绝望、对上司愤怒、声讨组织制度，并导致员工的自我价值感降低，而持续的紧张、抑郁，以及试图改善组织公正状况的努力、对工作价值感没有信心等，最终会引发员工的身心健康问题。Colquitt 等（2001）研究发现，程序不公会增加离职率，分配不公会增加偷盗率，互动不公会减少帮助行为。Ambrose 等（2002）研究发现，不同的组织公正要素所引发的消极行为方式不同，互动不公正，个体倾向于报复；分配不公正，个体要求补偿，即组织不公正的来源和消极行为的目标一致。

(2)中国背景下的组织不公正效应

吴谅谅（1991）对 42 家工厂的调查表明，不管使用哪种奖励方法（如计件制、承包制、等级计奖、百分计奖等），均有相当数量的职工感到不公正和不满意。余凯成、何威（1995）研究了我国企业员工对分配公正影响因素（或者称公平分配观，或称分配要素）的看法，认为中国组织中的员工已经习惯了固有的分配观念，一旦不按照这种观念进行分配，员工就会产生不公平感。李超平（2003）运用问卷调查法研究了组织公正与工作倦怠的关系，发现组织不公正会影响员工的工作倦怠，初步证实了公正与退缩行为的关系。

2.5.2　组织不公正研究存在的问题及未来研究方向

组织不公正的研究多以人们的消极行为反应为主，但这种负面化的行为反应很难评估，毕竟消极行为反应是社会所不希望出现的，在员工的自我报告中，也很难避免社会称许效应的出现，即员工为了给上司留下一个好印象而在报告测试中有意识地掩饰不好的方面，强化积极的方面。

(1)组织不公正与低组织公正的差异

组织公正按照质的区分，有公正和不公正；如果按照量的区分，则可能有高公正、中等公正、低公正和不公正。然而，几乎所有的研究都没有详细区分低组织公正和组织不公正，甚至将两者等同，毕竟，对组织公正的研究总是考虑公正对行为的积极影响，比较注重积极行为，如组织承诺、组织公民行为、绩效、信任等行为的强度高低、出现与否；而很少考虑不公正的消极影响，如背后攻击领导、同事之间不团结、离职倾向、消极怠工、偷窃东西、损坏公共财物、旷工等。这是因为大多数人认为公正感再低也算是公正，由此希望出现积极的行为，而不是消极行为，关心的是积极行为有多少，而不是消极行为有多少。

但事实上，公正感再低，低到一定程度时，人们就不再采取积极行为，反而可能以消极行为反应为主。组织中往往出现这样的情况，员工迫于种种内部和外部压力，比如就业困难、面子上过意不去、担心将来被惩罚等，在内心上忍受着不公正的消极感受，而一旦这种不公正积累到一定程度，就可能出现退缩型行为、小规模的个人性攻击行为、大规模的群体性罢工乃至暴力。由此，若是低组织公正和组织不公正不能完全等同，那么就需要更进一步研究这两者之间的差异性问题。

(2)组织不公正变量的实验操作狭窄

当实验研究直接对组织公正进行操作时，受操作本身的限制，不公正的内涵比较狭窄，需要更换不同的操作予以验证。Greenberg(1993)只对分配结果不利、互动公正（注重解释）进行了操作，而对 Leventhal(1980)的程序公正的六个标准没有进行操作，也没有探讨其影响。更进一步来说，在 Leventhal(1980)的六个程序公正的标准中，到底违背哪些标准会导致不公正判断，这六条标准对于不公正判断产生的重要性如何，这些问题也缺乏深入研究。

2.6 组织公正的交互效应

2.6.1 分配公正、程序公正、互动公正的效应差异

由第二节可知，Leventhal(1980)的分配优势模式认为，虽然程序公正也是人们形成公正判断以及导致员工心理与行为后果的重要因素，但是相比而言，分配公正比程序公正更加重要，该模式强调分配公正在解释员工心理与行为上的基础作用，即人们对某一结果的反应首先取决于分配公正与否。

McFarlin 和 Sweeney(1992，1993)提出的两因素模式认为，程序公正

和分配公正对不同结果变量的解释和预测力是不同的，程序公正主要预测以组织系统为参照的后果（比如组织承诺），分配公正主要预测以个人为参照的后果（比如薪酬满意度）。Folger 和 Konovsky（1989）对提高薪酬中分配公正与程序公正效果的研究表明，程序公正比分配公正能解释组织承诺更多的变异，而分配公正比程序公正能解释薪酬满意度更多的变异。

Bies 和 Moag（1986）认为个体在决定如何对权威形象（老板和上司）做出反应时依靠的是互动公正，在决定如何对整个组织做出反应时依靠的是程序公正。在此基础上，Masterson 和 Lewis 等（2000）提出了代理者——系统模式，认为互动公正预测与上司有关的后果，程序公正预测与组织有关的后果，互动公正对以代理人为参照的后果比对以系统为参照的后果有更强的预测力。

Martin（1996）研究表明，分配公正与以个人为参照的后果（比如满意度）关系更紧密，程序公正与以组织为参照的后果（比如组织承诺）关系更紧密。李超平、时勘（2003）研究表明，分配公正最能预测情绪衰竭，即以个人为参照的后果；程序公正最能预测玩世不恭，即与组织有关的后果。

总结关于分配公正、程序公正、互动公正各自效应的研究，可以得出：分配公正对具体的、以个人为参照的后果具有更多的影响；程序公正对一般组织和权威的评价具有更大的影响，主要预测与组织有关的后果；互动公正主要预测与上司有关的后果。

2.6.2 分配公正、程序公正、互动公正的交互效应

Brockner 和 Wiesenfeld（1996）对 45 个研究进行综述，总结出程序公正与分配结果的交互效应，认为程序公正时，分配结果的好坏对结果变量的影响效果会减弱，即只有在程序不公正的情况下，人们态度和行为的积极程度才会受到结果好坏的影响；同样，只有在结果对人们不利的情况下，程序公正与否才会对人们的态度行为产生显著影响。Brockner（2002）利用信任来解释程序公正和分配结果的交互效应，即认为程序公正，员工信任领导，则可以较少受到分配结果好坏的影响。

VandenBos 和 Vermunt 等人（1997）研究发现，在先告诉被试有关程序的信息，与先告诉被试有关结果的信息这两种不同情况下，程序公正与

分配结果的交互效应会产生不同的数据模式。Brockner 等(2002)发现这种交互效应会受到文化差异的影响,只有那些倾向于认为人是相互依赖的个体才较容易出现这种交互效应模式。此外,结果变量的特性也会影响程序公正与分配结果的交互效应,当结果变量指向自我(如自尊)时,程序越公正,分配结果的影响作用越大。

互动公正涉及决策程序与决策结果的全过程。决策过程中,管理人员与员工(或上下级之间)能否有效地进行双向沟通,取决于管理人员是否尊重员工,对待员工的态度是否诚实、平等,这其中的过程都涉及员工感受到的程序公正和互动公正。并且,即使在决策结果出来之后,或者决策结果已难以更改,如果管理人员能耐心听取不同意见并进行合理解释,同样能提高员工感知到的结果公正性。

由此可见,分配公正、程序公正、互动公正的相互影响并不是独立而单向的,而是在双向交汇的情况下产生交互效应的。

第3章　跨文化背景下的组织公正

所谓“十里不同风，百里不同俗”，组织公正在不同的文化背景下有着迥异的评判标准和践行规则。以中西方为例，由于不同的语言体系、政治导向、经济水平和传统文化，公正思想差异显著。西方的公正观念根深蒂固，流派众多。综观古今，不论是自由主义、保守主义还是平等主义都涌现出了具有代表性的研究著作，推动着公正观念的普及和深化；相较之下，虽然前文论述了中国传统文化中的公正思想，但是基本上未出现系统的学派，其目的也在于维护国家的长治久安。另一个显著差异体现为两种文化下组织公正的规则和标准不同。西方倾向于将公正和权利、正义、自由、民主联系在一起，公正标准中凸显出浓浓的个人主义色彩，例如《独立宣言》《人权宣言》等都大篇幅地描述了人们对自由、平等的强烈需求。而深受儒家文化影响的中国则以国家、集体利益为重，个人感受往往退居二线。为了达成治国平天下的宏图伟业，人们往往以大同思想、平均主义等具有集体主义色彩的观念指导公正判断。

显然，这种差异与文化背景密不可分。中国两千多年的封建历史中，儒家思想一直占据着根深蒂固的统治地位，仁、义、礼、智、信的观念几乎是每个人的行动指南；温、良、恭、俭、让也是亘古不变的道德标准。西方文化则受到文艺复兴运动的影响，推崇个人主义、自我发展和自我表现。人们膜拜英雄，渴望变成强者，推崇平等、自由、公正及民主。归根结底，文化是一个国家最具特色的名片，凝聚着整个民族的价值观、道德观和风俗习惯。广义上说，文化是人类社会历史实践过程中所创造的物质财富与精神财富的总和；狭义上说，文化是社会的意识形态以及与之相适应的组织机构和制度。尽管对文化的定义及理解不胜枚举，但是不可否认，文化就在我们身边：土砌的庙宇、悦动的音律、张扬的笔墨、温文的谈吐等等，这些都是文化的载体。诚然，时间、空间的差异导致了文化的差异。

进入 21 世纪后，全球化的进程加速促进了跨文化的交流，信息技术的革新使得全世界范围内的交流变得易如反掌，许多活动已超越国界，比如经济活动可以通过对外贸易、资本流动、技术转移等形成全球范围的有机经济整体，体现更强大的生命力。组织公正的研究也顺应这一历史浪潮，而不仅拘囿在单一文化背景下的分析，转而出现许多跨文化的比较。

3.1 影响组织公正的文化维度

单词“justice”和“fairness”是一对英语近义词，但是它们所对应的其他语种并不都是如此，比如在荷兰语中它们的意思相近，但在法语中就“差之千里”了，而在日语中竟没有一个确切的单词可以诠释它们。尽管存在这些差异，但世界各地的人们仍然孜孜不倦地谈论着共同的话题——公正和公平。基于现有研究，可以发现霍夫斯泰德文化框架中的个人主义——集体主义、权力距离，以及带有中国特色的关系取向对组织公正的影响最为直接。

3.1.1 霍夫斯泰德文化框架

20 世纪 70 年代，Hof Stede 通过对 IBM 多国员工的调查，提出了“文化维度”(Culture Dimension)的概念。在他的定义里，文化是“影响一个群体对环境所做的反应和各种共同特征的总和，它表现在价值观念、信仰、态度、行为准则、风俗习惯等方面”，这一定义的着眼点是群体，也就是国家层面。尽管每个国家内的个体不尽相同，但是汇聚在一起的人们以一种群体姿态出现时，就会表现出共同的特征。在“求同存异”中，Hof Stede 归纳出四个维度来解释各国的文化差异：权力距离(Power Distance)、不确定性规避(Uncertainty Avoidance)、个人主义——集体主义(Individualism-Collectivism)、男性化——女性化(Masculinity-Femininity)(Hof Stede，1980)。随着进一步研究，这一概念被反复验证，并催生了第五个维度：长期取向——短期取向(Confucian Dynamism)。这些带有鲜明特色的集体模式维度为跨文化管理提供了依据，而与组织公正联系时，个人主义——集体主义与权力距离这两个维度的效应最显著。

3.1.2 个人主义——集体主义

个人主义是西方国家主流的价值观和处世哲学，在个人主义文化中，人们最重视的是自己或与自己有切实利害关系的人的利益，因而人与人之间的纽带并不紧密，每个人都会把自己的需要置于他人之上。而集体主义在东方国家更为盛行，在集体主义文化中，人们不会把自己孤立出来，而是渴望归属到一个群体内。这种归属感使得人们更加关注集体利益。

尽管至今仍存在对个人主义——集体主义的维度讨论，即单一维度（个人主义和集体主义是对立的两极）（HofStede，1980）和多维度（相同文化背景下也有不同的个人主义、集体主义倾向）（Triandis，1995）之争，但是无论如何也掩盖不了其核心特质，按照 HofStede 的理解，“在个人主义的社会中，人际关系松散，人人各自照顾自己和自己的家庭；相反，在集体主义的社会中，人们从一出生就开始与强大而又具有凝聚力的内部集团结合在一起，而这种内部集团又对这些忠诚的成员提供终生的保护。”（彭世勇，2004）。因此，个人主义——集体主义是理解中西方文化的有力工具，在这两种观念的影响下，人们的思维模式、交往方式都截然不同。

3.1.3 权力距离

与个人主义——集体主义一样，权力距离也是 HofStede 提出的文化维度之一，指的是社会对于权力不公平性的接受程度（HofStede，1991）。他对 IBM 员工进行调查，得出权力距离指数，用以衡量不同国家的文化差异。根据权力距离指数的大小，HofStede 提出高权力距离（HPD）和低权力距离（LPD）。在高权力距离国家，上下级认为彼此是不平等的，组织系统的设置正是基于这种不平等，下级听从上级从事工作，而工资制度恰恰反映了组织中从顶层到底层巨大的权力距离。在低权力距离国家，上下级认为彼此是平等的，组织系统反映了人们在组织中担任的不同角色，它的成立只是为了方便而已，上下级之间的工资差别较小。

显然各国的权力距离略有不同。例如，HofStede(1991)的调研发现，中国的权力距离为 80，美国的权力距离只有 40。这可能源自两国的文化差异，我国备受推崇的儒家思想倡导有差别的爱和维护等级差别的思想；

而美国基督新教则宣扬无差别的爱和人人平等的思想。这种“爱有差别”的等级观念和“同为上帝子孙”的平等观念也许就导致了中美权力距离指数的差异。自然,权力距离的差异使得各国对组织公正的感知及由此产生的行为也不尽相同。

3.1.4 关系取向

与上述两个维度不同,关系取向这一概念并不包含在 Hof Stede 的文化维度框架里,并且与之相比带有浓重的中国特色。在我国,人际关系一直备受关注,它是中国文化的重要组成部分,也是剪不断理还乱的复杂构成。作为社会人,大家都要面对“关系”,从费孝通开始,学者们对“关系”的研究就从未停止。费孝通认为,中国典型的社会结构是一种具同心圆波纹性质的差序格局。波纹的中心是自己,与别人发生的社会关系,如水波一般,一圈圈推出去,波纹与中心的远近代表了种种亲疏不同、贵贱不一的差序关系(费孝通,1985)。随后,黄光国(1988)通过对台湾地区家族企业中人际关系的调查,参照社会交易理论,提出了具有中国特色的人际关系基本模式——情感性关系。英国学者雷丁(1993)也对华人家族企业的网络关系进行了研究,塑造了同心圆模型,他认为圆心是自我,外围是亲朋关系,再外圈是企业组织,最外面是社会。

由此可见,“关系”在国人的生活中至关重要,因而学者们对“关系取向”的研究兴趣持续不减。何友晖(1989)认为关系取向是中国人因受儒家关系文化影响而形成的一种处理人际关系的心理取向,体现了中国关系文化的本质。杨国枢(1992)认为关系取向是中国人人际网络的一种重要运行方式。佐斌(2002)认为,关系取向是人们以关系作为对自己和对他人认识的依据或线索,并依此对自己的角色进行界定和做出相应行为反应的一种心理倾向和行为风格,对中国人的心态和行为具有广泛影响。大部分学者认为关系取向是中国社会心理学的精髓,而个体取向是西方社会心理学的精髓。这种截然相反的文化差异扎根在血脉里,需要引起跨文化管理的注意。

总体而言,上述文化维度影响了跨文化背景下的组织公正,基于这些维度的研究不仅有助于对组织公正的更好理解,还能检验组织公正理论的普遍性和适用性,从而发现不同文化背景下组织公正的异同点。在具体运用层面，组织公正的跨文化研究可以帮助跨国公司的管理者更好地理解员工的思想和行为，从而做出有利于组织和员工的决策，实现组织的长远发展。

3.2　跨文化背景下的组织公正三阶段模型

研究跨文化背景下的组织公正，仅仅明确作为影响因素的文化维度是不够的，还需要借助分析模型来梳理思路。Morris 和 Leung(2000)率先提出了一个组织公正的两阶段模型。在这个模型中，公正规则(Justice Rules)指的是用来指导决策的抽象准则，公正标准(Justice Criteria)指的是公正规则的具体实施。但是这一模型的缺陷显而易见，Leung 和 Tong (2004)指出它只能解释公正的抽象层次，并不能解释不同文化背景下的具体差异。为了弥补这一不足，他们在两阶段模型的基础上补充了第三个阶段——公正实践(Justice Practice)，即公正标准的具体实施。具体而言，公正实践代表了公正标准暗示的具体准则、语言和非语言行为以及社会措施；也就是说，公正实践是公正标准在具体情境下的实施。具体模型如图 3-1 所示：

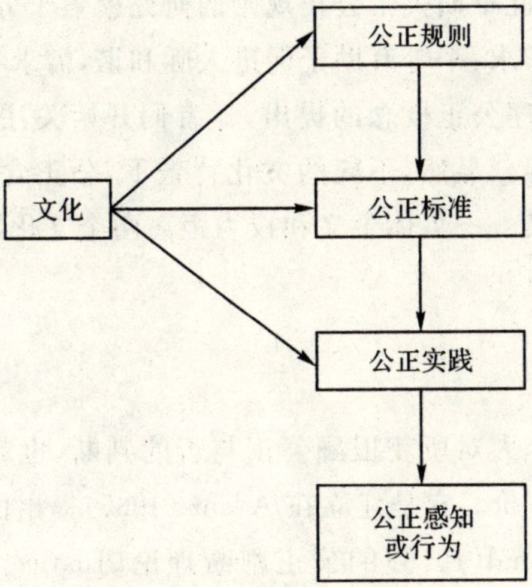

图 3-1　组织公正实践模型

资料来源：Greenberg&Colquitt：Handbook of Org. Justice，Lawrence Erlbaum，2005.

虽然，人们时常觉得公正和文化背景无关，但是研究证明一定的差异不可避免。三种维度的公正类型中，有关分配公正的跨文化研究最为常见：各国的分配规则显然不同。人们对公正、平等和需求的理解均有不同程度的差异；并且即使所用规则一致，公正标准也会不同，即使只有一个确定的公正规则，也可能产生许多不同的实现方式。

当人们面对需要辨别公平与否的情境时，首先会根据现实情况来确定合适的公正规则；接着，会选择与这些规则匹配的标准；最后再采取一系列匹配的行为措施。在这个三阶段模型里，文化影响了人们对社会情境的理解和阐释以及公正规则、公正标准和公正实践的选择。任一阶段都会被文化差异影响，任何差异都会导致公正感知和公正行为的不同。接下来的分析就是基于这个模型来对跨文化背景下的组织公正进行全面梳理，以及评价文化因素影响组织公正的程度。

3.3 组织公正三阶段模型的运用

3.3.1 文化对组织公正规则的影响

公正规则主要表现为分配规则和程序规则。分配公正在最初的研究里处主导地位，因此早期关于公正规则的研究聚焦于分配规则，其中讨论最多的是平等和需求：平等有助于促进人际和谐，需求有助于提高个人发展。之后，随着程序公正概念的提出，学者们开始关注程序规则，并集中于冲突的解决过程。显然，不同的文化背景下，公正含义不尽相同，下文主要基于个人主义——集体主义和权力距离两个文化维度对组织公正规则的影响进行分析。

(1)分配规则

分配公正是个人对所获报酬公正与否的判断，也就是依据一定的标准对分配结果的评价。它是建立在 Adams(1965)提出的公平理论(Equity Theory)和 Leventhal(1976)的公正判断理论(Justice Judgment Model)的基础之上。前者着重于员工对分配不公正的反应；后者侧重于员工在进行公正判断时所采用的标准。总的来说，人们通常按照以下三个规则来判断结果的公正性：①平均分配规则。即参与分配的每一个体应该得到相同的结果，否则人们就会觉得不公平。②按需分配规则。即资源的分配应该向需要的人倾斜，最需要该种资源的人应该得到最多的资源。③按贡献分配规则。即回报的比例应以人们的贡献大小为依据。一个人对组织的贡献越大，他接受的回报比例就应该越大（亦称公正原则）。在实际生活中，人们究竟按照什么规则来对分配结果进行公正判断？这个问题没有绝对的答案，也没有通用的标准来评价每种规则的优劣。一般而言，第三个规则——按贡献分配被认为更加合理。

从个人主义——集体主义这一维度来看，分配规则存在跨文化差异。这一研究方向的开拓始于 Leung 和 Bond(1982)，他们发现中国香港人比美国人更偏爱平等规则。这可能是由于在集体主义文化中群体所强调的是一致、和谐与连贯，所以中国香港人偏好平等规则；而在个人主义文化中，公平（而非平等）有助于提高生产力、竞争程度和自我实现，所以公平规则更受欢迎。同年，Bond，Leung 和 Wan(1982)得出了相似的结论，他们发现中国香港人在分配财务回报（获得利益）和社会情感回报（维持友谊）方面比美国人更倾向于平均主义。

此外，相较于个人主义，集体主义社会中的群体范围更小（Wheeler，Reis 和 Bond，1989），仅包括家庭成员、亲属和主要的朋友，这种差别使得个人主义社会中，人们可能更普遍地运用公正规则，因为群体内部和外部的边界不清晰；而集体主义社会对于群体边界的强调可能导致公正规则不如想象的那般受欢迎。Leung 和 Bond(1984)以实证研究证明了这种观点，他们发现受集体主义文化影响的香港人比受个人主义文化影响的美国人对群体内部成员更加慷慨和包容，但是对群体外的成员而言，前者更愿意遵守公平规则，按劳分配。

不过另外一些研究得出了不同的结果。Leung 和 Iwawaki(1988)检验了美国、日本和韩国大学生的个人主义和集体主义观念强度及其对分配规则的偏好。令人惊讶的是，这三个群体没有任何不同，并且日本和美国大学生的个人主义水平也非常相似。对此，他们认为文化差异的缺失可能是因为这三个文化群体具有相似的个人主义水平。在另一个实验中，Kim，Park 和 Suzuki(1990)要求这三个国家的大学生在一个竞争项目中为对手打分。结果显示，韩国大学生较之另外两国的大学生更加遵守平等规则，而日本和美国的差异仍然不甚明显。这两项研究说明对于任何一个给定的样本，我们不能假设其跨文化价值调研的普适性，尤其是以年轻人为样本的调研，因为他们很可能偏离主流的文化潮流，并带有明显的个人特色。除了文化差异的缺失，其他研究发现在公正判断上也得出了与预设不同的结论。Chen(1995)要求来自中国大陆和美国的员工扮演制造公司的领导并且向虚拟的员工分配报酬。与假设相反，中国员工比美国员工显示出对公平更为强烈的偏好。他把这个出乎意料的结果归因于中国市场经济的快速转型。由于这种转型，人们更加重视生产力发展，而不像以前那样只注重群体内部的和谐。

综观上述研究，大部分都能在不同文化背景中探索个人主义——集体主义影响下的分配规则偏好差异，并且普遍发现集体主义文化影响下的人们对平等规则的偏好。但是，尽管文化差异普遍存在，却也不是必然情况，学术研究也不能想当然地以常识为判断标准，否则就会错过真正的答案。

当然个人主义——集体主义的影响效果往往不是独立的，大部分情况下会被其他因素调节，如政治、经济、社会大环境的影响。Cohn，White和Sanders(2000)通过研究七个国家的现实情况（保加利亚、法国、匈牙利、波兰、俄罗斯、西班牙和美国）发现分配规则的运用具有可依靠性，且通常被认为比需求规则更为公正。这个结果对于三个前身是社会主义体制的东欧国家而言，确实有些意外，甚至有违常理，但是只要结合这些国家具体的大背景，也就不足为奇了。同样地，Muphy-Berman和Berman(2002)发现印度人比美国人更偏好需求规则。这种背道而驰的结论也有其合理性。我们都知道，相较于美国而言，印度资源更为缺乏，发展也较为落后。这种先天不足和后天不利使得印度人更加关注同一群体成员的福利，产生惺惺相惜的感情。因此，尽管集体主义导向使得印度人更偏爱平等规则，但由于社会上普遍关注小群体的私利，优先推行需求规则也就合情合理了。与印度人相似的是印度尼西亚人，在一个与中国香港人对比的研究中(Muphy-Berman和Berman，2002)资源配置同样对集体主义导向产生了决定性的影响。中国香港人认为价值规则比需求规则更显公平，但印度尼西亚人却持相反的观点。这是因为印度尼西亚资源匮乏，有限的资源使得人们更加关注个人利益，随之增加了对需求规则的偏好。

所以不同的政治体制、资源分配、经济发展甚至人口构成，都能成为个人主义——集体主义的控制变量，甚至起到颠覆性的作用。这也提醒我们，没有一成不变的定律，也没有屡试不爽的规则。这些研究之所以得到如此高的评价正是因为学者们对不同之声的执着和对细节的追求。

除了政治经济大背景以外，情境目标也能改变个人主义——集体主义对分配规则的偏好。Leung 和 Park(1986)发现，当群体目标是团结一致时，韩国人比美国人更乐意采纳平等规则，但是当群体目标是提高生产率时，韩国人就会偏向采纳公平规则。中国香港人也表现出类似的行为，以一组学生为研究对象的实验发现，当群体目标提倡团结一致时，中国香港人比美国人更倾向于在群体报酬分配中采用平等规则，一旦这一目标变成提高生产率时，中国香港人与韩国人一样转而采用公平规则。这说明，个人主义和公平规则之间的对应关系以及集体主义和平等规则之间的对应关系并不是永恒不变的。当情境因素，尤其是情境目标发生变化时，这一规则很可能会出现紊乱的情况，上述对应关系也就不存在了。所以，以个人主义——集体主义为代表的文化因素需要放在政治经济大背景下考虑，并且与那些变动的情境变量结合起来，才能共同考察对分配规则的作用。

(2)程序规则

程序规则包括一系列决策制定的过程和步骤。该领域的最初研究集中于合法背景下冲突的解决过程，人们很快就发现由第三方掌握过程控制，参与者有机会表达观点并提供事实和依据的方式更受欢迎。这种情况不仅发生在美国和英国，法国和德国也同样存在，这说明程序规则在原则上有一定的相似性，但是文化差异的力量依然不容小觑。Kozan 和 Ergin(1998)也利用囚徒困境游戏得出了相同的结论，作为样本的土耳其大学生更倾向于运用调解策略，而美国大学生则更愿意进行直接的沟通。类似地，Morris，Leung 和 Iyengar(2004)发现以中国人和美国人为样本也能得出这种结论。随后的研究加强了对非正式程序的关注，学者们同时以正式程序和非正式程序为研究对象，大多得到了相似的结果。集体主义文化影响下，人们的表达方式更为含蓄，多数人不愿意与他人产生正面的接触和冲突，而是以妥协和谈判的策略维护人际交流的和谐。

总之,集体主义者解决冲突的办法更为间接和迂回(建议、讨好、印象管理和平息),而个人主义者解决冲突的办法更为直接和坦率(说服、讨价还价和对抗)。特别是在公共场合,前者更难接受直接的对峙或者给出明确的意见,后者恰好相反,温暾的谈判和周而复始反而让他们无法忍受。实证研究发现个人主义——集体主义和解决冲突风格之间存在一定的关系:集体主义群体(如巴西和墨西哥)比个人主义群体(如美国)更倾向于在冲突解决中使用诸如合作和妥协的方式,他们会高度关心别人的感受,尽量不让双方受到伤害(Morris,Williams,Leung et al.,1998)。这也不难理解,一般个人主义程度高的国家具有更强的竞争意识,他们更在乎自己的感受也较少为他人着想,一旦发生冲突时,他们会想尽办法得到更大的利益而不是回避。

除了个人主义——集体主义维度的影响,权力距离维度同样影响着人们对程序规则的偏好。在高权力距离社会中,当地位较高的第三方作为决策制定者时,更容易被人们接受,这种模式也显得更为公正。例如,Tse,Francis 和 Walls(1994)研究发现,中国人在遇到冲突时,更愿意咨询主管或者其他领导,而加拿大人更愿意独立处理这类事件;同样地,日本人和韩国人较之美国人更愿意请教权威。似乎集体主义导向的文化使得下属更愿意参考权威们的意见。但是领导者的偏好恰恰相反,身处高权力距离国家的领导者在解决工作群体冲突时并不会参考同事或下属的意见(Smith et al.,1998)。可见权力距离对领导和下属产生了不同的影响作用。

当然,除了冲突解决过程,程序规则研究也存在于其他工作模块中,比如招募、激励等。Steiner 和 Gilliland(1996)检验了不同文化背景下,人事甄选工具选用的公平性。研究发现,法国学生认为甄选中运用书面分析和个性测试比较公平;相反,美国学生则认为简历和面试才比较公平。Phillips 和 Gully(2002)扩展了这一研究。他们在研究样本里加入了新加坡人,发现新加坡人和法国人有着相似之处,都认可书面分析和个性测试更容易检验应聘者是否适合当前的工作。不同文化背景影响的群体显然对公平的程序理解不同,相同的手段也不见得能在不同的情境下发挥功效。就拿合同为例,在个人主义社会里,合同一般具有准确而具体的约束力,往往被认为是切实可行并且必须遵守的规范;而在集体主义社会里,合同的约束力更为抽象,往往被看作是合作和未来行动准则的象征,甚至附加的解释条款也更多,能动性也更大。

由此可见,公正规则在不同的文化背景下存在不同的偏好。在文化相似或文化相异的组织情境中,个人主义——集体主义、权力距离为分配规则、程序规则的偏好提供了主要的研究框架。诚然,影响公正规则的因子并不局限于此,但是另外一些文化变量的影响研究还不完善,冲突解决领域中个人程序偏好的文化差异研究也不充分。同时,作为分维度公正之一的互动公正经常被作为正式程序中的人际互动方面,它不包括清晰的规则,因此,我们没有对其进行详细的分析。

3.3.2 文化对组织公正标准的影响

标准通俗地说就是人们的预期。当实际发生的事件和人们的预期不一致时,就会产生差距,激发人们去寻找造成这种差距的原因;反过来,这种归因过程又会对人们的认知、情绪和行为产生影响,所以说标准的违背就是预期或期望的违背。不公正感知的产生就来源于标准的违背,实际事件和预期的差距越大,人们的不公正感就越强。在组织中也是如此,组织不公正感来源于员工意识到的标准违背,这些标准包括三个维度:分配标准、程序标准和互动标准。文化不同,公正标准也会有所差异,下文主要从权力距离、个人主义——集体主义和关系取向三个维度来探讨组织公正标准的跨文化差异。

(1)分配标准

权力距离会影响分配标准的偏好。相对于低权力距离社会,在高权力距离社会中,组织等级中的高层人士拥有更多的优先权和特权。当社会中权力距离较高时,社会地位和职位被视为重要的区分标志,很有可能影响资源分配。印度的社会模式正好也验证这一结论:印度是一个高权力距离社会,曾经利用等级制度把人分成四个阶层:婆罗门、刹帝利、吠舍和首陀罗。尽管如今这种制度已经被取消了,但是印度企业在招聘时仍然会把等级制度作为参考标准(Gopalan 和 Rivera,1997),从而判定是否招收应聘者,特别是当招聘人员难以抉择时,出身背景就成了很好的选择理由。除了社会地位和职位,教育背景也可以作为身份的象征,特别是在深受儒家思想影响的国家里，人们更愿意以教育背景作为评判标准。显然，学历较高的人在初次工作时，可能会得到更高的工资回报。在我国，研究生的工资也普遍比本科生高一些。Mueller，Iversoh 和 Jo（1999）以美国和韩国为例，研究两国的文化差异对公正标准的影响。在美国，自觉的可预见的期望对人们的公正知觉影响强烈，但在韩国，公正知觉更多地受到发展机会的可预见的期望影响。这一差异也不难解释，韩国人对发展机会的高度重视与他们对身份地位的重视是一致的。在高权力距离社会中，人们更加强调自身发展的重要性，更愿意为了得到较高的社会地位付出努力，其社会公正感知也就自然受到发展机会的影响；而在低权力距离社会中，社会地位差距影响不大，自身发展前景的诱惑力自然就没有前者那般大了。人们更倾向于无拘无束的生活而不是为了前途战战兢兢。

此外，个人主义——集体主义也提供了一个分配标准中组织文化差异的分析框架。集体主义社会注重人们的品质和资历，而个人主义社会更强调个人自身。例如，日本企业与美国企业相比而言，更强调员工服务的年限和资历。前者在判断员工的工资水平时，会将其资历和教育水平作为重要的参考标准；而后者更强调员工的绩效，而非背景信息。

与分配规则一样，文化差异的影响效果会被诸如经济情况的其他因素调节。Leung 及其同事对社会比较过程进行了研究，发现社会比较对分配公正的判断影响重大。但是，经济因素可能会改变比较中的群体选择。在中国的中外合资企业里，中国员工的薪水远远低于那些外派经理，而事实上两者的工作和责任却十分相似。起初，中国员工并不觉得那些外派经理天文数字似的薪水是不公正的，相反他们觉得这是理所应当的事。显然这些中国员工并没有与外派经理进行比较，这些外派人员自然就被纳为群体外的成员了。三年后，他们进行了一个类似的研究，却得到了截然不同的结果。中国员工开始觉得外派经理的高额工资极其不公平，并且影响了他们的工作满意度。Leung 等人（2001）指出对外派人员支付过高薪水给中国员工带来的不公正感知可以归因于外商在中国直接投资的激增，这种增长使得本地员工和外派人员的接触增多。这就使得本地员工把外派人员作为比较对象，进行诸如技能、知识乃至直接的社会比较，从而产生不公正感。这一研究结果也反驳了中国人由于集体主义导向僵硬地划分群体内与群体外成员的观点。社会经济因素在此起到了不容忽视的调节作用，促使群体边界的重新划分，以及群体内外成员的比较。

(2)程序标准

文化差异显然也会影响不同背景下的程序公正标准。关系取向会影响程序公正标准的选择。Ohbuchi，Fukushima 和 Tedeschi（1999）则发现了差异，他们认为日本人把公正目标（为了恢复公平）看得比关系目标（与他人维持积极的关系）轻，但美国人正好相反。事实上，对日本员工而言，公正感知与群体目标的达成有关，与个人目标的达成无关。那么我们可以认为，基于冲突管理的双重关注模型目标应该不仅包括对自身和他人的关注，还应该包括对集体的关注。在这种双重关注下，才有更大的普遍意义。

此外，进谏行为也会影响员工的公平感知。研究表明，给员工提供谏言机会能增加他们的公平知觉，随着员工进谏次数的增加，他们的公平感知、控制感和工作满意感都会相应地增加，但这一过程并不是线性关系。进谏的效度，即进谏被采纳的程度或数量，也是重要的影响因素。如果员工进谏次数很多而管理者却不予理睬，就会增加员工的不公正感知。同样地，进谏行为的影响效果并不是一成不变的，它会被许多因素调和，比如权力距离。对于身处低权力距离文化的人而言（如美国、德国），他们更渴望表达自己的观点和意见，特别是在决策制定过程中，更愿意向领导和组织提供自己的看法。而处于高权力距离文化中的人（中国内地、中国香港、墨西哥）则有不同的表现，“明哲保身”的影响相对而言更为广泛和深刻，即使没有进谏机会，他们的工作态度和工作行为也极少被影响。

另外，一些单一文化研究也得出了与上述跨文化研究一致的结论。Lee，Pilluha 和 Law（2000）研究了中国香港的工作群体，发现权力距离调节了员工的程序公正感知和互动公正感知。对那些身处低权力距离的人而言，这两种公正效应的反应更加强烈。同样地，Brockner 等人（2001）发现在中国的员工群体中，谏言行为对处于低水平权力距离人们的工作满意度、组织忠诚、留在组织的意图，以及对绩效评估的监督有着更强烈的影响。这些结果的出现并不令人意外，长期受到个人主义文化的熏陶，人们的自我意识和表现欲望更强，更愿意在公众场合表达自己的观点，也更愿意参与程序选择和决策制定；但集体主义文化影响下的人们更加内敛和含蓄，他们宁愿默默忍受既定的一切也极少愿意向领导或者同事提出与现行制度违背的观点。

当然，不是所有的程序公正标准都会受到文化的影响，很多标准得到了普遍的认可，在全球范围内通用。例如，感知公正过程中的知觉过程控制的积极影响就已经在许多国家成功复制（Bond，Leng，Schwartz，1992），包括英国、法国、德国、中国、日本和西班牙等国家。这说明某些程序公正标准在不同的文化中有共同的作用，这一普适性有利于共同研究的开展。

(3)互动标准

Bies 和 Moag（1986）提出了互动公正的概念。Greenberg（1990）进一步将其分为两种：人际对待方式（人际公正，Interpersonal Justice）和对决策过程的解释（信息公正，Informational Justice）。由此，公正理论的研究又深入到公正知觉中的人际关系方面。人际对待方式反映了人们在结果分配或程序执行中受到的尊重、礼貌和维持尊严的程度，被称为人际公正。礼貌、诚实、及时反馈和尊重对方的权利是人际公正知觉中最为重要的四个标准；对决策过程的解释，被称为信息公正，是指在程序执行过程或分配过程中信息的传递和解释。信息公正具有五项标准：①充分考虑别人的观点；②克服个人偏见；③决策标准的一致性；④对决策提供及时的反馈；⑤给予决策依据以足够的解释。

同样地，文化差异也会影响互动公正标准。Gudykunst 和 Ting-Toaney（1988）对七个欧洲国家愤怒反应和公正关系的数据进行分析，研究发现权力距离和对不公正的愤怒反应之间的关系紧密：社会的权力距离越高，对不公正的感知越不可能引发愤怒反应。因为在较高的权力距离文化中，人们对不公正社会特权的接受导致了对不公正人际态度的容忍。举例而言，中国香港人比美国人更能容忍权威人士的批评，不论是否客观公正，前者的接受程度都更高一些。随后，Leung，Su 和 Morris（2001）以美国和中国的 MBA 学生为研究对象。他们让学生们想象其建议经常被经理无理地批评，换句话说，经理没有认真倾听并经常打断他们，显示出对他们的轻蔑态度。这些经理中既有高层也有中层。两国学生相比，中国学生对高层经理的不公平行为更能容忍，对主管也较少产生反感的情绪；而美国学生的反叛意识更强，他们无法忍受经理的无理批评。这是因为中国的权力距离更高，人们已经习惯了社会阶层的差距，并乐意听从更高级别人士的指正。大部分人抱着虚心受教的态度，欣然接受上级的批评；而美国的权力距离较低，自由民主影响了人们生活的主旋律。对那些明显错误的批评，人们往往难以接受，并表现出据理力争的行为。

综上所述，许多关于公正标准的跨文化探索是以个人主义——集体主义和权力距离为研究框架的。相比于公正规则的研究而言，公正标准的跨文化研究在范围、深度和宽度上的信效度都还不够。许多重要的公正标准易受调研主观因素的影响，所以研究结果的可靠性有待进一步的验证。不过至少有一点可以确认，对公正规则产生影响的那些因子仍然会对公正标准产生影响。

3.3.3 文化对组织公正实践的影响

公正实践的概念比较新颖，所以这个领域内，系统的跨文化研究才刚刚起步，因此相关的实证研究还很少。下文的分析主要基于个人主义——集体主义展开。

(1)分配标准的实践

为了适应分配规则，分配实践必须匹配一定的分配标准。例如，有时候，忠诚能够作为实施公正规则的具体标准，那么成员关系特征中就应该突出忠诚，诸如服务年限和努力程度之类的指标就可以作为评判标准，这些指标在集体主义文化中的使用更为频繁。事实上的确如此，日本人和韩国人与美国人相比，更加重视员工的服务年限也是显而易见的。前者更为重视员工的资历，因为此类指标可以显示员工对组织的忠诚度及组织承诺。另一方面，个人主义盛行的文化会使得人们重视诸如工作绩效之类的客观指标，而不重视对过程付出的努力，而集体主义盛行的文化会使得人们重视诸如团队和谐之类的人际关系指标(Bond，Leung，Wan，1982)。因此，在选择实践公正标准的措施时，集体主义者会因为对团队和谐的重视而选择具有维护人际关系倾向的公正实践;个人主义者则会尽可能利用提升绩效的公正实践。

针对需要规则的公正实践而言,受集体主义文化影响的组织更偏爱团队需要。例如,为了员工的学习需要,集体主义文化下的组织更愿意选择有利于团队学习而不是有利于个体学习的措施。在他们看来,团队整体的进步比个人的进步更加重要。

(2)程序标准的实践

在决策制定过程中,受集体主义文化影响的组织更倾向于采取基于团队的程序控制(如选择团队代表向决策制定者表达团队的观点),而受个人主义文化影响的组织更倾向于采取基于个人的程序控制(如允许个人向决策制定者发表观点)。集体主义者喜欢直接控制决策结果,并且容易为了照顾他人而折中、妥协,灵活机动的回旋余地更大;相反地,个人主义者不喜欢轻易妥协,他们重视竞争,对程序也更加敏感,不愿被程序操控(Finkel,Crystal 和 Watanabe,2001)。此外,个人主义者会使用绝对的标准去评价决策制定过程的合理性,而集体主义者在选择标准时会更加灵活机动,变动余地较大(Vasquez,Keltner,Ebenbach 和 Banaszynski,2001)。例如,一些集体主义者认为,为了帮助朋友而违反公正规则是允许的,但是个人主义者却无法接受这种通融。这种差异在互动标准实践选择时同样存在。

(3)互动标准的实践

与个人主义者相比,集体主义者更渴望成为圈内成员,也更在意维护作为圈内成员的面子。Cushner 和 Brislin(1996)认为,韩国人难以接受公众场合被批评,特别是领导当着一群下属的面批评员工的做法更让人难以忍受;相反地,Wierzbicka(1991)发现,在以色列,人们对这种公开批评却习以为常。以色列人认为面对面的批评能够自然而然地体现人与人之间的亲密和信任,若是遮遮掩掩的欲语还休,则是不信任和谎言的表现。事实上,个人主义者更重视诸如隐私之类的个人权利,员工极少谈论同事的私事和八卦,而集体主义者显然对此更为津津乐道。

这也体现了个人主义者喜欢清晰明确的交流方式,而集体主义者偏好含蓄的表达方式这一差异,这一差异在具体的情境里更能体现。例如在谈判中，个人主义者会更加直接地表达他们的喜好及建议，而集体主义者则会有所保留，甚至为了“大局”着想，说出更多的谎言（Triandis，2001）。这种差异在上文中已经有所涉猎，这显然与人们的关注点有关：个人主义者更重视市场价格导向的经济合理性，所以在成本效益分析后，更愿意采取对自己有利的行为；集体主义者更注重人际关系，所以在再三权衡利弊后，更愿意采取对大家都有利的行为。

总体而言，公正实践的概念还很新，相关实证研究也较少，所以其分类还不完善，很多研究都是基于个人主义——集体主义的框架进行的。有趣的是，运用这一分析框架，可以显示文化在比较差异过程中的评判角色作用。其实，Leventhal(1980)30多年前提出的程序公正标准并没有涉及任何跨文化的成分，只是随着近年来的研究深入，才体现了不同文化背景下的组织公正差异，可想而知，公正实践的分类将会更加充分及完善。

3.3.4 公正感知：过程、前因和结果

(1)公正感知的过程

正如组织公正三阶段模型所显示的，公正规则、公正标准和公正实践最终将会促使人们形成相应的公正感知。很多模型可以解释这种效应，但是只有团队价值模型（Group Value Model：Lind 和 Tyler，1998）涉及了跨文化情境。团队价值模型是对关系模型（Relational Model）的进一步扩展。关系模型肯定了公正的价值，认为一个人在组织中感受到的公平程度可以反映他在组织中与其他成员的关系。这一结论被大量的实证研究证实，其中就包括在不同文化背景下进行的研究，并且，这些跨文化研究几乎都得到了肯定的答案。例如，Kwong 和 Leung(2002)假设关系的重要程度可以调节程序公正和互动公正。当组织成员很看重关系时，程序公正将会发挥更大的作用。

运用团队价值模型也能得出类似的结论。Brockner，Chen 和 Mannix 等人(2000)检验了一个由团队价值模型核心观点衍生出的一个假设：公正之所以重要是因为它可以代表一个人在团队中的社会地位。也就是说，对那些重视内部成员关系的组织而言，程序公正显得尤为重要。Brockner 等人运用三个研究检验了这一假设。正如所期望的那样，集体

主义文化影响下的组织（中国）与个人主义文化影响下的组织（美国和加拿大）相比，程序公正对于参与者的行为影响程度更大。同时，通过回归分析可以发现，这些文化差异能够由自我构念调节（独立型自我和依赖型自我）。也就是说，作为个人主义——集体主义的结果变量的自我构念可以影响不同文化情境下的程序公正。

(2)影响公正的归因分析

明确公正感知的过程后，我们需要进一步明确其归因过程。Leung，Su 和 Morris（2001）认为性格归因能调节不公正感知带来的负面影响。他们以中美两国的 MBA 学生为研究样本，发现不论是哪一国的学生，来自主管的不公正批评都和主管的负面性格归因相关；在另一项研究里，他们发现在中国香港的员工中，负面性格归因部分调节了对不公正批评的消极行为。

通过上述两个研究，Leung 和 Stephan（2001）认为跨文化背景下，公正感知的归因分析差别不大，但是 Au，Hui 和 Leung（2001）不认同这种观点。他们发现服务业客户的自我归因和自我谴责存在文化差异。出现一个服务问题时，进谏行为能够减轻加拿大人的自我谴责程度，而对中国人却没有影响。这是因为加拿大人存在个人主义导向，竞争意识和个人利益倾向更强，所以出现服务问题时，一定程度的谏言行为能够减轻加拿大人的自我谴责程度。

可以发现，迄今为止，关于跨文化背景下公正感知的归因过程研究还不多，学者们的意见不尽相同，个别的实证研究也常有相悖的结论，所以这一领域的空白还需要很长时间才能填补，值得我们为之努力。

(3)公正感知的前因变量

在上文中，我们已经分析过由于文化不同而导致公正规则、公正标准和公正实践的不同，这些不同明显能够导致公正感知的前因变量及其影响程度产生差异。Pillai，Scandura 和 Williams（1999）根据六个不同的文化群体（美国、澳大利亚、印度、哥伦比亚、沙特阿拉伯和约旦），发现变革型领导和程序公正紧密相关，但是和分配公正无关；领导——成员交换关系和程序公正、互动公正都相关（唯一例外的是印度）。Price 等人（2001）

以期望理论为基础，考察了墨西哥、荷兰、美国和英国的不同群体，发现谏言行为和公平程度相关，其中荷兰人和英国人，墨西哥人和美国人的反应最为相似。此外，Gelfand 等人(2002)认为，谈判中自我中心偏误(Egocentric Bias)——人们对于集体活动的成果进行成败归因的时候，往往会过分夸大自己在活动中的表现——也是影响人们公正感知的重要因素。在以日本人和美国人为研究样本的实验中，Gelfand 等人证实了他们的猜想，发现美国人比日本人更以自我为中心，也就是说由以自我为中心影响的公正感知在个人主义文化氛围影响下的效果更明显。当然，并不是说自我为中心的影响效果在集体主义文化氛围影响下就失效了。Leung，Tong 和 Ho(2004)就发现后者也难以避免这种影响，典型代表就是中国香港人，他们渴望出众，渴望获得更好的成绩。所以即使是相同的变量，其影响效果也可能不同，更别说不同的变量了。总体而言，上述变量都对公正感知产生一定的影响，在不同的变量影响下，人们的公正感知往往有所差异。

(4)公正感知的结果变量

明晰前因变量的同时也需要确定结果变量，研究显示跨文化情境下的公正感知结果变量更为积极。例如，感知到公正使得员工对决策结果及制定者都产生积极的回馈，这种现象不论在西方还是东方都是成立的(Blader et al.，2001；Fields，Pang 和 Chiu，2000)。当员工觉得程序公正时，他们就更容易接受相关决定，并且更好地执行。这种和谐的氛围会促进员工间的信任和互助行为，甚至会增强他们的组织承诺(Rahim et al.，2001)。当员工觉得分配公正或互动公正时，他们会觉得到基本的满足，并且更愿意留在单位工作。这种为组织着想的心态会普遍降低员工的离职率。

另一些跨文化研究更为具体，大都围绕分配公正和程序公正是否能够影响工作态度展开。这些工作态度主要包括员工工作满意度、组织承诺等。学者们就这些结果变量进行了复杂和全面的研究。Pillai，Williams 和 Tan(2001)选取四种不同的文化背景——美国、中国香港、印度和德国——检验了这两种公正对三种工作态度的影响：工作满意度、组织承诺和信任。他们测量的程序公正既包含程序公正因素也包含人际对待因素。结果显示分配公正在不同文化背景下都与信任有关，也与大部分地区的工作满意度、组织承诺有关，只有美国和印度稍有例外。上述结论和早期的一些观点是一致的，也就是说程序公正对组织承诺的影响更大，分配公正对公正满意度的影响更大(Folger 和 Konovsky，1989)。

还有一些研究包含了调节组织公正感知和结果变量的调节变量。Lam，Schaubroeck 和 Aryee(2002)发现中国香港员工和美国员工有着明显的差别，权力距离在他们的实验里起到了调节作用，由此影响分配公正和程序公正对工作绩效、缺勤率及工作满意度。当权力距离较小时，公正感知的影响效果会更加显著；当权力距离较大时，这种效果就会适当减弱。此外，上文中一再提到的个人主义——集体主义维度却无法起到相似的作用。尽管在不同导向下人们的公正感知有所差别，但是由此而生的结果变量却变化不大。可见，并不是所有公认的维度在任何环节里都能起到类似的作用，有些维度只在部分作用机制里发挥功效。

综上所述，基于组织公正三阶段模型的跨文化分析显示了组织公正在不同情境下的差异。随着国际融合的进程越来越迅速，范围越来越广，研究单一文化领域内的变量机制已远远不够。尽管跨文化领域的研究并不充分，但是已有成果足以鼓励学者们继续探索。

3.4 组织公正跨文化研究总结

3.4.1 跨文化研究的理论发展

Greenberg(2001)曾在关于组织公正跨文化文献的评论中提出一个基本问题：我们为什么要研究跨文化背景下的组织公正？他的答案是这种跨文化研究可以帮助我们更好地理解公正的理念。基于这一思路，有人提出了更为直接的问题：跨文化研究在多大程度上有助于公正理念的理解？

经过总结，我们发现跨文化研究的确能深化这种理解，由此带来的理论进步具体表现在三个方面：首先，由个人主义——集体主义、权力距离、关系取向所引导，经不同国家的实证研究证实，跨文化研究在一定程度上表现出了系统化的、可理解的文化差异。Greenberg(2001)指出，许多社会科学家在进行组织公正研究时，很可能忽视了社会情境因素，而一旦加入这种因素，其研究结果就很可能发生变化。跨文化研究的重要目的之一就是提供一种真实的检验，迫使研究者们面对多元化的社会情境，从而发展出更丰富，更全面的模型和理论。

其次，跨文化研究的成果包含一些广泛的固定框架，这些框架具有相当大的包容性和全面性。例如，由 Morris 和 Leung(2000,2001)提出的组织公正二阶段模型，由 Leung 和 Tong(2004)提出的组织公正三阶段模型，都为公正研究的全面构建打下了良好的基础。关于公正的具体结构，跨文化研究也提出了一些新的概念，比如分配公正中的丰富规则、程序公正中的和谐角色、互动公正中的面子概念等。尽管这些新的结构影响力还不大，但这些新的想法足以促使组织公正焕发出新的活力，人们也越发重视由跨文化研究带来的新概念、新构思。例如，个人主义——集体主义、权力距离和关系取向的运用就受到研究者的广泛追捧，这些维度越来越多地被用于多元文化研究中的个体水平构建。其实这种流行的原因很简单：新的个人差异变量比较少，这些成熟维度具有一定的研究基础，经过扎实而广泛的验证。因此，个人主义——集体主义、权力距离和关系取向能够为广泛存在于社会行为间的个体差异打开一个新的窗口。

最后，跨文化研究已经指出，单一文化背景下的研究可能忽视了公正过程，而跨文化研究正开始逐步弥补这一缺陷。正如上文所分析的那样，学者们开始对公正的过程、前因及结果都展现出极大的兴趣。这种兴趣有助于组织公正作用机理的解释，有助于我们更好地理解和运用组织公正。

3.4.2　跨文化研究的方法问题

如今，跨文化背景下的组织公正研究还存在很大的不足，最主要的就是缺乏完善的方法，方法的不足增加了研究的难度。第一，在一些研究中，测量不同文化群体的指标数值时，使用了回归方程和结构方程模型，但是却没有明确路径系数。如果这些系数对不同文化背景下的群体而言是有差别的，那么这一差别应该包含在研究假设中(事实上却没有)。此外，这些路径系数在不同文化背景统计下是不同的，所以在基于跨文化普遍适用性的假设中，研究者们倾向于回避这一复杂的情况，反而选择更为简单，更为清晰的假设。

第二，运用回归分析和因素分析的一个共同问题是，路径系数的范围在很大程度上取决于与焦点变量一起考虑的其他变量。如果考虑的自变量较多，系数的范围可能会缩小。但是在不同的跨文化研究中，被检验的自变量数量并不是一致的，而是经常发生变化，这增加了公正变量的影响范围比较难度。

第三，跨文化研究选用的人口样本差异显著，包括本科生、MBA 学生、普通员工、经理和大学教师等；并且研究背景的多样化程度也较高，各行各业都可能包括在内。所以在总结一些普遍性的文化差异之前，应该估算这些情境变量的真实影响，但是这一部分的工作几乎处于空白状态。

第四，由于文化群体信度的差异，这些差异可能被人为地塑造。如果某种概念在一种文化中比在另一种文化中的测验更为可靠，而真正的得分却没有差异时，跨文化差异就有可能出现。当某种在具体文化中开发的测量标准（典型的美国文化）运用在其他文化中时（典型的非西方文化），其信度可能会打折扣。比如，Rahim 等人（2001）指出测量公正感知时，美国人得分比孟加拉国人得分高，但是这种差异受测量方式影响较大。解决此问题就必须开发出适合不同文化研究的工具。

第五，无论是文化相似还是文化差异，文化的影响都很大并且可复制性很高。但是，互动效应则很难被解释和复制。比如，Rahim 等人（2001）指出，在互动过程中，不同类型的组织公正与离职意向之间存在一些文化差异。但是如果不能复制，这些文化差异的真实性或规律性都无法确定。

3.4.3 跨文化研究的未来方向

对于这个多元文化的世界，我们已经意识到必须要随着全球化的步伐，把组织公正的研究和多彩的文化结合在一起。然而，迄今为止，跨文化的研究还比较薄弱。HofStede（1980）曾提出，经由个人主义——集体主义引导的跨文化是最健全、最清楚和最易于理解的。实践证明该结论几乎在组织公正研究领域内得到了全方位的认可。但是，其他维度作用的相关研究还不是很全面：比如识别的价值维度（Schwartz，1994）、社会公理维度（Bond et al.，2004），以及由全球调研项目得出的领导维度（House et al.，2004），等等。这些维度都或多或少与组织公正有一定的联系，值得研究者们进一步探索两者的作用机理和影响效果。

其次，现行的关于组织公正的研究主要集中在对模糊资源的分配上。Parks，Conlon，Ang 等人（1999）按照清晰资源的检验方式来研究模糊资源，其分配类似于美国人和新加坡人之间的复原现象。对于这两类文化群体而言，资源的重新获得比资源分配更多地运用了平均规则而非公平规则。随着公平规则更为普遍的运用，资源的类型也会影响分配规则的应用，并且需求规则也更多地应用于商品、服务和信息传递中。需要特别指出的是有关报应的公正，即对做坏事的人的惩罚的分配问题还未引起足够的重视，因该跨文化研究还相当少。

最后，基于 Greenberg（2001）的观点，跨文化研究应当在理论发展中扮演关键角色。但是就如今的研究成果而言，这类研究还未展示出不可替代的作用，毕竟对一个久负盛名的理论进行开创性的革新本就不是一件容易的事。为了使得跨文化研究的成果尽可能地发挥其功效，后续的研究应该采取一定的“偏心”做法，将文化作为理论发展起始阶段的重要因素。那么，文化就从根本上得到了重视。

尽管跨文化的组织公正研究还有很长的路要走，但是值得肯定的是，现有的公正领域研究将被视为未来研究的重要基石，对后续公正理论和实践的发展都有极大的推动作用。因此，不论现有理论多么微小薄弱，都是对未来稳步前进的重要之举。

第 4 章 商业伦理与组织伦理

“一个健康的市场，总必须有能够支撑它的道德基础。或许由于过去十年内目睹了普遍的道德沦丧和足以导致经济崩溃的欺诈行为，我们对这一点有格外深切的感受。”汪丁丁(2007)在其论文集《市场经济与道德基础》的开篇写下的这两句话颇有振聋发聩之势。回顾中国经济迅速腾飞的三十年，与经济指标共同攀升的还有各种有违道德的事件。

改革开放初期，社会主义市场经济成为我国经济发展的特有模式，但在模式探索的初始阶段，许多企业为求生存，只求高产而不顾质量，一系列短视行为造成了生产过程中的极大浪费，过度开采和污染牺牲了我们赖以生存的自然环境。直到中国加入世贸组织后，这种经营理念才逐渐改变。以此为契机，许多政府人员、学者、企业家都开始深思社会主义市场经济的道德基础问题，而不是一味追求报表上的华丽数字，这一问题正是本章的落脚点。

解决这一问题需要追根溯源。首要任务是对社会主义市场经济的概念界定。汪丁丁认为“市场经济的实质是一种人类合作的扩展秩序”。这种秩序将人们的分工合作从家庭范围内解放出来，从而扩展到家族之间、村庄之间、地区之间乃至国家之间。以产权关系为核心，以市场为着眼点是市场经济的本质特点。显然，社会主义市场经济不是单纯的市场经济。这一概念由邓小平在 1992 年提出，次年，党的十四届三中全会规定了社会主义市场经济体制的基本框架:最主要的就是坚持以公有制为主体，多种经济成分共同发展的方针，进一步转换国有企业经营机制，建立适应市场经济要求，产权清晰、权责明确、政企分开、管理科学的现代企业制度。从此，政府的作用不再像计划经济时代那么直接和强硬，而是“退居二线”，以间接的宏观调控手段辅助开放的市场。

在这种经济体制下，道德基础似乎是必需的。“没有一个社会可以不需要道德基础而称其为‘社会’的。”（汪丁丁，2007）道德其实是一种不成文的具软约束的社会规则，所谓道德基础则是被大家所认可的一系列规则的集合。在西方，近几十年的讨论焦点都是围绕着价值、道德、自由、权威等，而最受热议的恐怕就是组织伦理（或者是商业伦理）了，这一热议来源于企业管理经营中经常出现的伦理道德规范与不道德经营的高度分裂，由此回归了有关市场经济的原始讨论：市场经济是否能和道德问题和谐共存？

如今，企业仍然面临着尴尬局面：一方面，企业经营活动应该遵循伦理道德；另一方面，很多企业在实际经营中忽视伦理道德，使其变成公认的盲区。企业家们既期待公平正义、以义制利的商业氛围，却又轻易被短期利益和现实环境蛊惑。这些商业伦理道德问题存在的直接后果是影响内需，造成市场疲软，使得消费者们的正常需求受到打击，消费的不安定因素大大增加。其次，信用危机影响了企业的正常运作与长治久安，甚至行业里某家企业的个体行为也会产生连锁反应，危及同行，破坏行业的整体形象。这些问题都能导致市场经济秩序混乱，给宏观调控造成极大困难；而急功近利的扭曲心理催生的各种畸形现象，使得朝生夕灭的企业也不再是天方夜谭，打破这一局面的良方似乎唯有组织伦理。

在一个市场经济的国家中，组织伦理是基本的经济基础，是一种理念和规范，使得市场竞争从无序到有序，使得发展与和谐能够并肩而立。例如，海尔集团就是一个很好的典范。当初海尔集团总裁张瑞敏面对虽具有使用价值但存在质量问题的 67 台冰箱，带领员工，举起榔头，砸烂了那批产品。这一举措既是对消费者的负责，也是对消费者的守信。由此可见，企业的无形资产比这 67 台冰箱的实际收益更大，遵循高标准的组织伦理才是企业长期获益的基础和核心，才能增强企业的生命力和竞争力。

所以，借助于组织伦理，企业经营者不仅能塑造自身良好的信誉和强烈的社会责任感，亦能赢得市场，赢得消费者，最终实现利益的最大化。我国企业伦理水平的提高，需要法制环境的逐步完善，需要舆论监督的功能强化，更需要每一位公民增强对自我权利的保护意识，促使全社会伦理水平的整体提高。本章着眼于伦理观点，将其与商业、组织结合，从西方较为成熟的理论、实证研究出发，探讨中国的组织伦理现状，希望能为读者展现一幅组织伦理的概貌图。

4.1 商业伦理和组织伦理的相关研究

据考证,西方最早出现"伦理"一词是在荷马史诗中的《伊利亚特》,指的是人们共同生活的居所,后来随着人们的迁徙和融合又引申出风俗习惯和人类共性等含义。同时,在这一融合过程中,人们逐渐对道德和品质达成了共识,进而形成了伦理的雏形。在我国,"伦理"一词最早出现在《礼记》中:"乐者,通伦理者也",指的是人与人之间的关系应该遵守的行为准则,主要包括父母兄弟间的亲属关系和人伦纲纪。而将伦理和商业联系起来还是近期的事情,这一趋势催生了商业伦理,而后又衍生出组织伦理。

4.1.1 商业伦理

商业伦理的概念是由亚当·斯密和马克思·韦伯提出的。作为系统的学科研究,却是20世纪七八十年代的事情了。商业伦理学(Business Ethics)又可翻译为企业伦理学或管理伦理学,是一门联系伦理学和商业的新兴交叉学科。它将一般的伦理学原则、方法应用于商业活动,探究商业活动或商业组织的伦理规则;并据此对其制度和规范进行道德评价;促进商业组织的伦理建设(Enderle,1999)。

(1)商业伦理的发展

尽管早在神农氏年间,我国就出现了商业这一固定行业,但是西方的商业伦理发展更为系统和完善,以美国为代表,De George(1987)将西方国家商业伦理的发展划分为五个阶段:1960年之前,20世纪60年代,20世纪70年代,20世纪80年代早期,20世纪80年代晚期至今。张铭(2008)对我国商业伦理的阶段划分也与之颇为相似。

①第一阶段(1960年之前):起源及萌芽阶段

相当长的时间内,中国古代对商业并不重视,排在"士农工商"最末尾的商业地位一直不高。诸子百家除了儒家以外,大都对商业持否定态度:法家认为应该"农本商末";道家则更进一步,历数商业的种种不是,如"不贵难得之货,使民不为盗”。只有以孔子为代表的儒家肯定了商业的价值,并以“仁”“义”作为商业活动的两大标准。孔子说:“富与贵,是人之所欲也;不以其道得之,不处也。贫与贱,是人之所恶也;不以其道得之,不去也。”商人们追求适当的利益无可厚非,但是必须遵守社会基本公德。特别是当国家利益与个人利益冲突时,古代商人往往更重视前者。诸如弦高献牛退秦师等的典故足见古代商人对伦理道德的恪守。同样的,商业在西方也并未受到足够的重视。直至20世纪50年代,绝大多数人并不关心商业伦理或者企业社会责任,能体现资本主义道德问题的似乎只有工资而已,这也成为商业伦理正式萌芽的起点。此时,研究者对商业伦理的思考大多集中于保障员工的权利和赖以生存的工资上,他们反对唯物主义的道德观,致力于提高穷人的生活质量。

然而,随着概念的广泛传播,撒谎、偷盗、欺骗等包含商业活动的伦理问题渐渐被人们关注,但是有关商业伦理的正式研究还很少。可以说,这一时期,不论中西方,都没有养成商业伦理意识。

②第二阶段(20世纪60年代):上升阶段

第二次世界大战结束后,社会上出现大量反对权威、学生游行以及文化冲突的现象。许多年轻人重返学校,将学习作为人生的重要规划;许多规模企业开始发展,伴随城市的心跳呼吸着现代化的空气。同时,生态问题、污染、有毒物质泄漏等慢慢“崭露头角”,社会上反商业的呼声此起彼伏,用户至上的观点开始悄然流行。

此时,宗教、教育、法律等各界都开始关注商业中的伦理问题。50年代末,像哈佛、哥伦比亚、伯克利、康奈尔等一些排名领先的美国大学的商学院,纷纷设立有关商业和社会学的必修课程。到了60年代,商业伦理明确地进入了各大高校的课堂,教授们一般就当下的社会现象进行讨论。一些颇具影响力的著作,例如Eell和Walton的《商业的概念基础》《现代社会中的公司》,Cheit的《商业架构》都诞生于这一时期。当时的中国,商业活动正处于计划经济的体制之下。那时的商业伦理较为简单,只是要求克服单纯的商业经营观念和本位主义,协调各方利益,使得生产、商业等部门内部或者之间都能和谐相处。尽管此时还未形成员工、顾客之类的概念,但是商业活动和管理者的理念已深入人心,这为商业伦理的后续发展奠定了良好的基础。

③第三阶段(20 世纪 70 年代):成长阶段

这一时期,关注商业伦理的学者不再局限于宗教领域人士,而是广泛地扩充为社会学家、经济学家、哲学家,甚至企业第一线的管理者。因此,这一时期也是商业伦理作为一个全新的领域出现的阶段,企业、社会这些概念真正在学术上站稳了脚跟。在这 10 年里,许多哲学家和理论家们,诸如 Normam Bowie, Thomas Donaldson, Charles Mc Coy, Robert Solomon 和 Patricia Werhane 等人都投入了对商业伦理的研究热潮之中,一个个学术团体也开始建立起来。

"水门事件"、贿赂、回扣等新名词闯入人们的视野,成为商业领域学习的新课题;企业也开始意识到公众形象的重要性,逐步考虑消费者的真实需求。有关企业社会责任和商业道德的讨论络绎不绝,如广告的社会责任、产品制造和设计的社会责任、信息披露的社会责任、跨国公司的社会责任都是人们关心的议题。

④第四阶段(20 世纪 80 年代早期):成熟阶段

到 1985 年,商业伦理已然成为学术领域的重要组成部分。这一时期与 70 年代最大的不同在于商业伦理已经毫无疑问成为一种惯例。大学里的相关课程超过了 500 门,商科毕业的学生也超过了 40 000 人,有关商业伦理的学术成果层出不穷。一些文献丰富的参考书目开始出现(如 Bond,Kenneth 编著的《商业伦理和商业道德观参考》),专业杂志的出版也开始步入正轨(如《商业与社会评论》《商业与职业道德》《商业伦理》)。

值得注意的是,这一时期商业伦理的研究领域已经扩大到西欧、日本、澳大利亚等国家,这些经济发达的国家公民开始关注身边所发生的商业伦理道德问题。我国也紧随其后,改革开放后,经济建设成为发展的着力点和聚焦点,这使得人们重新开始思考经济、商业和伦理道德的关系,既有理论层次上的探讨,也有实践演练中的道德教育修养培训。这种领域的扩大加深了研究深度,利润追逐不再是唯一的焦点,经济、法律、道德、环保责任及社会责任等都成为商业伦理的考虑范畴,但是到底什么是商业伦理、其功能何在,未来的发展趋势又是如何仍未解决。

⑤第五阶段(20 世纪 80 年代末至今):全球化阶段

20 世纪 80 年代末至 90 年代,商业活动中的伦理道德问题以井喷之势夺得了人们的眼球，企业经营者们面临着前所未有的伦理考验和挑战：员工忠诚、顾客信任、安全隐患、利润分配、雇用歧视等问题都成为困扰企业主经营管理的难题。因此，参与商业伦理领域研究的企业家越来越多，但是不同职业的人们关注的焦点不同：神学者感兴趣的话题依然和宗教有关，他们关心宗教伦理在商业活动中的具体运用；管理学教授偏爱研究伦理案例讨论或者设计新的组织结构，以匹配商业活动的新趋势；哲学家倾向于探索伦理问题的内在基础和确切的含义。但是相同的是，各领域关于商业伦理的学术团体、研讨会和期刊都在蓬勃发展，来自美国、亚洲、拉丁美洲、西欧，甚至苏联成员国中的神学家、哲学家、管理学教授、企业经营者实现了无国界的学术研究。我国的商业活动也开始爆发出许多道德方面的问题。经济的高速发展不仅提高了人们的生活水平和综合国力，也滋生出种种不道德现象，致使劣质商品盛行，贿赂成风，欺诈侵权司空见惯，环境污染频频发生。直到中国加入 WTO 后，在国际大背景下，随着国际传媒和投资者对中国新兴市场的道德观察和监督力度的加强，各界人士才将市场经济中的伦理问题提到了一个新的高度。

根据德乔治的观点，作为一个学术领域，商业伦理应该注重理论研讨，关注经济系统中道德和非道德问题的研究。具体而言，可分为三个层次：首先，商业伦理研究是无国界的，各民族的，国家之间的宏观经济问题都可以成为研究内容；其次，商业伦理是企业关注的焦点，特别是像美国这样，由大型企业主导城市发展的国家更是如此；最后，商业活动中的个人道德和人际互动也是其重要构成部分，尽管这是伦理构成最微小的部分，却是支持整个伦理大厦的基石。在这三个层次中，大致有五项内容：第一部分也是最关键的就是商业生活中不道德案例的发现和分析；第二部分是与商业实践紧密相关的实证活动；第三部分是明晰商业伦理的道德基础和基本条款；第四部分是思考方法论问题从而完善伦理理论；第五部分是对一些嵌入问题的解答。

总体而言，到了 90 年代，商业伦理已经以一门综合的学科姿态展现在人们面前，这门学科交叉了其他成熟学科，既有哲学成分、社会学成分，也有经济学成分和管理学成分。对商业伦理的研究，也不再局限于发达国家，诸如南美、亚洲等地的发展中国家也加入了研究阵营，因此，商业伦理涉及的范围有了明显的扩大，从原来只对某国家、某地区的研究，扩展到了对不同地区、不同国家的比较研究,跨文化背景下的研究成了主流趋势。

(2)商业伦理的概念和内容

然而,学术界对商业伦理仍没有一个公认的定义。Kpstein(1987/1989)认为,商业伦理是某种商业行为和影响的价值反应。这种反应可以体现在对诚信、责任、公平、合作、专业精神和开放的沟通等综合价值观的强调上(Kaptein,2004)。除了这些价值观,商业伦理也关心利益相关者及其行为(Schwartz,2005),包括员工、股东、顾客、供应商、社区以及整个社会。具体而言,有以下几种做法:对员工而言,企业将尽量杜绝歧视现象,给他们提供更好的工作条件和发展机会,同时要求员工遵循一定的伦理制度。对股东而言,企业将强调公司治理、增加信息透明度,实现股东的利益最大化。对顾客而言,企业将保持诚信,坚持提供良心产品。对供应商而言,企业将在合理的范围内做出让利,并增加两者的合作机会。对社区和全社会而言,企业应将保护环境作为自身的义务,使用环境友好型技术、生产程序和产品。总体而言,企业应当在资源有限的情况下,综合平衡上述举措(Donker et al.,2008)。

尽管传统的观点认为,企业在商业活动中最重要的任务就是追求利益的最大化,或者说是实现市场的利润预期(Lopez 和 Rees,2002)。但是对商业伦理的关注使得企业能够获得更大的竞争优势,例如吸引优秀员工,提升在股东、顾客和供应商心目中的形象以及避免不道德行为带来的法律问题等(Francis 和 Armstrong,2003)。自然地,当企业满足利益相关者的要求时,后者的信任度和忠诚度也会相应提升(Strong et al.,2001)。根据利益相关者理论,不论他们对企业的贡献如何,其作用是显而易见的(Berman et al.,1999)。因此,企业应当公正地对待利益相关者,满足他们的合理要求。自然,商业伦理在这方面的作用是不可否认的。

一般而言,商业伦理是由企业价值观决定的,因为企业价值观影响了企业战略(Dolan et al.,2006),决策和行为(Boynton,2006)。这是一系列被认同的核心理念,是企业活动应该遵循的基本信念和基础目标(Cambra Fierro et al.,2008),因此,企业价值观将会影响企业对是非对错的判断。

根据商业伦理的关注焦点，内容上，商业伦理（特指企业的商业伦理）包括两个方面：理论和实践。前者包括企业的道德意识、道德规范、道德品行以及道德活动的理论；后者包括企业与利益相关者互动过程的伦理行为。对内主要指治理机构关系和企业管理关系。其中，不论是由股东大会、董事会、监事会、总经理组成的治理机构，还是治理机构的三种代理关系：所有权关系、经营权代理关系和监理权代理关系都涉及伦理问题。此外，企业作为社会的经济细胞，必定和各个环节、各个部门发生联系，正如上文所述，想要获得竞争优势，就必定维护顾客、供应商、社区、社会等的利益。所以，商业伦理涉及企业运作的方方面面，其内容包含了企业在处理问题时所遵守的伦理准则和伦理规范。

4.1.2 组织伦理

如今，随着组织这一实体的大量涌现，组织生活已然成为人们最主要的存在方式与发展形态。尽管，以“家”为本位的伦理型生活理念仍占据一席之地，但是组织生活已是人们难以回避的主流现实。组织是互动的个人或团体为实现共同目标，依据一定的职权关系，通过一定的结构所形成的具有明确界限的实体。具体而言，组织是社会分工的产物，它顺应社会的需要而产生。组织有特定的目标，反映了社会分工的结果。为了实现这一目标，组织内部有一定的结构和分工，并且作为一个开放系统，不断与外界产生信息交换（肖余春，2009）。

(1)组织伦理和商业伦理

组织从事商业活动、处理组织内外关系时所遵守的行为准则和伦理规范就是组织伦理（Organizational Ethic），这一概念是从商业伦理中引申出来的，与之相对应的是工作伦理（Work Ethic），工作伦理也是组织中伦理的一个层面，是指员工在工作情境中对待工作、他人和环境所应遵循的伦理规范（王明辉，2009）。可以说，组织伦理是对商业伦理概念的深入和具体化，它将人与人之间的关系扩大成人与组织，组织与组织之间的关系。早在 20 世纪 90 年代初，Carroll(1993)就认为在时代的不断发展中，企业对于组织伦理的兴趣将不断加深，组织伦理将与组织的生存、发展息息相关。

20 世纪 80 年代，组织伦理学成为商学院的课程之一并得到迅速发展。有学者预言，组织伦理学终有一天会取代商业伦理学（蒋玉，2010）。《布莱克维尔商业伦理学百科辞典》也收入了“组织伦理学”条目，认为组织伦理学是对组织中伦理问题的研究（沃海恩，弗攀曼，2002）。这里的“组织”并没有特指商业组织，而是囊括了政府等其他非营利组织，这是因为这些组织在伦理问题上有很多相似之处，可以互通有无，共同研究，但是总体而言，学者们关注较多的还是企业等商业组织，所以下文的梳理也是基于此展开的。

(2)国内外关于组织伦理的研究

①国外关于组织伦理的研究

Carroll(1987)将组织伦理界定为组织的一种能力，用以反映组织决策制定过程的价值以及这种价值如何被实际管理过程运用。与商业伦理的概念相似，组织伦理的影响范围并不局限于企业自身，它不仅仅包含社会期望、社会责任，也包含对员工、顾客等利益相关者产生的潜在影响，这一复杂情况使得学术界和实践领域对组织伦理越来越有兴趣。佩因曾提出这样一系列想法(1999)：“一个被普遍接受的目标和一整套价值体系是组织力量的中心，也是组织个性(标志)的来源，并且这种个性(标志)能够带来组织的自豪感和满足感，从而帮助组织适应环境，有利于组织的长期生存、繁荣与发展。在逆境中，一套合理的价值体系是组织抵御诱惑的缓冲区，可以避免损害其长期利益。”这番话就是对组织伦理价值的充分肯定，以及对其功能的初步阐释，这为后续研究奠定良好的基础。

在内容上，学者们一般将组织伦理分为高层主管的伦理立场、组织伦理氛围和组织内伦理行为与职业发展关联度三个部分（Koh 和 Boo，2001）。具体而言，高层主管的伦理立场指的是高层主管对于组织推崇的伦理体系和道德行为的支持程度（Koh 和 Boo，2001）；组织伦理氛围指的是员工对组织伦理政策和程序所持有的某种稳定、持续的共享观念和行为意向（Victor 和 Cullen，1987）；组织内伦理行为与职业发展关联度指的是在某个组织中，个人的伦理道德意识及行为与其职业生涯发展的关联（Koh 和 Boo，2001）。这些内容在后续章节里都有所涉及，在此就不加赘述。

进入21世纪后，研究者们的视野更加开阔，充分利用了组织伦理的跨学科特性，开展了更为完整和全面的研究。例如怀特(2003)把具有女性特征的关心伦理和具有佛教特征的慈悲伦理应用到组织研究中，提出了组织伦理研究的新思路，从而有效解决了不断变化着的市场经济道德问题，特别是那些涉及员工与领导关系的伦理异化现象。达夫特(2008)的《组织理论与设计》一书则从实际出发，详细观察社会中的各类组织现象，结合理论研究，对西方组织的结构设计、历史演变、发展趋势、伦理道德做了详尽的介绍，展示了全面的组织学知识体系框架。

②国内关于组织伦理的研究

总体而言，到20世纪末为止，大部分组织伦理的研究对象来自发达国家，但是随着一些发展中国家逐渐对外资开放国门，组织伦理研究在这些地区焕发了新的生命活力(Honeycutt et al.,1995)。我国的研究人员在这场国际化浪潮中，结合社会主义市场经济的特殊国情，开辟了组织伦理研究的新视角。

传统意义上，组织伦理的研究内容主要是针对道德判断的本质及商业决策应该运用的标准的探究。欧阳润平(2003)的观点与之相似，他认为组织伦理是企业在生产、经营活动中存在的一种伦理关系、意识、准则和活动的综合。王小锡(1994)则提出了不同的意见，他认为组织伦理的一大任务是提高企业员工的素质并且协调企业内外不同利益相关者的价值取向。相似的，周祖城(2005)也注重对利益相关者的考察，并结合传统定义，提出了一个更为完整的定义：组织伦理指的是在企业内形成一套管理者提倡的、全体或大多数员工认同的、一贯遵循的处理企业与消费者、供应者、竞争者、政府、社区、公众、所有者、员工等关系的行为准则，具体地，可以分为观念、规范和行为三个层次。这一概念包含三方面的内容：首先组织伦理是被管理者和员工认同和尊崇的，其次组织伦理必须考虑企业和利益相关者的关系，最后完整的组织伦理模式是企业在经营过程中达成的价值共识；也是企业文化的精华积淀。由此看来组织伦理的核心在于企业所拥有和内部共享的伦理精神和价值观，这两者可谓直接决定着组织内部的道德选择以及制度安排。

合理的道德选择及制度安排对于组织具有重要的意义，不仅有利于组织的日常运作和管理，还有利于增强组织成员的团结与凝聚力，从而塑造优良的组织形象，提升组织的社会地位，最终实现基业长青(余卫东，龚天平，2005)。因此，学者们对道德原则和伦理规范的研究最为集中(刘祖云，2007)，王珏(2008)在其著作《组织伦理——现代性文明的道德哲学悖论及其转向》中指出，传统道德哲学理论已经不能满足现代社会所提出的伦理需求，更无法解决现代社会层出不穷的伦理问题，所以必须要进行道德哲学的创新以适应飞速发展的组织。组织伦理就提供了一种新的选择，用以解决现代社会的伦理危机，这项企业的无形资本成了企业汇聚财富的关键所在。

综上所述，我们对伦理问题已经有了一个基本的概貌，从商业伦理到组织伦理的发展，不仅是学术焦点的变化，也是实践趋势所致。伦理的本质是关系处理中的利益配置问题。相对于无止境的欲望而言，资源永远是匮乏的，企业在市场经济中，需要承担分配者和协调者的角色，将有限的资源合理配置给不同的利益方。这当中有多少关系需要处理，就会产生多少伦理矛盾，就需要运用组织伦理的准则和秩序来化解和规范，下一节中，我们将着重讨论伦理问题的作用。

4.2 伦理问题对利益相关者的作用

在社会主义市场经济中，商业伦理和组织伦理绝对起着不容忽视的作用。深受儒学熏陶的国人对“正其谊而谋其利，明其道而计其功”的追求就需要伦理的协助。现代企业绝不仅仅做到维护股东利益就能独善其身，也不是一味崇尚回馈社会就能高风亮节。企业在追求经济利益的同时，也要兼顾社会效益，在对股东负责的同时也要对员工和消费者负责。商业伦理和组织伦理能够游刃有余地解决这些问题，它们不仅能作用于企业内部，也能作用于企业外部。在企业内部，伦理道德是一种规范体系，校正管理者和员工的行为，约束人际关系；在企业外部，伦理道德是其他利益相关者的协调剂，有助于群体行为的合理化，树立企业形象。这一节将从利益相关者的角度介绍伦理在社会经济活动中的作用。

4.2.1 利益相关者理论

利益相关者理论是由 Freeman(1984)正式提出的,往前追溯,可以在亚当·斯密的《道德情操论》里发现这一概念的踪迹。现代的研究则由美国斯坦佛研究院开启(Jongbloed et al.,2008)。他们首次引入了这一概念,并质疑以股东作为唯一的利益相关者是否恰当。Freeman 认同这一思路,认为商业组织在考虑经营管理时应该注意其他利益相关者。但很长一段时间里,Freeman 只是将其作为企业增加竞争性和国际化的战略分析手段而已,直到人们发现利益相关者与公共利益之间的关系,这一局限才被打破。尤其是随着媒体的广泛报道,人们意识到利益相关者理论可以作为公司治理的"第三条道路"(Greenwood,2008)。同时,Friedman 和 Miles(2006)认为,过去 20 年间,这一概念的解释不够清晰。尽管它的应用领域涵盖了企业、政府、非营利组织,甚至媒体,但是使用它的大部分人不能清楚地阐明其含义,或者给它下一个定义。学术界也是如此,关于利益相关者的概念无穷无尽,但是终究没有出现一个能够被普遍认同的定义。Bryson(2004),Beach(2009)等人的著作中对其定义多达 66 种。

当然,这些定义或多或少有相似之处,它们都指出公司应该考虑那些能够影响其政策、行为或被公司的政策、行为影响的人员和群体,注重这些相关方的需要、利益和影响能力(Frederick et al.,1992)。因此,根据 Clarkson(1995)的观点,利益相关者的概念包含三方面:①组织;②其他行为主体;③企业行为主体关系的本质。所以,不论是个人、非正式的组织、正式的机构都能成为利益相关者。据此,大部分研究还是采用了 Freeman 最早提出的定义:能够影响组织或被组织影响的人员和群体。学者们对影响组织的因子进行删选和归类。迄今为止,被普遍接受的有股东、客户、竞争者和合作者、供应商、社区等;同时,利益相关者理论也不再为战略管理领域专有,而被其他管理领域接纳,广泛地运用在以市场为基础的企业管理中。因此,本节的作用分析基于利益相关者的概念,挑选员工、股东、顾客三类我们认为最重要的群体,试图解释伦理问题的作用,又由于商业伦理和组织伦理在作用上有诸多相似之处,所以本文分析以组织伦理为主。

4.2.2 组织伦理和员工承诺

员工的组织承诺指的是员工认为自己的未来和组织紧密相关,因此,他们愿意为了组织牺牲自己的部分利益。企业越关心员工,员工回馈企业的就越多,久而久之会形成有利于员工的伦理文化,诸如杜绝虐待性行为、良好的工作环境、有竞争力的工资以及满足一切劳动合同的要求等。

国内外学者对于两者的关系及作用进行了广泛研究。总体而言,组织伦理有利于在员工之间传递企业价值观和榜样行为,增强员工的组织承诺。例如,20 世纪 70 年代的日本企业飞速发展,日本模式得到了全球管理人员和学术界的瞩目。研究人员对其成功的管理模型进行分析,发现它们的最大特点是将企业伦理道德提升到战略高度,从而成为调节企业内外关系、处理冲突的有力手段。最突出的就是通过提升员工对企业的认同感和满意度,间接实现组织忠诚,马志强等人(2013)。弗里切(1999)也认为,组织伦理是协调企业内部关系,保障其有效性的良策:"从一个企业的角度来说,道德与信任紧密相连。大多数人认为,要建立信任,首先必须行为道德。道德的行为不是取得信任的充分条件,但它是必要条件。"可见组织伦理和组织内的信任氛围密不可分,两者相辅相成,共同促进。国内学者也得出了相似的结论。朱颖俊等人(2011)从企业文化角度着手,证明了伦理氛围的塑造和维护有利于促进员工组织承诺。因此,企业越是能够营造符合社会价值观的伦理氛围,就越能够得到员工的认同。相似地,周祖城(2005)强调了卓越伦理有利于赢得员工忠诚。因为卓越伦理有利于缓解员工冲突,构建和谐的人际关系从而促进整体的工作热情,所以员工更愿意在伦理氛围良好的企业中工作。

由此可见,学术界和实践领域都试图厘清组织伦理和员工组织承诺的关系,并发现前者能够促使后者的形成。具体而言,组织伦理在此过程中起的是一种"导向作用",而非"约束作用"。这种导向主要是员工思想观念、行为方式和行为效果的导向,引导员工什么可以做,什么不可以做。由企业的管理层宣扬的伦理体系则成为员工行为方式的标杆,一系列具有标志性的事件、人物成为大家效仿的对象。当偶尔变成经常,当经常变成习惯,组织的伦理氛围也就慢慢塑造起来了,在这种集体向"善"的氛围里,员工的主人翁意识会得到迅速的提升,自然工作也不再是养家糊口的工具，而是真正实现个人发展和回报社会的有效途径。

4.2.3 组织伦理和投资者忠诚

企业的常规目标是盈利，投资者最关心的也是盈利问题。前任沃尔玛 CEO 李·斯科特认为，作为商业组织，对社会有一定的责任，但是这也意味着可能会有额外的机会。也就是说企业应该平衡盈利目标和社会目标，使其同步进行。如今，投资者越来越在乎所属企业的社会责任和名声问题，他们借助能够得到的信息尽量挑选伦理型企业。例如，2001 年 7 月 10 日，伦敦股票市场推出了一种新型的道德指数——“环境稳定、股东关系良好、支持人权”，这一革新给那些具有社会责任感和良好公正形象的公司带来了较之以往的 4 倍的投资。同时，投资者相信组织伦理是企业效率、生产率乃至企业盈利的基础(Ferrell et al. ,2011)，因为负面的公众形象，法律纠纷以及罚款丑闻将对公司股价造成冲击，降低消费者的信心，长此以往，将严重损害他们的自身利益。

事实上的确如此，做出不当甚至违法行为的企业一般会在股票市场受到重创。欧美国家尤其明显：20 世纪 70 年代初最突出的问题是产品安全；70 年代末则是政治腐败、贪污；80 年代初是生产安全、工人权益、消费者权利；80 年代末则出现性骚扰、性别歧视；到了 90 年代，全球化、宗教冲突、计算机和生物等技术发展所引起的道德问题更加频繁(绿庆福，2004)。许多企业家深谙此道，例如巴菲特及旗下公司都非常尊重投资者，并时刻提醒员工恪守道德：“我时常让员工思考，他们是否愿意由于企业问题出现在地方报纸的头版头条而遭受各方人士的指指点点，令家人、亲友蒙羞。”显然，答案是否定的，巴菲特通过传递这种管理理念，把他对员工的信任和尊重转化成了对投资者的信任和尊重。实践证明，这种思路是正确的。

所以组织伦理对投资者起的是一种“激励作用”或者说是间接的“经济作用”。拥有良好组织伦理氛围的企业会承担更多的社会责任，与公众之间的交流也更为通畅，当然这一切都是建立在企业优良业绩的基础上。这就成了投资者选择的一个信号，在他们面对众多选择时，这一信号可能会成为决定投资的关键因素。相应地，具有组织伦理的企业获取更好的经营业绩和更多投资回报的概率更大，投资者收获的经济利益自然就更大了。显然，这是一种不断相互促进的正效应模式：企业吸引投资者，投资者的投资增强了企业实力，促使其成长，获得更大的盈利，投资者得到回报加大投资。尽管这是一种理想化的模式，但是不难看出，在这个不断充斥着商业丑闻的时代里，组织伦理对投资者忠诚起着相当大的作用。

4.2.4　组织伦理和顾客满意

如果企业拥有卓越的组织伦理，那么就能构建更加良好的企业顾客关系，实现企业为顾客着想，顾客忠于企业的双赢局面。达到这种局面，首先，企业应该换位思考，充分了解顾客的需求。不论商品还是服务，最后的落脚点都是消费者，在社会主义市场经济下，创造需求固然重要，但是忽略需求迎合也只会落得闭门造车的下场。其次，为股东创造利益是企业的重要目标，但也仅仅是目标之一。如果忽略顾客忠诚和顾客满意，只把提高质量作为增加利润的手段，那么企业就会难挡利益诱惑，以次充好、偷工减料自然成为常态。所以为了长远的发展着想，企业应把顾客的利益放在重要位置，在客户关系管理方面构造合理的伦理制度。最后，组织伦理应该贯穿企业经营，回归以义制利的本真，诚信经营。时下，大家都说人心不古，就像 19 世纪 90 年代美国流行的“公众该死”风气那样，我国许多企业和商家也表现出“消费者讨厌”的情绪；相对的，消费者也时常抱怨再也没有旧时的“笑脸秤”那样富有人情味的卖家，商品安全一跃成为最大的问题。这种相互之间的不信任何尝不是一种退化？自 1987 年 5 000 多双温州产劣质皮鞋在杭州武林门付之一炬后，造假风气也被扑灭了。然而，如今这股不正之风又出现死灰复燃的迹象，一些不良商家延续制假卖假的老路，伤害了大批消费者。

徐大建(2002)认为企业与顾客的矛盾产生既有制度原因，也有非制度原因，当然也有缺乏适合的市场经济道德规范体系的影响。组织伦理在此既起到“约束作用”，也起到“协调作用”：约束的是企业行为，协调的是双方关系。毕竟满足和服务顾客是企业的出发点也是最终归宿，赢得顾客忠诚是企业发展的必然前提。组织伦理作为一种价值判断的准则，对企业行为起到了控制的作用，即对企业某些非伦理行为进行事前控制和预防，以避免这些非伦理行为的出现。在这种平等交易的契约关系里，组织伦理能够起到很好的约束作用，给企业提供一把良心的标尺，使其提供质量合格、价格公道的产品和服务，在“取之于人”的同时不忘“服务于人”。那么，企业即使由于某次负面事件影响公共形象，组织伦理也能起到挽救的功效，协调与消费者的关系，重拾顾客信心。因为，“以人为本”的伦理精神促使企业同时注重经济利益和社会功能，持续为顾客提供安全可靠的产品，并且不断创新，提高服务水平，为顾客创造长期价值。

可见，组织伦理在经济活动中意义非凡：不仅能够推动经济效应还能够带来一定的社会功效。事实上，Saul(1981)就指出商业组织决不能独善其身，而是要在构建自身伦理价值观的过程中，注意与所在社区以及社会整体的基本道德要求相匹配。在这种特定的价值观念和道德原则的作用下，有助于企业实现卓有成效的管理，推动社会经济发展与人类文明进步。福山(1998)认为：“一个充满信任的有效且合乎伦理的企业组织与社会文明进步程度相一致，是成就资本主义经济的关键要素。”其实在社会主义市场经济中也是如此，企业的组织伦理体系必然和整个社会的伦理道德体系相关，我们有理由相信，在经济快速发展的当下，需要适应社会主义初级阶段的组织伦理来塑造道德大厦。那么这座大厦必然不会是空洞的教条或是高不可攀的口号，而是吸收中外优秀理念的指路明灯。

4.3 商业伦理与组织伦理研究进展与趋势

从20世纪七八十年代出现商业伦理概念至今，相关领域的研究已经走过了近40个年头，不论是学者还是管理人员，人们的关注点都在不断变化，正是这种变化推动了学科的日新月异，构建了更为完善合理的伦理架构。

4.3.1 研究进展

(1)引文分析

根据Ma(2009)对近十年的引文分析，可以发现《商业伦理期刊》(《Journal of Business Ethics》)上的文章引用率最高，达到了3 013次，并且远高于位居第二的《管理学会评论》(《Academy of Management

Review》)的548次，具体排名如表4-1所示。这说明，《商业伦理期刊》更加专注于伦理领域，且已然成为这一领域里最具影响力的期刊。同时，这组数据也可以说明组织伦理已经逐渐演变成一个成熟的学术分支，能够支撑起专属知识的生成和传播。此外，以组织伦理为主题的论文也不局限于刊登在专属领域内的期刊上，管理、人力甚至营销等为主的期刊都有伦理的身影，而这些知名期刊恰恰成了学者们参考和交流的重要工具。

表4-1 引用率最高的期刊

Journal	Number of citations
Journal of Business Ethics	3013
Academy of Management Review	548
Academy of Management Journal	289
Business Ethics Quarterly	253
Journal of Marketing	231
Strategic Management Journal	167
California Management Review	162
Business and Society	160
Harvard Business Review	140
Journal of Marketing Research	96
Journal of Personality and Social Psychology	96
Business and Society Review	81
Journal	Number of citations
Journal of International Business Studies	80
Journal of Management Studies	76
Business Horizons	60
Journal of Management	59

进一步分析单篇论文的引用率，可以找出影响最广泛的学者及论文。1997～2001的五年里，排名第一的是Friedman(1970)的《企业社会责任能够增加利润》，接着是Ferrell和Gresham(1985)的《市场营销中伦理决策的应急框架》，De George(1987)的《商业伦理的状态：过去和现在》及Freeman的(1984)《战略管理：利益相关者的角度》。2002～2006年的五

年里，排名第一的是 Carroll(1979)的《公司绩效的三层次模型》，接着是 Williams 和 Siegel(2001)的《企业社会责任：公司角度》，Freeman 的《战略管理：利益相关者的角度》，以及 Wood(1991)的《企业社会绩效回顾》。上述论文的作者大多也是这几年里最具影响力的学者，他们极大地推动了组织伦理的理论进展。

此外，研究发现，前五年和后五年的引用情况有一些变化。首先，前五年的引用数量相对较少，后五年的数量明显增多，这种显而易见的增长说明组织伦理作为一个学术领域的快速成长以及在大环境中得到了更多认可。其次，前五年的研究主题大多是伦理决策方面的探索，聚焦于理论本身，学者们都试图夯实组织伦理的理论基础；而后五年的研究主题明显不同，学者们更多地关心企业社会责任和企业绩效的关系，而不是专注于理论整合，这说明实践导向的观点正慢慢成为主导。当然，不论是理论还是实践，只有当两者齐头并进时，组织伦理才能进一步完善。

(2)共引分析

另一种分析研究进展的方法是共引分析。共引分析属于文献计量学方法的一种，是学者们用以划清研究领域的常用方法。共引指的是两篇文献同时被其他文献引用，通过共引分析可以清楚观察到知识结构的变化和发展。

社会网络分析技术可以用来梳理共引矩阵，以此明晰组织伦理领域内的研究重点以及各分支之间的联系(Pilkington 和 Teichert,2006)。使用这种技术梳理伦理文献，可以发现过去十年间的研究重点是伦理决策、企业社会责任、企业绩效、利益相关者和顾客行为之间的关系；也可以发现一些学界权威因其成果引用率之高，影响之广奠定了他们在组织伦理领域内不可撼动的地位。同时，他们的研究方向也暗示了组织伦理前进的方向。

此外，也可以运用条目相关性的因子分析来探索共引矩阵里哪些学者的研究方向是类似的。结果显示，前五年(1997—2001 年)的研究可以提取出四个因子，并解释 75%的变化，如表 4-2 所示列出了三个最重要的因子，以及载荷超过 0.6 的作者们，那些载荷小于 0.6 或者具有交叉负载系数的作者在最终结果里省略了(White 和 Griffith,1981)。最终结果显示这一阶段的组织伦理至少由四个分支组成：伦理决策、企业社会责任和企业绩效、组织伦理研究的阶段以及组织公正和社会契约理论（Social Contract Theory）。

表 4-2　作者的因子载荷：1997—2001 年

Factor 1: Ethical decision making	41.3% variance	Factor 2: Relationship between corporate social responsibility and corporate performance	24.1% variance	Factor 3: Status of business ethics	10.5% variance
Dubinsky A J	0.935	Waddock S A	0.942	Hosmer L T	0.878
Gleen J R	0.934	Mcguire J B	0.932	Stark A	0.823
Fritzsche D J	0.925	Griffin J J	0.926	Dunfee T W	0.799
Vitell S J	0.917	Carroll A B	0.840	Degeorge R T	0.768
Forsyth D R	0.891	Friedman M	0.815	Sims R R	0.698
Ferrell O C	0.886	Freeman R E	0.694	Frederick W C	0.608
Hunt S D	0.860	Jones T M	0.607		
Randall D M	0.859				
Schoenfeldt L F	0.767				
Trevino L K	0.766				
Mcdonald G M	0.755				

其中最主要的研究分支是伦理决策。研究者们提出了不同的伦理决策模型用以解释决策过程以及人为因素和情境因素的影响（Dubinsky 和 Loken，1989；Trevino，1986）。Ferrell 和 Gresham（1985）提出了一个“偶然性”（Contingency）的决策框架，包括个人因素（知识、价值观），社会因素（其他重要因素），组织因素（机会、奖励、惩罚）以及其他可能影响伦理决策的因素。同时，研究者们也关注伦理决策的行为结果（Ferrell 和 Gresham，1985；Hunt 和 Vitell，1986）。Dubinsky 和 Loken（1989）的决策模型就是基于对行为结果的评价。在一项相关研究中，Fritzsche（1991）发现了激励目标（Motivational Goals）在伦理决策过程中的重要性。这些激励目标不仅包括组织目标，也包括群体、个人甚至与组织相关的外界目标。随后，Glenn 和 Van Loo（1993）在一个纵向研究中比较了学生和员

工的伦理决策差异,发现学生的决策更缺乏伦理性。

企业社会责任和企业绩效是第二类研究较多的分支。有关组织伦理作用的探讨使得研究者们开始关注企业社会责任(CSR)(Carroll,1999)。1979 年,Carroll 提出了企业社会责任三层次模型,这个模型区分了四种企业社会责任:经济的、法律的、道德的及自由的(Discretionary)。Carroll 认为如果企业想要有效地提升社会效益(CSP),就要明确以下几点:①对企业社会责任形成清晰的定义;②理解社会责任存在的情形;③对这些情形形成更加哲学的深入思考。由此,其他学者认为,冗余资源的产生与之前的财务状况关系更大,而非当前的盈利能力(Waddock 和 Graves,1997),比如慈善捐赠就和以往的财务状况联系更加紧密。

第三个分支是组织伦理发展历程的阶段研究。De George(1987)认为组织伦理是各学科交叉的结果以及商业本身进化的结果。他深入研究了组织伦理发展的过程,每个阶段都有不同的变化。这些变化可以看成是商业实践过程中的副产品。不过,众所周知,学术界和实践者们一直就组织伦理问题存在分歧(Stark,1993)。但是信任是双方都认可的重要素质。Hosmer(1995)认为信任是对其他人的目标和意图产生信心的一个认知过程,或者感受到某人的真诚。沿着这一思路,Rawls(1971)专注于社会公正理论对组织伦理的影响,Donaldson 和 Dunfee(1994)则关注社会契约理论在伦理领域内起到的作用。

同样地,后五年(2002—2006 年)的研究可以解释 76%的变化,如表 4-3 所示了三个最重要的因子,以及载荷超过 0.6 的作者们。结果显示这一阶段的组织伦理也由四个分支组成:伦理领域的利益相关者理论、消费者行为、企业社会责任、企业社会责任和企业绩效的关系。

表 4-3 作者的因子载荷:2002—2006 年

Factor 1: Stakeholder theory in business ethics	53% variance	Factor 2: Consumer behavior and corporate social responsibility	14.6% variance	Factor 3: Corporate social responsibility and corporate performance	8.6% variance
Rrawl S J	0.927	Sen S	0.955	Orlitzky M	0.919
Mitchell R K	0.854	Drumwright M E	0.941	Griffin J J	0.912
Degeorge R T	0.837	Brown T J	0.933	Russo M V	0.899

续表

Trevion L K	0.751			Margolis J D	0.894
Freeman R E	0.749			Hillman A J	0.842
Donaldson T	0.716			Waddock S A	0.840
Jones T M	0.714			Mcwilliams A	0.832
Williamson O E	0.685			Fombrun C J	0.749
				Jensen M C	0.695

此时,利益相关者理论受到人们的极大追捧,同时伴随对企业社会责任的争论,研究者开始将两者结合起来。因此,利益相关者管理可以作为处理社会责任的框架。其中最关键的是分辨利益相关者,即“最有价值的是谁?真正起作用的是什么?”(Freeman,1994)。狭义的观点是,利益相关者是能够影响组织目标或者被组织影响的那些群体(Donaldson 和 Preston,1995)。广义的观点是,利益相关者包括能够影响组织或者被组织影响的群体和个人,这种影响过程可以是直接的也可以是间接的。Mitchell 和 colleagues(1997)提出了很多理论,构建起利益相关者的框架。这一框架基于三种关系属性:权利、法律和紧迫性。他们认为,应该联合这三者来明确利益相关者及其重要程度。值得注意的是 Rawls(1971)的公正概念在此起到了很大的作用。他认为公正是社会交往的最大美德,是公平的基础,是分摊成本,分享收益的起点,也是社会系统正常运行的必备条件。

此外,消费者行为和企业社会责任之间的关系也是讨论的热点。从营销的角度来看,企业的社会责任带来的效益和消费者对品牌的选择、品牌的评估和品牌的建议有关(Sen 和 Bhattacharya,2001)。Sen 和 Bhattacharya(2001)认为组织识别理论(Organizational Identification Theory)可以为企业社会责任带动顾客忠诚的现象提供支持。除此之外,Brown 和 Dacin(1997)明确地分析了企业能力、企业社会责任在顾客对产品选择和选购时的心理起到的作用。

最后,企业社会责任和企业绩效的关系从未淡出人们的视野。和前五年一样,这是组织伦理领域不容忽视的分支之一。这一分支又可以细分出两类:第一类更为注重企业社会责任和企业绩效关系的实证研究;第二类更为注重两者关系的理论发展。在第一类研究中,对企业社会责任和企业财务绩效之间的关系研究最多,许多近期的实证研究发现两者之间存在正向相关关系(Orlitzky et al.,2003)。Williams 和 Siegel(2001)认为企业社会责任是一些能够造福社会的行为,而不仅仅是追求企业利润或者法律强行规定的条款。接着,Griffin 和 Mahon(1997)试图厘清企业贡献和企业回报之间的关系。Orlitzky 等人(2003)首次对 30 年间企业社会效益和企业财务绩效之间的关系进行了定量的元分析,结果显示这两者并不是只能二选一,而是可以兼容和权衡的关系。在第二类研究中,学者们更关注企业社会责任和企业绩效关系的模型建立和理论发展。其中不乏将文化因素加入模型的情形,研究者们试图解释文化在两者之间的重要作用(Matten 和 Crane,2005)。总体而言,高企业社会绩效和高财务绩效互为因果。

4.3.2 研究趋势

对上述研究进展的梳理可以窥见伦理领域未来的研究趋势,我们概括为以下几个方面。

第一,未来的研究主题将更注重伦理的实践意义探索。商业伦理与组织伦理的社会性质及推动伦理所带来的现实效果一直是难以取舍的两难境界。最近几年,由于企业社会责任和社会绩效之间的正相关性得到证明,商业伦理与组织伦理的完善能够提升企业财务绩效的观点也得到了证实,这才促使组织对伦理行为给予更大的关注。未来的研究将更深入地探索企业社会绩效和企业财务绩效之间的关系,并着重于商业伦理与组织伦理的塑造对财务绩效的推动作用。换句话说,伦理的"商业成分"(Business Side)将在其理论发展和实践探索中占有一席之地;甚至可以说,商业伦理与组织伦理带来的财务增值决定了它在企业里的流行程度。尽管这和资本主义社会经济体系的利益最大化如出一辙,却和商业伦理与组织伦理的成本思想不太一样,如果有冲突,就有必要牺牲一定的经济利益来追求社会效应。未来的研究主题应该少不了这部分内容。

第二,未来的商业伦理与组织伦理研究中将更看重文化差异。Hof Stede(2001)提出的文化框架是伦理跨文化研究的有力工具。随着经济全球化的进一步扩展,国际商务和海外业务成为企业的日常工作之一。这种改变必然带来不同的社会文化冲突,人们对于什么是正确的道德观、价值观也会产生不同的见解。已有研究涉足于跨文化背景下的伦理比较，学者们也尝试去构建国际化的管理者和工作人员需要的伦理标准。这些研究方向必然会吸引更多的研究者，也是企业国际化运营的必备因素。

第三，未来的商业伦理与组织伦理的理论体系将更加完善。过去几年，伦理领域内的理论整合一直是一个重要的分支，例如早年对伦理决策和利益相关者的研究，类似这样的理论研究是必需的。学术界一直希望能够找到更好的理论框架来整合不同的概念，以便商业伦理与组织伦理能够在不同的文化背景及研究情境下发挥作用。此外，大部分的伦理理论在西方背景下产生，带有浓厚的个人主义导向。例如，伦理决策理论集中于影响决策者的因子分析，利益相关者理论也是基于内外部的利益相关者自身。将来的理论框架势必要考虑跨文化因素，比如将集体主义的观点纳入其中，构建更为合理的商业伦理与组织伦理理论体系。

总体而言，伦理理论能够起到有效地约束、引导、激励等作用，结合中国文化和中国情境后，能很好地为中国组织服务，成为社会主义市场经济的道德基础。自从 20 世纪 80 年代以来，这种融合的趋势就从未停歇：个人主义与集体主义的融合，股东责任与社会责任的融合，工具理性与实质理性的融合。在经济全球化的大浪潮里，中国企业将迎来全新的竞争时代。创新的理念思维将引领新一轮产业升级；聚焦长远目标将带动持久永恒的发展。

其实，经济的发展离不开道德伦理的指导。在日趋激烈的竞争中，同质化的方式赶不上大环境的瞬息万变，企业只有从内在开始改变，汲取传统文化之精粹，吸收最新理论之精髓，结合具体情境之卓殊，才能整合出适合自身的合理的伦理观和价值观，才有立足之地。所谓“小胜靠智，大胜靠德”，说到底，商业伦理与组织伦理才是企业的立身之本、发展之基，也是规范整个社会经济的有力手段。我们有理由相信，一个恪守伦理的企业，一个遵从伦理的社会会有更灿烂的明天。

第 5 章　组织伦理决策及多水平渗透模型

5.1　组织伦理决策过程

伦理决策作为组织伦理研究的重要方面，更多地强调了组织对其社会责任的重视程度，即组织在评价一项决策是否合理时，除了从政治、法律、经济、技术等角度进行评价，更应该加上对伦理道德的考量。因此，组织伦理决策或企业决策的伦理方面就成为一个日益重要的研究领域（叶文琴，2004）。

对于伦理决策的定义，不同学者有不同的看法。Jones 和 Thomas（1991）根据 Kelman 和 Hamilton 对服从性犯罪（Crimes of Obedience）的定义推导出如下定义：伦理决策是既符合法律又能被绝大多数人在道德上接受的决策。Velasquez 和 Rostankowski（1985）认为，“受自由意志支配，给他人带来幸福或伤害的行为是伦理行为。伦理行为产生的心理机制就是伦理决策”。据此定义，一切商业决策都是伦理决策（吴红梅，2006），因为任何商业活动都会对他人产生影响。许淑萍（2004）认为，所谓伦理决策，是指根据一定文化背景下的道德标准，对决策方案进行伦理分析、判断和选择，从而提高决策伦理性的过程。Fry（1989）认为，伦理决策是从伦理问题的认知开始，经过伦理判断到做出现实决策的整个决策过程。Jones 和 Thomas（1991）则更明确地指出，“管理者的很多决策都是伦理决策，只是管理者没有意识到其决策所包含的伦理因素罢了”。

综合上述学者对伦理决策的看法，我们认为，现代商业实践需要解决伦理问题，但并非所有的商业决策都是伦理决策。伦理决策指当人们面临伦理困境时，依自由意志权衡事件关系人之利益损失之后，所进行的抉择活动。一项决策需满足如下三个条件方可称之为伦理决策：一是决策的对象涉及伦理问题，即具有伦理内涵、受人类基本伦理规范制约；二是决策者是具有自由意志的伦理主体，他能够意识到伦理问题的存在，能够做出判断和实施行动；三是人们可以对决策结果做出“合伦理”和“不合伦理”的判定。

5.1.1 Rest 伦理决策过程

Rest(1983,1986,1994)提出伦理决策的四阶段模式，其认为，人在做出道德或者不道德行为时，大体上会经历这样四个阶段：(1)伦理认知，即决策者意识到伦理问题的存在；(2)伦理判断，即决策者对可选择行动方案是否符合伦理的道义评价；(3)伦理意向，即决策者决定以伦理还是非伦理的方式来行动；(4)伦理行为，即实施意向，指个体表现出的外在的伦理或非伦理行为。如图 5-1 所示：

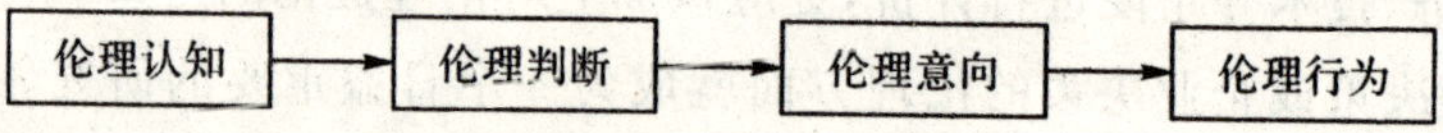

图 5-1 Rest 伦理决策过程

然而，需要指出的是，该模型并不是说个体的每一个伦理行为都必须经历这四个阶段，只是综合来看，它呈现四阶段特征。其他学者提出的伦理决策过程模型也多是在 Rest 的基础上形成的。

在 Rest 的四阶段伦理决策过程中，前三个阶段实际上就是个体心理的伦理决策过程。其中，“伦理认知”也称“伦理问题感知”“伦理困境感知”“伦理问题认知”等，它是一种伦理决策过程的“催化剂”(Hunt 和 Vitell,1986)；“伦理判断”是指个体在伦理感知的基础上，对认知到的伦理问题做出的判别；“伦理意向”则是指当个体做完伦理判断之后，依据本身的道德，决定自己要如何做并做些什么的问题(Kohlberg,1981；Rest,1986)。

我们以一个例子来对个体进行伦理决策的过程进行描述。例如，很少有员工会盗用公司的资金，但有很多人会拿公司的办公用品私用。因为大多数人认知到盗用公司资金是一个伦理问题，但并不会认知到拿公司的办公用品私用涉及伦理问题。这一点即对应“伦理认知”；而假使个体认知到拿公司的办公用品私用也可能涉及伦理问题，此时就需要做出一个判断:这是否真的是伦理问题。如果发现大家都这样做,可能就认为这不是伦理问题;反之,当发现只有自己这么做时,就会认为这是伦理问题,这一点即对应“伦理判断”;而一旦最终该个体做出伦理判断,认为拿办公用品私用不是伦理问题,于是就决定自己也拿,那么此时他就已经建立了自身的“伦理意向”。

5.1.2 Fishbein和Ajzen理性行为过程

Fishbein和Ajzen(1975)提出理性行为理论,该理论认为,当个体进行决策时,通常会对可利用的信息进行系统理性的分析:行为意向直接影响着个体行为,而个体对行为的态度以及与行为相关的主观行为准则又会影响行为意向。其中,对行为的态度是指个体对行为结果的好恶或利弊的判断;而主观行为准则指个体执行某一行为时,认为其他重要关系人是否同意他/她的行为,亦指社会对个体实施或不实施某一行为所施加的压力。个体在对两者进行权衡的基础上确定行为的意图,而行为意图将直接影响着个体的行为。但是,并非所有的伦理决策都完全处于意志控制之下,因此,该模型并不能解释那些没有处于意志控制之下的伦理行为(李晓明,2007)。

5.1.3 Ajzen计划行为过程

针对理性行为理论的缺陷,Ajzen(1991)对它加以扩展,提出了计划行为理论。与理性行为理论相同,计划行为理论也认为行为意图是影响行为的最直接因素,但却明确提出“行为意图只有处于意志控制之下才会在行为中表现出来”。该理论引入了个体对实施某种行为难易程度的认知这一因素,即行为控制认知,这种对控制程度的认知会受到个体的能力、资源和机会的影响。换言之,行为的执行不仅取决于个体的动机,还依赖于资源、技能和个体知识的配合。引入“行为控制感”后,对伦理行为的解释力更高(梅胜军,2009)。

5.2 伦理决策的影响因素

伦理行为的影响因素是伦理决策研究所关注的基本问题之一，根据以往的伦理决策研究模型和大量的实证研究，目前对于伦理决策影响因素的研究主要有三个方面：个体因素、组织因素和道德问题本身（即道德强度、道德解脱）。

5.2.1 个体因素

在有关伦理决策影响因素的研究中，个体因素作为不容忽视的特征一直以来都受到各个学者的广泛关注和探讨。个体因素主要包括性别、年龄、国籍、教育、职业、工作经验、价值观、心理控制源、马基雅维利主义、道德认知等。

在性别上，大多数文献认为女性的伦理决策行为多于男性，但也有研究认为性别对伦理决策没有影响（Browning 和 Zabriskie，1983）。在年龄方面的研究差异较大，一种是认为年龄与伦理决策过程之间不存在相关性。另一种则是认为年龄与伦理决策过程之间存在相关性，但这其中又存在两方面差异，一是认为年轻的管理者比年长的管理者更具伦理观念（Browning 和 Zabriskie，1983），另一是年纪较长者更能产生符合伦理的行为（Muncy 和 Vitell，1992）。在国籍上，有认为其他国家的学生比美国学生的行为更符合伦理的（Hegarty 和 Sims，1978），也有直接指明法国管理者对伦理准则是具有最强烈的信念的（Becker 和 Fritzsche，1987），类似的针对不同国家的研究还很多，但是每个学者研究的国家、手段都不尽相同，对这些结果也难以做出综合的比较。在教育方面，大多数在检验学生专业对伦理决策影响的研究中都表明教育并无显著影响，但 Sankaran 和 Bui（2003）却发现，非经济类专业的学生比经济类专业的学生表现得更为道德。职业方面，像专家、采购经理、管理者这些职位的人的行为通常都更为符合伦理（Arlow 和 Ulrich 等人，1980）。工作经验方面，企业主管在面对商业中的伦理问题时更具忍耐性（Hawkins 和 Cocanougher，1972）。因此可以综合认为，教育、职业或工作经验和伦理决策过程之间是正相关的，而教育的类型对伦理决策过程影响较少或不存在影响。在价值观上，比较一致的研究是理想主义、义务论和伦理决策过程呈正相关，而相对主义、目的论和伦理决策过程呈负相关。那些信仰功利主义、信仰义务论、信仰普遍道德原则的管理者通常会表现出更多的伦理行为（Hunt 和 Vasquez-Parraga，1993），而信仰个人主义或是信仰目的论的人通常在进行伦理两难困境的抉择时更会倾向于做出不符伦理的行为（Hunt 和 Vasquez-Parraga，1993）。心理控制源是指个体对行为或事件结局的一般性看法。在心理控制源上，倾向于内部控制中心的人，往往把行为结果归因于自己的内部因素，如能力、努力等；而倾向于外部控制中心的人，则会把行为结果归因于外部压力，如命运、机遇和他人。有关这方面的研究大都认为内部控制中心与伦理决策的正相关关系，外部控制中心与伦理决策过程的负相关关系。不过也存在相反的结论，例如心理控制源与伦理决策过程不相关（Hegarty 和 Sims，1978），或是倾向于外控的管理者会把组织中的政治视为伦理道德（Zahra，1989）。马基雅维利主义上是指个体利用他人达成个人目标的一种行为倾向。目前大部分研究都支持马基雅维利主义和伦理决策过程之间的负相关关系。例如 Sims（1978）的研究表明马基雅维利主义更能显著影响非伦理行为；Singhapakdi 和 Vitell（1990）也认为马基雅维利主义的管理者不太重视伦理问题的严重性，也不太可能会采取行动给予改正。道德认知是指人们对客观存在的道德现象、行为准则及其意义的主观反映。以往大部分研究文献认为道德认知与伦理判断呈正相关关系。如 Trevino 和 Youngblood（1990）研究表明道德认知的发展水平能够显著影响伦理决策，Goolsby 和 Hunt（1992）的研究得出道德认知与社会责任行为显著相关。但也有反对意见，如 Au 和 Wang（2000）就认为道德认知的发展水平和伦理判断之间呈负相关关系。总体而言，道德认知发展水平会影响其伦理判断，继而进一步影响人们的伦理行为和伦理决策。

5.2.2 组织因素

组织因素主要包括道德准则、道德风气或道德文化、组织氛围、组织规模、奖励和惩罚等与个体道德发展及组织相关的因素。

在道德准则方面，大部分研究成果支持了它与伦理决策之间的显著正相关关系。如 Weaver 和 Ferrell(1977)的研究结果发现道德准则和强制性政策能够促成伦理行为的发生。Mc Cable，Trevino 和 Butterfield (1996)也发现标准化的政策可以减少不符合伦理的行为发生并提高伦理认知。

在道德风气或道德文化方面，该层面的研究中，半数以上都支持道德风气或道德文化在至少一个方面或更多方面对伦理决策过程存在积极影响的观点。

在组织氛围方面，Baumhart(1961)认为组织氛围能显著影响伦理决策过程，Elm 和 Nichols(1993)却发现组织氛围和伦理导向呈负相关关系。由此可见，组织氛围是否公正，组织是否支持都会影响到伦理决策过程。

在组织规模方面，研究结果各异。主要有两种情况：一是组织规模越大，伦理行为和决策程度就越高，代表性研究例如 Vitell 和 Festervand (1987)，他们认为小规模组织的人员视非伦理行为在他们的行业中是稀松平常的，他们总结出小公司由于面临着生存的巨大压力，有时候不得不参与某些非伦理行为。另一种观点是随着组织规模的扩大，伦理决策的程度就会降低。支持该观点的如 Browning 和 Zabriskie(1983)，他们发现来自较大规模组织的人员更有可能会产生非伦理行为，例如收受贿赂。Weber(1990)也认为大型组织中的人员在制定决策时往往考虑的伦理程度较低，小型组织由于本身面临的管制和规则较少，因此就会有一种较高程度的道德感，从而显示出伦理倾向。Judge(1994)的研究结果表明组织规模会对伦理决策过程产生不利影响。

在奖励和惩罚方面，基本上都认可奖励和惩罚的作用，支持有效的惩罚体系会减少不符合伦理行为的发生。例如 Baumhart(1961)认为对伦理行为进行惩罚会减少伦理行为的发生。Hegarty 和 Sims(1978)发现，对不符合伦理行为的惩罚会促使不符合伦理行为的减少。

5.2.3 道德强度

道德强度是指一种情境中所包含的道德问题的紧迫程度，反映了决策任务的特征，具有较高道德强度的决策任务本身会影响伦理决策过程的各个阶段，增加伦理行为的实施频率。

在以往关于道德强度与伦理决策过程关系的研究中，结论比较一致。除了 Marshall 和 Dewe(1977)外，其余检验道德强度或道德强度某个维度的实证研究发现，道德强度至少和伦理决策的一个阶段相关。Davis 等人(1998)取样于亚洲、印度尼西亚和美国的 MBA 学生，使用四个情景测量结果大小、社会舆论和亲密性，一个问题测量伦理判断，结论发现，社会舆论对伦理判断有显著作用，而结果大小和亲密性则没有明显作用。并指出被试者母国的社会文化和伦理逻辑也会影响伦理判断。Singer (1998)把普通民众作为样本，研究发现只有社会舆论对伦理判断有明显的预测作用。同时，Singer 等人(1998)也进行了两项研究，第一项研究以一家烘焙公司的员工为样本，调查发现，结果大小、社会舆论和效用可能性具有显著作用，而时间即刻性的作用则不明显；第二项研究使用了四个情景并以研究生为样本，结果同样发现，结果大小、社会舆论和效用可能性具有明显作用，但不包括时间即刻性。Barnett(2001)使用两个与工作相关的行为陈述表来测量道德强度与伦理判断之间的关系，分析发现，结果大小、社会舆论和亲密性都对伦理判断有明显的预测作用；只有结果大小和社会舆论具有明显的预测作用；时间即刻性在两个量表中都不具备预测作用。

5.2.4 道德解脱

道德解脱的本质是一系列使道德自我调整过程无效的认知机制，包括道德辩护、有利对照、责任推托、责任扩散和非人性化等(Bandura，1986)。一般来说，针对不同的伦理决策行为对象，道德解脱的调节机制具有一定的自我选择性。在这种道德解脱机制的作用下，通常会使个体易发生道德解脱行为，进而更有可能做出非伦理的决策(Baker 等人，2006)。

根据自我道德约束与有害行为可能发生解脱的对象不同，将道德解脱机制归为三类。一是道德合理化，个体可以通过道德合理化的方式提高个体道德接受能力，使自我调节失效，甚至对有害行为产生负强化作用(Bandura，2002)。二是个体可以通过道德上中立的语言使本应受谴责的行为看起来少一些危害甚至是有益的，并借以这种方式来减轻责任感(Bandura，1986)。这种方式称之为委婉标签。三是有时候个体会把非伦理行为与更有害的行为作比较，在这种比较之下，通常非伦理行为就会显得更加容易被接受，这种方式称之为有利对照。在这里需要指出的是，道德强度和道德解脱彼此之间存在着本质的区别。道德强度是在行为发生前，是对伦理问题特征的总括；而道德解脱往往是发生在伦理行为之后，是对一系列使道德自我调节过程无效的认知机制的总括。

道德解脱会影响到个体心理的伦理决策全过程，包括伦理认知、伦理判断和伦理意向。在伦理认知层面的影响上，因为曲解有害影响会通过对有害行为后果的曲解或最小化来弱化自我约束，所以可能会导致对个体的伦理认知产生一定程度的影响。例如，假使采取某种措施让组织内全体人员相信他们所生产的有害产品是有利的，甚至对社会是有益的，那么在他们眼中，就不存在道德困境或不需要理由进行自我责备。在这一点上，Moore(2008)的研究表明，道德解脱的确会减弱个体的伦理认知，从而使个体更易做出非伦理决策，在助长组织腐败过程中起作用。在伦理判断层面的影响上，Anand，Ashforth 和 Joshi(2005)将道德解脱中的责任否定、伤害否定和委婉标签与助长腐败相联系。其中，委婉标签会对组织文化构成威胁，其原因是它给伦理情境贴错了“标签”，导致个体将情境和正确的标准匹配错误，从而导致非伦理行为(Reynolds，2006)。类似地，Tenbrunsel 和 Messick(2004)将委婉标签视为一个重要的自我欺骗方法，从而影响自我伦理判断，使个体在组织中表现得非伦理。而在伦理意向的影响上，个体通过各种道德解脱机制已经歪曲了其伦理认知和伦理判断，那么势必会对由此而建立的伦理意向产生相当程度的影响。

道德解脱对个体伦理行为产生影响。许多研究都证明了自我约束会阻碍个体实施非伦理行为，而道德解脱则会减少自我约束(Duffy 等，2005)。例如，Bandura 等(1996)发现道德解脱减少了少年忠实于既定道德准则的行为(有利或合作行为)，增加了其损害社会生活的行为(侵犯或不法行为)。Duffy 等(2005)研究发现，医院员工之间的道德辩护与同事间的暗中破坏行为(如散布谣言)呈正相关。Detert，Trevino 和 Sweitzer(2008)从道德解脱的前因后果入手，检验了道德解脱和伦理行为两者之间的关系，他们发现道德解脱在个体差异与非伦理决策之间起到中介作用，并验证了如果一个个体通常以道德关注和承诺的方式来考虑自己，则他就不太可能会通过最小化或曲解有害影响来引发道德解脱(Aquino 和

Reed,2002),即道德认同的高度自重与道德解脱呈负相关。类似地也可以推出,较高层次的道德解脱与不断增加的非伦理决策呈正相关(Detert,Trevino 和 Sweitzer,2008)。

除了个体层面,道德解脱也会发生在社会系统层面(Bandura,2004a;Bandura et al.,2002),会对群体伦理行为产生影响。该层面上的集体道德解脱不仅仅是个体道德解脱的加总(Bandura,1999,2004b),它是成员在共同心理上的集体行动,集体中的每个成员都会相互间提供免罪理由,为彼此弱化约束。White,Bandura 和 Bero(2009)对道德解脱的实证研究表明,除了责任替代,道德解脱机制在烟草制品、铅、氯化乙烯这三个生产过程对人类健康有害的行业中具有普遍的应用性,使用频率最高的是曲解有害影响,其次是道德辩护。从中也显示出,企业为追求利益而操纵研究活动的行为侵犯了科学探究的伦理规范。

5.3 多水平渗透模型

近年来,随着对伦理型领导研究的深入,学者们越来越关注伦理型领导对组织伦理的影响过程和机制,特别是其在组织伦理建设中的示范和涟漪作用(Barney,2005)。在众多有关伦理型领导如何有效影响组织内部成员及伦理氛围的研究中,Mayer 等(2009)通过对伦理型领导的影响过程进行总结,提出了伦理型领导对组织伦理影响的渗透过程模型,该模型阐明了伦理规范是如何从高层领导者影响到各级管理者,进而影响员工日常行为的。根据社会学习理论,组织内部的下属往往会把上级看成是自己的角色模范,主动学习和模仿他们的行为。并且,又由于领导行为的瀑布效应,高层伦理型领导可以通过价值传导、角色模范和奖惩制度系统,对各级主管的伦理行为产生积极影响,然后,各级主管的伦理行为也会像瀑布一样逐级影响到基层员工,使得组织内部的伦理行为可以从上至下逐级延伸,同时伦理氛围也在组织内得到了广泛传播而逐步建立和发展。其中,伦理价值观、角色模范和伦理制度作为伦理型领导塑造组织伦理氛围的三条基本路径,在此,我们做简要介绍。

5.3.1 伦理价值观

组织伦理价值观为组织成员在面临困境时进行伦理判断提供标准。价值观表达了组织的特有行为准则,这些准则相对于一般个体或社会准则,具有优先性。因而,伦理价值建构在组织伦理建设中至关重要。伦理型领导首先要在组织中建立和传导合适的伦理价值观,从而为组织成员在伦理决策时提供依据。

(1)个体价值观与组织价值观

对于价值观的定义,目前学术界尚没有统一的观点。Rokeach(1973)认为,价值观是一种个人或社会所接受的对特定行为模式(工具性价值观)或最终存在状态(终极价值观)的持久信念,这种信念将影响个体的态度与行为。此外,价值观也被定义为一种作为我们生活的指导原则的理想性目标,发挥着不同的重要功能(Schwartz,1992)。

学者普遍认为,价值观可以影响个体行为。Feather(1988)认为个人价值观是个体品格的最核心部分,它能影响个体的行为或者特质,比如态度、评价、判断、决策、承诺和满意度。根据 Jones(1991)的观点,人们做出的非伦理行为在很大程度上是取决于他们的个人价值观,因为这些价值观能影响他们的行为。Douglas 等(2001)通过对企业中会计人员的实证分析发现,在高道德强度的环境下,个人价值观和环境变量(比如,现有的行为准则和伦理守则)会影响伦理判断。此外,Gandal 等(2005)认为价值观影响着个体对所处环境的认知和判断,能够指引人们的决策、选择和行为。

价值观作为组织文化的基础,塑造并指导组织及其成员的行为和态度(Toh,Morgeson 和 Campion,2008)。对于组织价值观的定义,不同学者的认识不同。O'Reilly,Chatman 和 Caldwell(1991)认为,组织价值观就是"界定组织所涉及的关于规范、符号、惯例以及其他文化活动的要素"。Johnson 和 Jackson(2009)将组织价值观作为评价组织成员行为和组织成功与否的标准。尽管定义有殊,组织价值观的核心始终围绕于其指导和影响组织及其成员行为和态度的能力。众多学者对组织价值观和组织及其成员行为和态度之间的关系进行了实证检验(Chatman,1989;

Naus, Van Iterson 和 Roe, 2007; Robert 和 Wasti, 2002)。Bansal(2003)认为组织价值观能够解释组织是否选择回应环境的问题，同时能够决定组织回应的规范、程度和速度。Finegan(2000)和 Jin(2007)指出组织价值观会对员工行为和态度产生显著影响。Jin 和 Zdenko(2010)检验了组织价值观对员工和管理者伦理行为的影响，并发现，那些重视合作、创新、鼓励、授权和信任的组织，相比那些重视结构、层级、权力、规制和程序的组织，员工和管理者会更少地从事非伦理行为。

(2)组织伦理价值观的作用

20 世纪 80 年代开始，商业伦理对企业经营的积极影响引起了西方学者的广泛关注。企业的伦理环境可以通过企业伦理价值来塑造，企业中伦理守则和伦理制度的制定和实施已经成为促进组织成员进行伦理决策的关键因素(Hunt 和 Vitell, 1993)。积极的伦理价值观可以向组织成员传递一种组织认同感，可以提高组织社交系统的稳定性，也可以指引企业领导者做出正确的决策。

Hunt、Wood 和 Chonko(1989)首先提出了企业伦理价值观的概念，并将其定义为"领导者个人价值观与企业的正式或者非正式的伦理政策的复合体"。Aguilar(1994)研究发现，之所以一个伦理型的企业可以得到来自企业员工、顾客、供应商和企业利益相关者的尊重和信任，是因为这样的企业能够在决策制定的过程中权衡好各方利益相关者的利益。Clark 和 Leonard(1998)指出企业伦理价值观决定了企业的伦理决议和伦理环境，并最终会影响企业的整体效益，不合乎伦理的决议会逐渐使企业陷入困境。Carroll 和 Buchholtz(2000)认为企业伦理价值观在领导者评判事情正确与否的态度和行为上具有关键影响。彭亚琳(2010)指出企业伦理价值观是企业在日常生产经营过程中关于伦理道德行为的具体表现，决定着企业的经营策略，是企业精神的一种体现。同时，企业伦理价值观反映的是企业行为的伦理道德特征，是组织成员所共同遵守的企业行为准则。陈泽环(2003)认为，伦理价值观是一种能在一个组织或者社会共同体中引起共鸣和认同的伦理道德观念。组织伦理价值观植根于组织的价值系统中，如果一种行为与组织价值体系相符，那它则可以看作是伦理的(Nicotera 和 Cushman, 1992)。价值观对组织行为有着重要的影响，包括组织伦理(Keeney，1994)。

组织伦理价值观是组织自身与社会伦理价值观、领导价值观以及组织成员价值观的整合。组织伦理价值观必须符合社会伦理价值观的要求，如果存在冲突，则会削弱组织的合法性，进而影响组织能否得到社会支持(Fulmer，2004)。伦理价值观会对组织成员在面临伦理两难困境时的行为选择产生重要影响，一旦人们形成了某种伦理价值观，这种价值观就会决定对于个体而言，哪些是值得去做的，而哪些是不值得的，哪些是应该去做的，哪些是不应该去做的，这就影响了人们的伦理行为意向(吴维库，刘军，张玲，2002)。个体通过理解和接受特定的组织伦理价值，从而对自身的价值体系进行重新整理(Cable 和 Parsons，2001)。组织伦理价值观其实也反映了成员与组织相适应的心理机制。Sims 和 Koen (1997)发现，当组织伦理工作氛围与组织成员自身所偏爱的伦理价值取向相符合时，他们会倾向于留在组织。对于伦理型领导者来说，他们需要吸引和保留那些个体伦理价值观和组织伦理价值观相一致的人，从而塑造稳定和谐的组织伦理氛围。

(3)伦理型领导对伦理价值建构的影响

组织伦理价值观的建构需要有效整合领导者价值观和成员价值观。组织内存在多样甚至冲突的价值观，将会导致组织伦理决策标准的缺失。伦理型领导如何影响组织伦理价值，Wright 和 Quick 等(2011)通过阐述魅力领导者和道德领导者对下属个人观念的影响，认为领导者影响组织价值系统和个人观念，并且组织内的下属会把领导者的价值和观念内化，并致力于这些价值观念和目标的实现。因此，伦理型领导将有助于提高组织伦理价值的接受程度，并促进组织和下属之间伦理价值观的一致和匹配。随着人们倾向于按照他们的价值观来采取行动，这些价值观有可能会影响他们对正确行为的看法，从而进一步形成伦理氛围。此外，随着更多的成员接受共同的价值观，组织伦理氛围就会变得更强大(Hood，2003)。

伦理型领导会在组织内部不断地宣贯和强化伦理价值观，他们会以各种方式和媒介提醒下属审视自己的伦理价值观和伦理意识，并按照符合组织伦理价值的方式进行决策和处理问题。这类伦理型领导行为有助于成员对组织伦理价值观有更明确的认识,对伦理环境有更清晰的审视,以及建立更准确的伦理决策方式和行为模式,从而有利于组织伦理氛围的提高。Thompson 等(2009)对伦理型领导构建组织伦理价值观的过程进行了分析,提出了三阶段模型:①诊断阶段,即对原有组织伦理价值观与地方社会规范、领导价值观以及成员特质之间的匹配程度进行诊断,发现其中存在的冲突;②预示阶段,在识别冲突成因的基础上,陈述新的组织伦理价值观;③驱动阶段,即组织应当提供一定的物质或非物质激励,促使领导与成员进行充分的价值交流,进而为塑造这种新的组织伦理价值观做出必要的调整,以实现有效的整合。伦理型领导通过价值建构实现组织内外多种伦理价值观的有效整合,从而保证了组织伦理决策标准的明确性与一致性,为塑造组织伦理氛围奠定了基本的价值前提(Wright 和 Quick,2011)。

5.3.2 角色模范

领导行为会对下属产生重大影响,调查显示领导榜样作用对组织成员职业行为的影响最大,特别是对他的直接下属和其他管理者的行为(Falkenberg 和 Herremans,1995)。领导者通过自身的角色模范,能够影响组织道德的发展趋势。为了成为一个能有效影响组织成员行为结果的领导者,他首先必须是一个具有伦理意识和伦理行为的,且正直可靠、具有魅力的角色模范(Brown et al.,2005)。

(1)社会学习与角色模范

社会学习理论提出,个体通过观察学习,尽力模仿那些可信的和有吸引力的角色模范的价值观和行为(Bandura,1986)。角色模范包括许多心理匹配过程,例如直观学习、模仿和认同。根据 Bandura(1986)的观点,任何可以通过直接经验学习的事务,都可以通过观察他人的行为以及行为后果进行学习。当组织中的行为目标是伦理指引的时候,树立伦理角色模范就显得非常重要。角色模范不仅提供了学习和模仿的榜样,同时向他人传递着相关行为规则(Wood 和 Bandura,1989)。通过树立角色模范,组织成员可以清楚地知道哪些行为是组织所期望,可以受到组织表扬的,而哪些行为是不被赞赏,要受到组织严惩的。组织中较高的威望和决定奖惩的权力有助于加强角色模范的效应(Bandura,1986)。在以往的研究中,也验证了角色模范可以有效影响组织内部的亲社会行为(Bryan 和 Test,1967)。

(2)组织中角色模范的作用

基于组织中领导者所扮演的角色、所处的地位以及已获得的成功,组织领导者应当树立良好的角色模范,并合理运用自身权力去影响员工的工作态度和行为。Bass(1985)认为角色模范是基本的领导者行为。设立角色模范不仅仅是简单的模仿,更是向他人传递和行为有关的规则。因此,一个领导者的行为除了被当作是可以接受的标准行为,同时为了事业的发展也会被个人认为是必要的模仿。

角色模范通过两种途径可能会间接影响到道德的未来发展趋势:一是增强对领导者的信任,二是推进价值观的同化进程。当领导者的价值观内化为组织价值观和使命,他就更有可能赢得其他人更多的信任。拥有较高伦理道德水平和诚信经营价值理念的领导者,可以为组织设立角色模范,通过这种角色模范作用为其下属表明什么是正确的、值得鼓励的行为,引导组织成员采取更为道德的行为表现,树立更为一致的伦理价值观,从而促进组织伦理氛围的塑造。反之,如果领导者在日常工作中表现出懒惰、不公、受贿等负面的角色模范,则组织成员也势必会受到影响,认为这种不正常的行为在组织中是合法而允许存在的,产生领导这样做我也这样做的思想,进而导致其道德感的丧失及行为的偏颇失常,妨碍组织伦理氛围的构建。

(3)伦理型领导对角色模范建构的影响

在组织中,领导者作为角色模范,往往可以决定什么行为是可接受的和适当的。领导者在传达组织伦理中的作用是特别重要的,因为人们在辨别什么是组织所期望的行为以及应当如何履行的时候,不是通过直接体验,而是通过观察其他人(Bandura,1986)。从社会学习理论看,伦理型领导主要通过以下两种路径来影响下属:第一,领导的决策过程和行为对下属而言是可见的,基于他们的领导地位,他们就成了组织中下属行为的合法模范。在这种情况下,领导做出伦理行为,就是为下属建立了可模仿的伦理行为样本。第二,领导者通过奖励伦理行为和惩罚非伦理行为对下属行为进行不断强化,也会促使下属做出伦理反应。

Weaver 等(2005)通过对不同行业组织成员的调查发现,伦理型领导的角色模范主要表现在人际互动、自我期望和公正处事三个方面。人际互动方面,伦理角色模范往往更关心员工、为员工着想、同情员工的不利处境;他们更支持员工,能够替员工的行为承担责任;重视并努力保持与员工的良好关系,能和员工打成一片;在努力完成自身工作的基础上,乐于帮助别人,使其也能够出色地完成工作;以积极态度处事,将一些组织运作失误视为学习机会,公开表扬员工,为员工实现绩效结果提供保障等。自我期望方面,伦理角色模范表现出诚实、正直和值得信赖;保持谦逊、平易近人,不张扬自己的领导地位;对自己提出更高的伦理标准,并努力践行;保持公共——私人领域的伦理一致性;具有自我牺牲的精神,能够为组织的发展放弃个人的某些利益;勇于为自身错误承担责任,而不是隐藏或以各种理由推卸。在公正处事方面,伦理角色模范在组织资源分配中保证公平性,以实现组织中的分配公正;对他人保持开放的态度,接受和征求他人的意见或建议,以实现组织中的程序正义;即使是在出现意见分歧的情况下,保持对他人的尊重,实现组织中的互动公正;对决策做出适当的解释,使员工能够掌握充分的决策信息,以实现组织中的信息公正(Ambrose 和 Schminke,2009)。

伦理型领导通过伦理角色模范作用,以可见的行为影响着组织成员的伦理行为和决策,进而塑造一种在类似情境下,组织成员均能自觉采取合理、恰当的伦理行为和决策的组织伦理氛围(Weaver et al.,2005)。不仅如此,House 和 Shamir(1993)提出角色模范是一种通过有魅力的领导传达多种与组织使命、未来有关的价值观机制。伦理型领导者的伦理行为模范不仅能激发追随者的伦理价值观,还会被发展、确认、激活成为一种规范的价值观,以便做出最恰当的伦理决策。伦理型领导的角色模范为组织内部其他成员提供了伦理指导,有助于组织成员更好地认识自我和展现伦理行为(Wright 和 Quick,2011)。

5.3.3 伦理制度

伦理型领导可通过企业伦理制度的制定和执行来影响企业伦理的构

建。制度是一系列相互联系的行为准则和规范的集合,是人为设计的各种约束,而伦理制度则是"制度化的伦理",把相对抽象的伦理原则和道德要求具体化为组织成员所必须遵循的一系列道德规范(Martin 和 Cullen,2006)。在企业中,领导者往往是企业制度的主要制定者和制度执行的主要监督者。

(1)制度伦理与伦理制度

以往研究中,关于"伦理道德"和"组织制度"的研究主要集中在"制度伦理"方面,鲜有文献对"伦理制度"进行阐述和研究。"伦理制度"和"制度伦理"虽有联系,但却是两个不同的概念。方军(1997)认为制度伦理包括了两个重要方面:制度的伦理和制度中的伦理。制度的伦理是指对制度是否正确、是否恰当合理的伦理评价;制度中的伦理则是指制度本身所蕴含的价值判断、伦理原则与追求。吕耀怀(1999)对此并不表示认同,他认为制度伦理中并未包含对伦理的评价,所以可以将制度伦理理解为"制度中的伦理",即制度中所内蕴的伦理价值和道德原则。谭长富和罗建文(2003)指出公正合理的制度伦理能够为人们提供一定的价值导向,指引着人们的选择,激发人们的潜能,促进资源的合理配置,从而加快社会经济的发展与进步。而伦理制度则是"制度化的伦理",指把相对抽象的伦理原则和道德要求具体化为组织成员所必须遵循的一系列道德规范(Martin 和 Cullen,2006)。伦理制度强调的是"制度",即明示的道德规范,而制度伦理则是强调在一般的制度形式中隐含的伦理要求。伦理制度能够通过一系列的道德规范直接约束人们的行为,但制度伦理则需要借助其他的制度(如经济制度、政治制度)间接影响人们的行为。因此,伦理制度比制度伦理更具有强制性。

伦理制度不仅仅是组织文化的一部分,而且能够影响组织成员的伦理决策。Hunt 和 Vitell(1986)指出组织环境是影响组织成员伦理决策的关键统计变量之一。因此,伦理制度的构建不仅能够提高组织成员的道德标准,还能影响组织成员的工作态度和行为,从而塑造良好的伦理氛围。

(2)组织伦理制度化的作用

新制度主义理论认为,制度对行动者的影响主要通过强制、规范等来体现(Scott,2001)。伦理制度作为一种组织制度,将从强制性和规范性两方面影响组织伦理氛围的形成。首先是强制层面,伦理制度的强制层面通常以正式的规章、政策出现。Falkenberg 和 Herremans(1995)认为,伦理规章以及针对伦理决策和行为的伦理政策构成了组织中正式的控制系统,该系统清楚地传达了可接受的以及被期望的道德行为标准。对于缺乏道德自觉性的组织成员来说,伦理制度的外在约束力可在一定程度上带来客观的伦理效果。

此外,在规范性方面,伦理制度表达了组织对成员行为的伦理期待。规范化体现为组织成员对伦理制度的认同,进而以一种主动的态度践行伦理(何颖,2007)。这要求伦理型领导者在制定伦理制度的时候,需要考虑"伦理是什么""这样做是为了什么""需要做什么"这样的问题,伦理型领导通过不断向组织成员传达制度所隐含的伦理内容和伦理价值,从而获得广泛认可。当绝大多数的组织成员对企业伦理制度表示认可和推崇,也就能逐步营造出一种强大的、影响每一个组织成员言行的伦理氛围(Caldwell,Bischoff 和 Karri,2002)。

此外,Hunt 和 Vitell(1986)认为伦理制度化是组织环境的一部分,它是组织成员在做伦理决策过程中的重要影响因素。Sims(2003)指出,伦理制度化是把正式的、显性的伦理实践整合到组织的日常生活中去。他认为,进行伦理制度化的组织能够通过规范行为,使伦理要素成为招聘、培训发展、绩效评估和员工职业生涯的组织部分,从而创造一种伦理氛围(Sims,2003)。

(3)伦理型领导对伦理制度的影响

首先,伦理型领导遵循伦理制度的作用机理,对组织伦理制度进行规划与完善。奖惩制度给予个体以道德强制,它将组织成员的行为选择控制在一定的范围内,抑制和惩罚非伦理行为,重点维护组织所期望的伦理行为,以此来维持伦理制度的实际效力和刚性。如果说鼓励伦理行为的产生是伦理型领导者制定和执行伦理制度的根本目的的话,那么,在伦理制度的运行中,奖励伦理行为只是它的隐性要求,而惩罚非伦理行为则是它的显性作用。此外,伦理型领导应该对组织成员的非伦理行为进行负强化,对其进行批评教育,甚至惩罚等,以此来减少和抑制非伦理行为的再次发生(Singhapakdi 和 Vitell,2007)。

其次,完善的伦理培训制度能够让组织成员产生价值认同和共享认知。伦理培训可以帮助建立起一致的伦理价值体系,可以帮助员工区分不同情况下的伦理本质以及决定用何种恰当的方法来处理不同的情境。高层伦理型领导者应该帮助下层的伦理型领导认识到组织的价值观和期望(Grojean,Resick,Dickson,2004)。并且,通过伦理培训,伦理型领导者和各级组织成员彼此进行交流和传达,使双方能够在组织环境认知、伦理困境、伦理问题和行为期望等方面产生共享认知,从而培养并塑造更为和谐统一的伦理氛围。

最后,清晰明确的伦理制度体系的建立,使得伦理型领导者能够对组织成员的非伦理行为加以约束,同时不断培育其对伦理制度的价值认同,实现从道德不自觉逐步到道德自觉的发展转变,进而形成一种制度化的组织伦理。

第6章　组织伦理氛围

管理学者们日益关注组织环境对组织成员的影响，组织环境的重要性体现在其对组织成员创造卓越绩效和对组织有意义的活动的影响方面。此外，人与情境的互动代表了组织研究的核心领域，因而在不清楚组织环境本身的情况下去理解这一核心研究问题存在一定困难（Johns，2006）。Schneider（2000）指出组织环境研究中，组织伦理氛围研究得到了密切关注。不同于组织创新氛围、服务氛围等其他组织氛围，组织伦理氛围在20世纪80年代末逐渐成为商业伦理的研究重点。除了现今社会越来越多组织道德缺失的商业丑闻的出现，使得外界公众开始关注组织的伦理问题，组织伦理氛围研究兴起的原因还在于组织自身的伦理立场模糊及应对不当，会对组织形象产生重大影响，进而显著影响组织绩效。因此，组织日益关注组织形象的维护与提升，并日益重视向外界显示遵守伦理准则，进而获得良好的组织声誉。

Valentine和Barnett（2002）指出管理研究者们日益关注组织伦理问题并提出将组织伦理作为组织在各种伦理环境中表明立场的基本结构。而组织伦理氛围研究进一步考察了组织成员对他们所属工作环境的主观感知以及这些感知如何影响他们的行为和态度。具体而言，组织伦理氛围的研究对组织成员的伦理决策、组织承诺、组织公民行为、组织形象都有重要意义。因此，组织伦理氛围的结构及测量、影响因素及效应研究等内容都成为研究者们的研究重点，值得一提的是这些研究在发展过程中存在许多值得研究者们进一步思考的问题，本章将对这些主要内容进行梳理。

6.1　组织伦理氛围的概念及发展

组织的社会责任要求组织注重经济效益同时,必须关注自身的可持续发展、法律和道德责任。为了适应日益变化的组织环境,组织必须关注自身行为对社会的影响。因此,深入组织伦理氛围研究有利于促进组织提升自身的伦理决策规范水平并向社会展示良好的组织形象。组织伦理氛围的概念由来已久,主要得益于组织伦理和组织氛围的研究。因此,有必要了解组织伦理氛围概念的由来及发展。

组织伦理氛围的概念来源于组织氛围,但在以往研究中,对组织氛围及组织文化区分方面的研究引起了研究者们的兴趣,需要指出的是伦理文化与伦理氛围的密切联系也是我们理解组织伦理氛围的关键内容,因此有必要从组织文化与组织氛围展开,进而结合组织伦理文化与组织伦理氛围来阐述组织伦理氛围的概念及发展。

6.1.1　组织文化与组织氛围

在早期的文化视角演进中就已经对组织文化和组织氛围进行了较为清晰的区分,但事实上人们在应用组织文化和组织氛围的概念时仍习惯笼统看待。因此,有必要对这一区分进行适当阐述。Schneider(2011)对组织文化和组织氛围的总结中也指出两者的区别。Schneider 认为组织文化的定义各异,但他将组织文化定义为组织成员在工作场所的社会化过程中,信念、意识、价值观以及这些因素在标志、语言、故事、实践中所传达的内容。组织文化比组织氛围的提出要晚一些,主要和社会学、人类学相联系,因此,组织文化主要关注单位层面而非个体层面。而组织氛围则较多地延续了心理学的研究成果,如认知、情感。同样地组织氛围也还没有统一的定义,并将不断发展,但就目前的研究目的而言,组织氛围的定义更多地涉及政策、实践和程序,还包括在工作场景中获得奖励、支持、期望的行为以及这些行为对组织成员的影响意义。此外,较为经典的是 Denison(1996)对组织文化和组织氛围进行的比较研究,该研究指出了两者间的显著区别,如表 6-1 所示。

表6-1 组织文化及组织氛围的研究视角比较

差 异	组织文化	组织氛围
认识论	情境化、个别的研究	比较的、以法律为依据的
观点	本位的(组织内部所持有的观点)	非本位的(研究者的观点)
方法论	定性的实地观察	定量的调查数据
关注层次	潜在的价值观和假设	表面层的表现
时间导向	历史沿革	与历史无关的简单印象
理论基础	社会建构理论和批判理论	勒温的场理论
学科	社会学、人类学	心理学

组织文化研究要求运用定性研究法以及对个体社会环境中独特方面的认同(Appreciation)。相反,组织氛围研究要求采用定量研究方法来收集数据并论证观点。具体而言,假如研究者们采用现场笔记(Field Notes)、语录(Quotes)、故事和呈现定性数据来支持他们的观点,那么他们在研究组织文化。假如研究者们运用计算机输出结果(Computer Printouts)、问卷和呈现定量分析来支持他们的观点,那么他们在研究组织氛围。

组织文化研究者们更多地关注随着时间推移社会系统的演化发展,而组织氛围的研究者们通常很少关注这一演化,而是更多地关注组织系统对群体和个体的影响。组织文化研究者们认为深入理解潜在的价值观和假设条件、个体意义、组织成员对组织持有的观点方面更为重要。相反,组织氛围研究者们更加关注组织成员对贴近组织生活的可观测到的实务和程序的认知,以及关注将这些实务和程序划分到不同的分析维度中。

组织文化是以民族文化为基础的,因此最为突出的是民族志研究。很多著作成果都早于组织研究中文化观点的出现。文化分析中的一些描述也对组织文化研究有重要贡献。需要注意的是各国之间民族文化背景的差异使得组织文化在运用过程中需要结合各国实际情况,否则可能会像我国刚引入组织文化时,没有考虑民族文化差异的背景,在进行组织文化的理论研究与实践应用中,陷入误区并无法有效地进行文化管理以解决组织问题(王庆燕,石金涛,2005)。

组织氛围观点的演进则遵循了不同的模式。这一观点主要植根于勒温用实验方法创建社会氛围的研究中以及对组织环境的定性观察。因此,可以说组织氛围更多地来源于研究者的观点。在组织研究领域,组织氛围作为研究焦点首先出现在1968年的两本书中。第一本是Tagiuri和Litwin所著的阐述组织氛围主要是从对组织环境的客观集合概念到作为个体和组织特性的主观诠释概念的发展。第二本是Litwin和Stringer所著的,主要阐释基于个体动机,组织氛围产生的影响,因此支持了组织氛围包括组织环境和个体反应两个方面的观点。在这之后组织氛围的研究主要关注于组织氛围研究与组织研究的融合。

总之,组织文化代表了组织的深层次结构,它植根于组织的价值观、信念以及组织成员的共同设想。其意义主要体现在工作中聚集的各种认同群体的社会化过程。相反,组织氛围将组织环境描述为植根于组织价值观的系统,但却倾向于通过相对固定和广泛应用的维度将环境描述成相对静态的内容,因此,组织氛围通常被认为是组织中相对短暂存在的并会受到直接控制的,在很大程度上会受到组织成员所感知到的社会环境的限制。

理解组织文化与组织氛围异同的重要性还在于它能够部分解释组织在创建新的组织文化过程中,如何通过切实的实践规则及程序使得这一新的组织文化得以贯彻落实,即解释组织氛围对于组织文化效能起到的关键作用。这对于我们理解组织伦理氛围的作用具有重要意义。

6.1.2 组织伦理文化与组织伦理氛围

在商业伦理的文献总结中,Treviño、Butterfield和McCabe(1998)将组织伦理环境定义为由组织伦理氛围和组织伦理文化两维度构成的组织环境。研究者们关注组织环境的原因还在于相较于个体特征而言,管理者对工作环境的控制能力要高于对个体价值观和道德发展水平的控制。因而,在此基础上,学者们进一步提出组织的伦理环境对员工的态度和行为产生了重要影响。

组织伦理氛围理论和研究是组织氛围研究的一部分,组织中存在很多种工作氛围(Work Climates),其中一个就是Victor和Cullen(1988)所提出的组织伦理氛围。学者Treviño(1986)将组织伦理文化定义为个体伦理发展阶段的认知及伦理或非伦理行为间的情境调节因素。在1990

年的研究中 Treviño 进一步提出组织伦理文化结构以及组织伦理文化对个体行为的直接影响。她将组织伦理文化归于组织文化中，组织伦理文化代表了一种多维度的各种正式和非正式的能够促进伦理或非伦理行为发生的行为控制系统。正式的文化系统包括政策（伦理准则）、领导力、权利结构、奖励系统和培训项目。非正式的文化系统包括同行业的行为和伦理规范。从这个意义上而言，这些正式和非正式的文化系统支持了伦理行为，使得个体行为将更加符合伦理规范。

组织伦理氛围和组织伦理文化都是组织环境的组成部分，都对个体态度和伦理行为产生影响。Treviño，Butterfield 和 McCabe（1998）研究结果表明，组织伦理文化的主要维度体现了组织伦理环境之外的因素，这一维度对处在规范准则组织中的员工影响更大，而在没有具体规范准则的组织中，组织伦理氛围对员工行为的影响更大。因此，在研究组织环境的重要内容（即组织伦理环境）的过程中要适当区分组织伦理文化和组织伦理氛围在不同组织情境下的作用。

6.1.3 组织伦理氛围

从概念上讲，组织伦理氛围是一种组织工作氛围。在组织行为学、社会学、应用心理学等学科领域中得到了极大的关注。组织工作氛围是从组织结构和程序中组织成员有目共睹的组织规范和惯例的观点出发的。组织工作氛围是对组织正式和非正式的程序、政策和实践的共享认知（Reichers 和 Schneider，1990）。现今组织工作氛围主流的观点是一个组织或多个组织中存在多种组织工作氛围，并且很大程度上会影响组织成员的行为。一方面，研究者们已经区分出一些具体的组织工作氛围类型如组织创新氛围（Klein 和 Sorra，1996），组织创造力氛围（Mumford et al.，2002），组织支持氛围（Field 和 Abelson，1982）。另一方面，组织工作氛围研究的拓展也被考虑在内，在这些研究成果中，组织工作氛围和其它更一般化的组织概念间的关系受到了更多关注。

组织工作氛围一直以来是学者研究组织个体和组织绩效水平的重要环境内容，而组织伦理氛围作为组织工作氛围的重要内容随着商业伦理的兴起而日益受到学者们的关注（杨继平，李波，2008）。由于组织伦理氛围是组织工作氛围的一种类型，因此对组织伦理氛围较好的理解是将其看成反映组织程序、政策和道德结果实践的群体性认知。学者 Schneider (1975)提出组织伦理氛围是指存在于组织内的员工心理上对所持有的、共享的对程序和政策产生的稳定的共同认知。它包含的共同认知是基于观察的，而不是基于感觉和态度的，是组织成员对组织和工作组的观念和伦理困境的解决方法。当组织成员相信组织中的伦理推理或行为的既定模式在进行伦理决策时是所期待的标准或规范时，组织伦理氛围就会产生。组织伦理氛围是对正确行为的认知，进而形成对伦理问题管理的心理机制。组织伦理氛围既影响面对伦理困境时的决策又影响后续的行为。组织伦理氛围不仅影响组织成员思考哪一问题是伦理相关的，也决定了组织成员在理解、衡量和解决这些问题时运用的道德标准。通过这一过程，组织价值观将转变为行动，进而影响各种工作结果变量。

此外，自 1987 年 Victor 和 Cullen 对组织伦理氛围的开创性研究以来，后续组织伦理氛围维度的确定、测量及组织伦理氛围的影响因素及效应等内容都得到了充分研究。Victor 和 Cullen(1987；1988)指出组织伦理氛围像其他氛围一样和员工行为相关，这些行为也可能是伦理行为的相反方面如旷工、离职、迟到等相关，也往往和个体、组织绩效相关。与其他组织工作氛围不同的是组织伦理氛围的拓展研究主要围绕组织伦理氛围维度与员工态度、行为或组织绩效间的关系展开的。因此，研究组织伦理氛围不仅是对以往组织工作氛围研究成果进行扩充，还具有重要的现实意义。

6.2 组织伦理氛围的结构及其测量

研究者们关于组织伦理氛围结构的研究成果很多，但没有统一的结论。Victor 和 Cullen(1987)对组织伦理氛围进行了开创性研究，提出了九种组织伦理氛围类型，后续通过实证检验得出五种类型，此后，大批学者沿用了他们在 1987 和 1988 年开发的问卷，并对组织伦理氛围的结构进行了实证研究，证实了 Victor 和 Cullen 提出的大部分组织伦理氛围类型。需要指出的是，Victor 和 Cullen 基于单位层面提出组织伦理氛围是组织内个体的共同感知，但也有学者对其各类型间的独立性提出了质疑，并提出了新的组织伦理氛围维度。因此，组织伦理氛围的结构及其测量值得进一步深入探讨，尤其是结合我国的民族文化背景及组织文化背景进行深入研究。

6.2.1　组织伦理氛围的结构

(1)组织伦理氛围五种类型

Cullen、Victor 和 Stephens(1989)以规范伦理学的基本理论和科尔博格的道德认知发展阶段学说为划分依据即根据伦理判断标准(Criterion Of Moral Judgment)和分析层次(Level Of Analysis)这两个维度将组织伦理氛围划分为九种类型，如表 6-2 所示，需要指出的是在一些组织伦理氛围研究中，也有部分研究者将组织伦理氛围的各种类型称为维度(Peterson，2002；Agarwal 和 Malloy，1999)。

表 6-2　理论上推导的组织伦理氛围九种类型

	个　体	组　织	社　会
利己主义	自利	公司利润	效率
仁慈	友谊	团队利益	社会责任
原则	个人道德	规范和程序	法律和规则

资料来源：Victor B，Cullen J B. A theory and measure of ethical climate in organizations[J]. Research in Corporate Social Performance and Policy，1987：51－71.

为了测量自身提出的组织伦理氛围类型，Cullen 和 Victor(1988)通过因子分析收集的样本数据，证实了除效率外其它八种类型的存在，并将其归结为五种组织伦理氛围，如表 6-3 所示：

表 6-3　实证检验后的组织伦理氛围五种类型

	个　体	组　织	社　会
利己主义	自利	自利	—
仁慈	关怀	关怀	关怀
原则	独立	规范和程序	法律和规则

资料来源：Victor B，Cullen J B. The organizational bases of ethical work climates[J]. Administrative Science Quarterly，1988：101－125.

组织伦理氛围的自利类型：以自利为主导的组织伦理氛围中，组织成员首先关注自身利益，并排除那些受他们决策影响的人们的利益。即使自利主义者有时会考虑其他人的利益，但这实际上是他们为了长期利益而采取的短期行为方式。

组织伦理氛围的关怀类型：伦理氛围的关怀类型建立在功利主义(Utilitarian)基础上，在这种组织伦理氛围中，员工们真诚地希望他人幸福，他们不但关心组织内部利益，而且关心受到自己决策影响的组织外部相关者的利益。群体的政策和实践将促成组织成员重视那些受员工决策影响的人们的利益，此外组织成员个体也会遵照这一规则开展实践活动。

组织伦理氛围的规则类型：伦理氛围的规则类型中组织要求员工严格遵守组织制定的各种行为规范、规章制度。以道义论(Deontological)为基础的规则型氛围不仅要求员工与规则一致，还要以此为伦理决策的指导标准。

组织伦理氛围的法律和规范类型：以法律和规范为主导的组织伦理氛围中要求员工遵守其职业所要求的法律和规范，多是由政府制定的法律法规、行业规则等。组织成员的伦理决策更多受来自于组织外部力量的制约和限制，组织本身对个人的行为规范影响不大。

组织伦理氛围的独立类型：在组织伦理氛围的独立类型中，员工受其自身道德信仰指导，人们将根据一系列深思熟虑的原则建立个人道德信仰，在某种程度上依赖于自我引导，他们的伦理决策很少会受到组织内外其他人的影响。

在组织伦理氛围的结构中，Victor 和 Cullen 开创性研究直接影响了后续学者的观点，但是也有学者指出 Victor 和 Cullen 所提出的两个维度是否具有完全的独立性，以及应用此维度划分的类型是否包含了组织伦理氛围的所有内涵，这仍值得商榷(Arnaud，2010)。

此外，学者们在验证组织伦理氛围结构的结果中表明组织伦理氛围主要有几种类型：自利、效率、友谊、团队利益、社会责任、个人道德、组织规则、法律，或是各种类型间的合并与组合，如表 6-4 所示。从表 6-4 中可以清晰地看到这些研究成果虽然有所不同，但大体上都遵循了 Victor 和 Cullen 提出的伦理氛围类型。这进一步支持了 Arnaud 提出的观点，Victor 和 Cullen 提出的组织伦理氛围类型存在合并与组合的情况，因而其内在的独立性受到质疑。

表 6-4 实证组织伦理氛围结构的结果

研究者	伦理氛围结构								类型个数
Victor 和 Cullen (1987)	自利	效率	友谊 +团队利益			个人道德	组织规则	法律 +社会责任	六种氛围类型
Victor 和 Cullen (1988)	自利 +公司利润		友谊 +团队利益 +效率			个人道德	组织规则	法律	五种氛围类型
Cullen, Victor 和 Bronson(1993)	自利	效率	友谊 +团队利益	团队利益	社会责任	个人道德	组织规则	法律	八种氛围类型
Vaicys et al., (1996)	自利	效率	友谊 +团队利益		社会责任	个人道德	组织规则 +法律		六种氛围类型
Trevino et al., (1998)	自利	效率	友谊		社会责任	个人道德	组织规则		六种氛围类型
Wimbus et al., (1997a)	自利 +效率 +友谊 +团队利益	效率	友谊 +团队利益		社会责任	个人道德	组织规则 +法律		五种氛围类型
Agarwal 和 Mal-loy (1999)	自利		友谊 +团队利益 +社会责任		社会责任	个人道德	组织规则	法律	六种氛围类型
Fritzsche (2000)	自利 +友谊 +团队利益	效率				个人道德		法律	四种氛围类型

续表

研究者	伦理氛围结构								类型个数
Brower 和 Shrader(2000)	自利 ＋公司利润 ＋效率					个人道德 ＋组织规则 ＋法律			二种氛围类型

资料来源：杨继平，李波．西方学者对组织伦理气氛结构的研究[J]．心理科学，2008，31(1)：173－176.

(2)组织伦理氛围的新分类

①早期组织伦理氛围类型研究的问题

目前沿用最为广泛的仍是 Victor 等人提出的组织伦理氛围维度。但是学者 Arnaud(2010)认为基于伦理决策判断过程提出的组织伦理氛围测量是对 Victor 和 Cullen(1988)早期研究的进一步发展。

基于 Victor 和 Cullen 对组织伦理氛围的研究,学者们不仅研究了组织伦理氛围的结构、因果变量,还研究了组织伦理氛围的测量。Arnaud(2010)认为 Victor 和 Cullen 的研究框架也受到了一些学者在理论及实证方面的质疑(Vaicys,Barnett 和 Brown,1996;Wimbush,Shepard 和 Markham,1997a)。根据 Victor,Cullen(1987)的研究,组织伦理氛围被定义为对伦理事件、伦理实践和伦理程序的集体性成员认知,它依赖于两个维度:进行组织伦理决策的伦理标准;在伦理决策制定过程中的分析层次。因而根据这两个维度将组织伦理氛围分为九种类型,并通过实证结果总结出了五种类型。但是学者 Vaicys 等(1996)和 Wimbush 等(1997a)指出该框架存在一定问题,主要有两个方面:首次,组织伦理氛围模型是否一定是二维的,即是否仅包括伦理标准和分析层次这两个维度就能显著和独立地表示组织伦理氛围;其次,组织伦理氛围的二维模型是否足以全面概括组织伦理氛围结构所应真正包含的内容。

对九种理论上的组织伦理氛围类型的理论验证成果较为不同,各种不同的组织伦理氛围类型集合已经出现在大量研究中(Fritzsche,2000;Peterson,2002a,2002b)。对这一问题的合理解释即 Victor 和 Cullen 的两个维度——伦理标准和分析层次并不能代表独立的维度,需要特别指出的是这一非独立性,即这两个维度都和 Kohlberg(1981)的 CMDF(Cognitive Moral Development Framework)阶段相联系,因此,有理由对最初定义的组织伦理氛围的九种类型表示怀疑。建立在 Kohlberg(1984)的 CMDF 理论基础上的伦理标准维度,跨越了个体、集体、普遍的伦理标准。同样地,分析层次也包含了个体、集体和广泛的群体。因此,这两个维度都包含了三个与制定伦理决策相关的因素。

②组织伦理氛围新的研究框架

Arnaud(2010)指出 Victor 和 Cullen 抓住了组织伦理氛围非常关键

的但是单一的要素:个体的道德推理,即区分行动方案的决策制定规范是符合道德要求的。Victor 和 Cullen(1988)的组织伦理氛围模型反映了伦理决策过程的重要内容:道德判断。然而,由于伦理行为的发生,道德判断仅仅是几个必要条件之一。Rest(1986)认为个体采取伦理行为必须经历四个基本的心理过程:道德敏感性、道德判断、道德动机和道德性格(Moral Character)。道德敏感性包括识别伦理困境的存在以及评估个体行为如何对他人产生影响。道德判断包括产生个人的道德决策框架以解决问题以及决定伦理行动方案。道德动机主要考虑在具体情境中,那些决策中运用到的价值观主导其他潜在的价值观(如权利价值观或经济价值观)的程度。最后,道德性格主要指个体是否坚持其自身所持有和追随的正确的伦理行动方案。需要强调的是这四个伦理决策过程代表了社会系统水平,也反映了组织伦理氛围的四个方面。

当然,该理论基本的挑战在于将伦理决策个体水平的维度上升为社会系统的单位层面是否成立。借鉴以往研究成果,我们认为这是成立的。在组织伦理氛围以往研究成果中存在大量的这样的先例(如 Victor 和 Cullen 在 1988 指出组织伦理氛围的框架也是这样的),这些研究为多层次分析提供了一定支持。例如,Kozlowski 和 Klein(2000)引用组织氛围结构作为扩充模型,这一低层级的结构与高层级结构从根本上是同构的,因此进一步认为低层级(个体)与高层级(单位)都来自相同的结构,有着共同的内涵并处于相同的关系网中。以组织服务氛围为例,他们研究组织氛围来源于个体组织成员对服务的共享认知。相同的逻辑运用于组织伦理氛围,它代表了员工共享的,累积的认知,这些认知涉及普遍的价值观、规范、态度和社会系统成员行为的内容和强度。相同的心理构成包括个体的道德决策和后续的将会在社会系统层中应用的行为。因此,归纳 Rest 的观点,Arnaud(2010)指出了组织伦理氛围的四个维度为:集体道德敏感性、集体道德判断、集体道德动机、集体道德个性。

和 Rest(1984,1986)的伦理决策模型一致的是组织伦理氛围的集体道德敏感性包括两部分:道德意识和情感关注(Empathetic Concern)。道德意识反映了在社会系统中对什么样的行为是可行的普遍模式。情感关注反映了评价那些就他们如何影响他人及谁将会受他们影响的普遍模式。因此,集体道德敏感性包括存在于社会系统中的道德意识和情感关注的普遍模式。

组织伦理氛围的集体道德判断部分反映了道德推理的普遍形式在社会系统中的应用。具体而言，集体道德判断是指在判断哪个行动方案是道德的过程中运用道德推理的规范。基于 Kohlberg(1984)提出伦理发展的三个水平，Victor 和 Cullen(1988)对组织伦理氛围的维度划分中的两个维度存在一定非独立性，但该划分抓住了社会系统中道德判断的普遍模式。因此，利用 Victor 和 Cullen 已有的框架构建这一结构会更好。

组织伦理氛围的集体道德动机部分包括了在确定行为时，评价出于伦理的考虑是否主导了其他考虑因素。具体而言，集体道德动机包括社会系统的普遍价值观以及是否像诚实、公正、助人这样的道德价值观会优于其他一些如权利、控制、个体利益的价值观。

最后，组织伦理氛围的集体道德个性部分包括了实施有计划的行动方案的规范。Rest(1986)指出这一维度同样表现为如自我控制的规范，承担责任的规范等多个子因素。它认为有着高水平道德个性的个体，更有能力遵循正确伦理行动方案的决策以及展现这些特质。承担责任意味着个体认同为他人的福利承担责任，履行道德承诺，遵循个体或社会的规则和规范。

总之，这四个维度：集体道德敏感性、集体道德判断、集体道德动机、集体道德个性构成了组织伦理氛围的新模型。但相较于 Victor 和 Cullen 的研究，Arnaud 所持观点的后续实证支持仍较薄弱，相应的研究成果也很少，但就分析过程及分析视角方面仍值得我们借鉴，也值得深入探讨。

6.2.2　组织伦理氛围的测量

(1)组织伦理氛围两维度五种类型的测量

Victor 和 Cullen 在组织伦理氛围的开创性研究方面还表现在其对测量表的开发上。他们依据伦理判断标准和分析层次提出的组织伦理氛围五种类型得到后续大量实证研究的验证。杨继平、李波(2008)在对组织伦理氛围结构的研究中总结了学者们对组织伦理氛围结构的测量，如表 6-5 所示。可以看出 Victor 和 Cullen 在 1987 年和 1988 年所开发的量表是后期学者进行组织伦理氛围结构测量时参考最多的，也有对问卷条目进行相应地改编和删减的。研究对象主要以营利性组织为主。统计分析方法主要以因素分析、多变量方差分析和回归分析为主。

表 6-5　组织伦理氛围结构的测量

时间(年)	作　者	问　卷	研究对象	问卷回收	统计分析
1987	Victor，Cullen	25 条项目	1. 在职 MBA 学生 2. 教师群体 3. 运输公司职工		1. 因素分析(主成分和正交旋转) 2. 多变量方差分析
1988	Victor，Cullen	26 条项目	1. 一家小型印刷公司 2. 一家存贷机构 3. 一家制造厂 4. 一家电话公司	60%(n=20) 75%(n=338) 52%(n=103) 84%(n=411)	1. 因素分析(主成分和正交旋转) 2. 多变量方差分析
1993	Victor，Cullen 和 Bronson	36 条项目	4 家会计公司		因素分析(主成分和斜交旋转)
1995	Weber	V 和 C 1988 版	一家大财务机构的七个部门	91%(n=167)	1. 计算等级分数 2. 多元方差分析
1996	Upchurch，Ruhland	V 和 C 1988 版	207 家房屋出租公司	31%(n=79)	1. 理论标准的平均数和标准差 2. 分析趋向对伦理标准影响的逐步回归 3. 多变量方差分析
1996	Vaicys et al.	C、V 和 B 1993 版	美国营销协会(由 200 多个组织组成)	20.7%(n=207)	最大或然率和斜交旋转
1998	Trevino et al.	C、V 和 B 1993 版	两所私立大学的同学会 (由 1 200 多个同学组成)	27%(n=318)	1. 因素分析(主成分和正交旋转) 2. 回归分析
1997 a、b	Wimbush et al.	V 和 C 1987 版	1. 隶属于一家大公司的 440 个零售店 2. 该大公司总部 3. 该大公司的信用卡服务处	12%(n=4 400) 32%(n=200) 25%(n=100)	1. 因素分析(主成分和正交旋转) 2. 单因素方差分析

续表

时间(年)	作　者	问　卷	研究对象	问卷回收	统计分析
1999	Agarwal 和 Malloy	V 和 C1987、1988、1993 改编版	加拿大某省的运动联合会成员	37%(n=148)	1. 因素分析(和斜交旋转) 2. 验证性因素分析(LISREL)
2000	Fritzsche	C、V 和 B 1993 版	某高技术公司的各级管理人员	69%(n=285)	1. 因素分析(主成分和正交旋转) 2. 描述统计
2000	Brower 和 Shrader	C、V 和 B 1993 版	营利性组织的董事会 非营利性组织的董事会	62%(n=23) 52%(n=60)	1. 因素分析(和斜交旋转) 2. 描述统计
2005	Macess-chalck	35 条项目	检察部门	66%(n=239)	因素分析(主成分和斜交旋转)

如表 6-6 所示为 Victor 和 Cullen(1988)最为经典的组织伦理氛围参考量表，主要包括组织伦理氛围的五种类型，共 26 个问卷项目，以 Likert 的五点量表作为问卷衡量工具。一至五分代表“非常不同意”至“非常同意”。当分数越高时，表示被测对组织氛围的认知程度越高。

表 6-6　组织伦理氛围量表

类　型	项　目	量　表
关怀	追求对每位员工都有利的情况，是公司努力的方向	五点量表
	公司重视所有员工的整体利益	五点量表
	公司的每位员工都可以自行决定何者为错	五点量表
	凡是依据公司规章行事的人较容易受到赏识	五点量表
	公司很尊重每位员工对事情的看法	五点量表
	公司员工总是先考量对公司里其他人最有利的情况	五点量表
	公司员工行事准则都确实遵循公司的政策	五点量表
法律和规范	在公司里，大家都非常重视法律和职业规范	五点量表
	在公司里，做任何事情首要考虑的是否违法	五点量表
	法律或职业的伦理准则是公司行事时考虑的主要因素	五点量表
	公司希望员工以法律和职业规范为行事准则	五点量表

续表

类　型	项　目	量　表
规则	在公司里，员工都能遵守公司的规章制度	五点量表
	只有遵守公司的规章制度，才会免受惩罚	五点量表
	公司希望员工遵守公司的规章制度	五点量表
	遵守公司的规章制度就可以事事顺利	五点量表
工具	公司里大家都将维护自己的利益视为最重要的事情	五点量表
	公司的每位成员都优先考虑自己的利益	五点量表
	公司里不存在个人的道德观念或伦理准则	五点量表
	公司员工最关心公司的利益，对于社会整体利益不关心	五点量表
	我们公司希望员工为了公司的利益做任何事，而不顾结果	五点量表
	我们公司认为只有损害公司利益的事才是违规的	五点量表
	公司员工主要的职责是控制成本	五点量表
独立	公司的每位成员都依自己的伦理准则行事	五点量表
	公司期望员工依照自己的道德理念做事	五点量表
	公司尊重每位员工对事情的看法	五点量表
	员工可以用自己的标准决定对错	五点量表

参考资料：李登月. 组织伦理气候对员工越轨行为的影响研究[D]. 广州：华南理工大学，2012。

(2)组织伦理氛围的四维度测量

组织伦理氛围四维度测量的量表采用了 Arnaud(2010)编制的 ECI，他将个体道德决策理论运用到组织层面，指出组织伦理氛围决定组织伦理决策的成败，包含四个维度：集体道德敏感性、集体道德判断、集体道德动机和集体道德个性。集体道德敏感性指组织成员对伦理问题的重视程度；集体道德判断指的是组织成员进行行为决策时是否能够考虑道德价值；集体道德动机指组织成员在行为中体现伦理价值的目的；集体道德个性指的是组织成员坚持伦理价值、道德责任和控制伦理行为，共 36 个测项，以 Likert 的五点量表作为问卷衡量工具。一至五分代表“非常不同意”至“非常同意”。问卷项目如表 6-7 所示。

表 6-7 组织伦理氛围的四维度测量问卷

维度	项目	量表
集体道德敏感性——道德意识规范	员工都意识到了伦理(道德)问题	五点量表
	员工能马上意识到伦理(道德)困境	五点量表
	人们对违法违规行为很敏感	五点量表
	员工对伦理(道德)问题很敏感	五点量表
	公司员工不关注伦理(道德)议题	五点量表
集体道德敏感性——同情关怀规范	员工会同情那些在工作中遇到困难的同事	五点量表
	在大多数情况下,我们会同情那些受到不公平待遇的同事	五点量表
	人们会为那些被利用的人感到遗憾	五点量表
	有时候,我们并不会为遇到困难的人感到难过	五点量表
	我们不太会被他人的不幸所影响	五点量表
	当看到同事受到不公平对待,员工不会为他们感到遗憾	五点量表
	我们会为遇到困难的人感到难过	五点量表
集体道德判断——关注自身	员工会更保护他们自己的权益而不是其他	五点量表
	员工很关心怎样对自己最有利	五点量表
	通常情况下,员工主要为自己的利益考虑	五点量表
	员工在面临两难选择时,首先考虑的是自己的利益	五点量表
	员工首先考虑个人利益	五点量表
集体道德判断——关注他人	员工常被鼓励做对社会有意义的事情	五点量表
	员工对社会和人类都有很强烈的责任感	五点量表
	怎样做对部门每位员工都好是首要考虑	五点量表
	最重要的顾虑是对部门所有人有益	五点量表
	员工非常关心同事的利益	五点量表
集体道德动机	员工会为了晋升而违反公司制度	五点量表
	员工认为权力比诚实更重要	五点量表
	员工认为权威比公平更加重要	五点量表
	相比承诺和忠诚,人们认为成就更有价值	五点量表
	个人的成功比协助他人更加重要	五点量表
	人们会为了获得权力而违背伦理价值观	五点量表

续表

维 度	项 目	量 表
	如果在公司可以获得晋升，人们愿意去说谎	五点量表
	为了控制稀缺资源，人们会违背伦理(道德)准则	五点量表
集体道德个性	这里的员工在面对道德困境时，有信心能够做出正确的选择	五点量表
	我的同事会觉得他们不得不帮助一些其他同事，即使那些同事对他们的工作没有帮助	五点量表
	员工认为应该为犯下的错误主动承担责任	五点量表
	即使被激怒了，员工还是会为他们所做的负责	五点量表
	通常情况下，员工认为自己在做出涉及伦理议题的决策时，有能力掌控结果	五点量表
	如果有必要，员工会对合乎道德的事情负责并且加以执行	五点量表

参考资料：马广敏. 企业伦理准则感知对组织伦理氛围和非伦理行为的影响[D]. 杭州：浙江工商大学，2013。

(3)个体层面的组织伦理氛围测量

一般的研究对组织伦理氛围分为五至九种伦理氛围类型，但这是从组织层面上所描述的组织伦理氛围类型。现实中有较多的研究需要从员工角度出发，探讨员工对组织伦理氛围感知的强弱。所以，运用 Schwepker(2001)开发的组织伦理氛围感知量表，如表 6-8 所示，来测量员工对于企业伦理守则、伦理政策、高层管理者的行为对组织伦理的影响的感知和评价具有较好的同层次研究意义。对该量表的测量主要采取 Likert 的七点量表作为问卷衡量工具，一表示“完全不同意”，逐步过渡到七表示“完全同意”。

表 6-8 个体层面的组织伦理氛围测量问卷

编 号	项 目	量 表
1	我们公司有一套正式成文的伦理守则	七点量表
2	我们公司严格推行伦理守则	七点量表
3	我们公司有关于伦理行为的相关制度	七点量表
4	我们公司严格推行伦理行为相关制度	七点量表

续表

编号	项目	量表
5	公司高层已经十分明确地让每一位成员知道非伦理行为是绝不能容忍的	七点量表
6	如果公司员工被发现有为个人自身得利(而不是为公司得利)而发生非伦理行为,那么他/她将立即受到斥责	七点量表
7	如果公司员工被发现有为公司得利(而不是为个人自身得利)而发生非伦理行为,那么他/她将立即受到斥责	七点量表

参考资料:黄珺君.伦理型领导对组织伦理氛围的影响:基于渗透过程模型[D].杭州:浙江工商大学,2012。

对组织伦理氛围的测量需要注意的是研究层次问题,当所研究的组织伦理氛围出于组织层面时应选择表6-6和表6-7的量表类型,当研究的组织伦理氛围考察的是个体层面的变量时应选用表6-8的量表类型。

6.3 组织伦理氛围的影响因素及效应研究

1989年一艘名为埃克森·瓦尔迪兹的巨型油轮在美国布林斯·威廉海湾发生了严重的原油泄漏事故,海水受到了严重的污染,这对于鱼类、野生动物,以及赖以为生的居民来说,是一个灾难性的打击。在事故发生以后,埃克森对于这一严重事故的态度前后矛盾:起初,他们反应强烈,表现出关切的姿态;随后却推卸责任;最后他们终于勉为其难地接受了清除油污的工作。但这种态度使埃克森公司在支付了高达25亿美元的巨额清理费后,仍未能挽回公司形象。在该事件后,1991年壳牌公司委员会颁布的健康(Health)、安全(Safety)与环境(Environment)(HSE)管理方针指南,在全球范围内迅速展开,成为当前国际石油、石化行业广泛推行的一种管理方法。除了HSE管理方针指南,安然事件后《萨班斯法案》的提出,都是组织环境与组织互动的重要成果,因此,包含组织伦理准则及规范的组织伦理氛围研究的兴起具有重要的现实意义,而探析组织伦理氛围的影响因素(特别是外部环境的作用)及效应研究也是当前组织伦理氛围研究的主要内容。

组织伦理氛围的影响因素研究主要涉及组织层面、个体层面。尤其是组织外部环境、组织领导者的作用等。组织伦理氛围的测量主要围绕组织伦理氛围的维度验证及量表开发展开，这些研究，为我们理解组织伦理氛围在组织中的重要作用提供了重要指导。

6.3.1 组织伦理氛围的影响因素研究

在对以往组织伦理氛围文献进行简单回顾的基础上，我们主要考虑组织伦理氛围的影响因素有：组织外部环境（External Organization Context）、组织形态（Organizational Form）、战略与管理导向（Strategic and Managerial Orientations）（Martin 和 Cullen，2006）。这些因素只是对以往主要文献的总结，仍需要后续的研究补充。

(1)组织外部环境

DiMaggio 和 Powell(1983)指出在制度理论分析框架中组织通常因外部要求它们遵循的压力（如银行规定）而遵守规则和结构，并以此作为一种寻求合法性的手段（如伦理准则），或为了模仿其他组织。组织伦理氛围理论根据一定的制度逻辑，能够预测组织成员对组织之外环境感知的系统性变化。一些研究成果已经表明了组织外部环境对组织伦理氛围和伦理决策会产生影响（Cullen et al.，2004）。然而，很少有研究对这一组织外部环境的作用进行归纳和总结。因此，今后对这些作用的探索研究将对组织伦理氛围的研究成果做出有益的补充。

(2)组织形态

正如 Victor 和 Cullen(1988)在他们最初对组织伦理氛围的类型研究中发现的一样，组织形态是一种显著的组织伦理氛围认知的预测因素。基于这些早期的发现，他们假设 Ouchi(1980)不同的组织形态类型将促成不同的氛围。Ouchi 指出这些组织形态包括市场（这种形态的组织主要由市场价格决定）；家族（这种形态的组织将受组织重要成员的影响而推行一定的价值观和传统）；官僚（这种形态的组织受规则、互惠原则、已有的规则结构所影响）。在这之后，Wimbush 等人(1997a)论证了这些组织形态的划分在预测组织伦理氛围类型中的作用。类似的研究还探讨了组织形态中不同职能部门的作用（如 Liu et al.，2004；Weber 和 Seger，

2002)，还有学者探讨了营利组织和非营利组织的组织形态对组织伦理氛围的影响(Brower 和 Shrader，2000)。

(3)战略和管理导向

战略和管理导向不仅帮助组织界定其文化(VanSandt，2001)，还有助于确立组织的伦理氛围认知。学者们在研究中考察了一系列战略和管理导向问题，如企业家和非企业家导向的组织(Neubaum et al.，2004)，利益相关者管理风格(Morris，1997)以及领导取向和道德发展(Schminke et al.，2005)。管理导向和风格显著地影响组织成员对组织伦理氛围的认知，以及对组织伦理准则的内化(Schwepker 和 Hartline，2005)。

(4)伦理型领导

伦理型领导作为组织伦理建设的引领者，在组织伦理氛围建构中发挥关键作用，这一观点得到了诸多研究的支持。伦理型领导塑造组织伦理氛围的三条基本路径：一是伦理型领导者通过与组织成员沟通交流，将个人的伦理价值观传导、渗透给对方，试图在彼此之间乃至组织内部引起对同一伦理价值观的共鸣；二是伦理型领导者在组织中塑造良好的伦理角色模范，以此引导组织成员在日常工作中以伦理方式行事，从而在组织内部塑造良好的组织伦理氛围；三是伦理型领导者通过在制定和执行组织制度的过程中，将伦理元素融入其内，通过伦理制度的实施和激励，在组织内部塑造良好的组织伦理氛围。并得出伦理型领导对组织伦理氛围的构建具有积极的影响作用。

金杨华、黄珺君(2013)对这三条路径的实证检验中发现伦理型领导对组织伦理氛围的构建具有积极的影响作用，角色模范的树立、伦理制度的构建与执行在伦理型领导和组织伦理氛围的影响作用中的中介作用显著，伦理价值观的传导作用不显著，原因可能是在中国的文化背景下，企业领导者在与组织员工沟通交流的过程中可能忽略了伦理价值观传导的重要性。此外，伦理价值观的中介效应可能被角色模范和伦理制度的中介效应所影响。因此，在现代企业管理中，务必要重视领导者的言行和工作态度对其下属所产生的重要影响，特别是影响组织成员对组织伦理氛围的感知。当组织成员所能感知到的组织伦理氛围越是强烈，其自身行为越是能够依照伦理导向，促进伦理行为，并自觉约束自身的非伦理行为。

6.3.2 组织伦理氛围的结果变量研究

组织伦理氛围理论最初旨在产生组织成员关于组织内和组织中子部门的伦理决策和行为的认知。根据 Cullen 等(1989)的研究认为这一认知将为组织决策者们提供对组织伦理问题的理解。此外，这些管理者们基于对组织伦理氛围的认知，既可以鉴定非伦理行为造成的危害，又可以为减小这些危害可能产生的负面影响提供可能性。

以往较多的研究假定组织成员的组织伦理氛围认知影响其对工作及组织做出的反应。但是，迄今为止研究者们仍忽略了对心理变量的研究。同样地，我们考察组织伦理氛围和传统组织行为学结果变量间的关系作为此前研究在商业伦理、工业组织和管理中的应用。因此，本文主要考察组织伦理氛围的五个正向的主要结果变量：组织承诺(Organizational Commitment)、工作满意度(Job Satisfaction)、心理幸福感(Psychological Well-being)、工作投入(Job Involvement)、绩效(Performance)；偏差行为(Dysfunctional Behavior)这一负向的结果变量。正向结果变量中的前四个变量强调心理变量的研究成果，而绩效包括了个体绩效和组织绩效两部分内容。

(1)组织承诺

组织伦理氛围认知对员工组织承诺的影响研究是研究者们关注的重点(Cullen et al.,2003；Wingreen,2003)。员工的组织承诺包括三个主要的因素：对组织使命和目标的认同和支持；为了组织的使命和目标愿意做出牺牲的意向；由各种因素导致的留在组织中的意向(Kelley 和 Dorsch,1991)。在这种思路下的研究者们普遍地假设当组织成员感受到强烈的组织伦理氛围时会表现出高水平的组织承诺。相反地，假设感知到的组织伦理氛围中的工具类型与组织承诺之间呈负向关系。

以往组织伦理氛围对组织承诺的研究成果较多，主要集中探讨了组织伦理氛围作为环境变量对组织承诺这一态度变量的影响。基于组织伦理氛围和组织承诺的已有研究成果，通过 Google 学术搜索关键词为

Ethical Climate 和 Organizational Commitment、job Involvement 的近十年(2003—2013 年)相关文献总结，得出各变量间的研究如表 6-9 所示，可看出表格中对组织伦理氛围和组织承诺的研究较多地聚焦于组织伦理氛围到组织承诺进而影响离职意向、组织绩效、工作绩效等变量，其中两篇研究加入工作满意度、组织——专业冲突中介变量。因此，我们可以看出组织伦理氛围在影响结果变量方面的作用仍有待继续探析，尤其是加入中介变量等研究问题。

表 6-9 组织伦理氛围与组织承诺相关变量研究

	前因变量	中介变量	结果变量
Cullen 和 Parboteeah(2003)	组织伦理氛围		组织承诺
Tsai 和 Huang(2008)	组织伦理氛围	工作满意度	组织承诺
Shafer(2009)	组织伦理氛围	组织——专业冲突	组织承诺
Shapira-Lishchinsky 和 Rosenblatt(2010)	组织伦理氛围	情感承诺	离职意向
Chun, Shin 和 Choi(2011)	企业内部伦理	集体组织承诺、组织公民行为	组织绩效
Fu 和 Deshpande(2012)	组织伦理氛围、工作满意度		组织承诺
Fu 和 Deshpande(2013)	组织伦理氛围、工作满意度	组织承诺	工作绩效

(2)工作满意度

除了组织承诺，研究者们提出组织伦理氛围认知影响工作满意度的各方面。他们大量证实员工的工作满意度与晋升潜力、同事和管理者相关。基于组织伦理氛围与组织承诺间关系的一致推理，不仅是感知到的组织伦理氛围的关怀类型会提升工作满意度，而且感知到组织伦理氛围的规则类型也会对工作满意度产生积极作用。例如，Deshpande(1996b)指出管理者通过组织伦理氛围感知能够提升各个层级上员工的工作满意度。需要指出的是对薪酬的满意度不在管理者的控制范围之内。

(3)心理幸福感

组织承诺代表了员工对组织直接的情感关注，但心理幸福感蕴含的是组织成员的一种内在的心理状态。研究和理论成果表明，心理幸福感受组织氛围影响时可能会产生信任、合作、凝聚力、自主性、相互支持或各种以上结果的组合(Lemmergaard,2003)。组织伦理氛围的关怀类型感知对心理幸福感会产生积极影响，与组织伦理氛围与组织承诺关系的推理一致。组织伦理氛围的工具类型感知被认为负向地影响心理幸福感，这种负向影响甚至达到了使任何的雇主义务感消失，这将极大的超出雇主预期的程度(Barnett 和 Schubert,2002)。组织伦理氛围的规则类型感知将促进心理幸福感的提升，因为它提供了可预见的互动过程基础(Rosenblatt 和 Peled,2002)。

(4)工作投入

工作投入是反映员工与工作之间关系的重要变量。Lodahl 和Kejner(1965)首先提出工作投入的概念，工作投入对预测个体工作绩效具有重要意义，结合 Kanungo 的观点，我们认为工作投入是个人对其工作的认同或是工作对其自我的重要性。Dimitriades(2007)研究了组织氛围的服务氛围和工作投入的关系及对顾客导向的组织公民行为的影响(Customer-focused Organizational Citizenship Behaviors)，研究发现服务的组织氛围对工作投入产生影响，这一研究结果和较多的学者一致，因为服务氛围能够改变员工态度的塑造，更好地投入工作。Elankumaran(2004)研究了个体特征因素及组织氛围对工作投入的影响，研究结果发现组织氛围对工作投入的影响并没有那么显著。这与在正常的有利氛围中组织氛围对工作投入的正向影响的设想不一致。因此，研究组织伦理氛围对工作投入的影响值得深入探讨。

(5)绩效

组织伦理氛围对绩效的影响主要体现在对个体绩效和组织绩效的影响两个方面(吴红梅,2005)。首先，组织伦理氛围对个体绩效影响主要通过组织成员的角色定义以及组织成员对程序公正、分配公正的感知来实现。组织伦理氛围表明了它的道德标准和对组织成员行为的期望，当组织不能清晰地表明自己的道德立场时，组织成员就不能清晰地进行角色定义，因而会产生角色压力和角色冲突，进而降低组织承诺；当组织对不道德行为的处置符合组织成员的期望时，组织成员会感受到组织公正，进而更加愿意付出努力。因此这一过程中加入了个体感知和角色定义这一中间过程。其次，组织伦理氛围通过影响人与组织的匹配程度以及提升组织士气来影响组织绩效。根据 Valentine(2002)的研究组织伦理氛围通过提升组织承诺进而促进人与组织的匹配。吴红梅(2005)在总结组织伦理氛围对组织绩效的影响中指出组织伦理氛围可以提升组织士气，通过协同和凝聚力来影响组织绩效。此外，赵立(2011)进行了组织伦理氛围对组织绩效的影响研究。通过调查不同省市、不同行业的 84 家中小企业的 785 名员工，结果表明组织伦理氛围各维度对组织绩效具有直接、显著的预测作用。

组织绩效是衡量组织在一定时期内完成的运营任务的重要内容。组织伦理确实导致公众对组织伦理问题日益敏感。因此，管理学者们也开始关注，组织的伦理事件与组织经济目标间的关系。虽然，这一问题仍存在争议，但组织的伦理基础如果与它们对经济目标和利润的追求一致，那么，其追求伦理的推动力将更大。以往研究中，大多数研究结果表明组织伦理与公司绩效间呈正向关系，但也有表示该结果呈弱相关(Orlitzky, Schmidt 和 Rynes, 2003)。组织伦理氛围通过影响员工的态度、行为进而向顾客显示更好的善意，以及更符合社会要求的组织公民行为，进而促进组织声誉、绩效的提升(Long 和 Driscoll, 2008; Roberts 和 Dowling, 2002)。

在实际商业环境中，组织应对伦理事件的伦理立场和期望会对其自身及组织利益相关者产生重大影响，包括对其绩效的影响。2014 年的恒天然事件就是这一观点的有力论据。2014 年，新西兰初级产业部宣布起诉当地最大的乳企恒天然合作集团全资子公司——恒天然有限公司(下称“恒天然”)，就 2013 年“乳清蛋白粉事件”(又称“肉毒杆菌事件”)向恒天然集团发起四项指控。恒天然方面表示接受所有四项裁定。这四项指控包括，未按照风险管理方案生产乳制品；出口不符合相关动物产品标准的乳制品；未按照风险管理方案通报其发现的乳制品相关问题；未按照风险管理方案的规定及时向相关部门通报其出口的乳制品不符合相关标准。恒天然集团员工、文化与战略副总裁玛丽·雷兰德女士表示，恒天然公司一直配合初级产业部的调查，也愿意接受相关裁定，裁定内容与恒天然内部运营调查和董事会独立调查结果是完全一致的。恒天然方面坦言，恒天然对原先的浓缩乳清蛋白产品进行再加工的决定存在很多问题，情况的上报过程也过于迟缓。恒天然方面向记者表示，恒天然已经按照董事会以及当地政府的意见进行整改，各项整改措施已投入实施，目前进展良好。尽管恒天然表现的积极态度值得认可，但经过几次召回，恒天然的业绩仍受到较大影响。恒天然虽然有其自身严格的管理规定，但就其内部的组织伦理准则及伦理立场而言并不清晰，仅仅是管理层的表态，虽然这能够向员工传达一定的伦理规范信息，但组织伦理氛围的形成及其影响效力的产生需要一定的时间，因而，即使恒天然进行了相应的努力，仍然无法挽回其自身的形象。在利益相关者方面，达能是此次事件中受影响最严重的企业，根据达能已经披露的 2013 年三季度报告，"肉毒杆菌事件"造成的净销售额损失预计为 3.5 亿欧元；运营利润预计损失 2.8 亿欧元。此次事件还给达能的品牌声誉造成了巨大的伤害。恒天然也因此受到了达能的赔偿起诉。此外，受到肉毒杆菌等事件的影响，根据 AC 尼尔森 2014 年 1 月份的数据，曾经在中国市场份额第一的多美滋奶粉，目前市场份额暴跌至第十位。可见，组织对组织伦理氛围的关注不仅出于其对绩效的影响，还扩展到与其持续经营相关的利益相关者方面。因而，今后的多层次的组织伦理氛围研究及相关重要结果变量的研究，对组织可持续发展及获取长久的竞争优势而言具有重要意义（何天骄，2014）。

(6)偏差行为

随着公司商业丑闻的增加，将非伦理行为或偏差行为作为组织伦理氛围结果变量的研究越来越多（Appelbaum et al.，2005；Peterson，2002）。偏差行为被视为组织伦理氛围研究中极为重要的个体层面的结果变量（Carr et al.，2003）。各种形式的不良行为都属于该范畴下的偏差行为且更易在组织伦理氛围的工具类型和缺少规则的氛围（如缺少对伦理准则的强调）下产生。相反，研究表明由组织伦理氛围的关怀类型产生的社会支持将制止员工偏差行为的产生（Peterson，2002）。相似的研究还集中在道德推理和伦理决策中，研究者们指出组织伦理氛围的关怀型和规则型感知利于更高水平的伦理推理和更多的伦理决策（Barnett 和 Vaicys，2000；Watley，2002）。

组织伦理氛围的影响因素及效应研究主要考察了组织伦理氛围的形成及结果变量，在以往文献中，将组织伦理氛围作为单位层次的概念较多，且与较多的结果变量如工作满意度、心理幸福感、工作投入等联系，值得注意的是当单位层次的变量与个体层次的变量结合研究时，需要考虑建立多层次模型。组织中的个体受到组织伦理氛围等情景因素自上而下的影响，因此，研究组织伦理氛围与个体层次的变量不仅对解释组织行为具有重要意义，其研究结论也将更利于管理实践的应用。

第7章　组织公正的理论模型和效应研究

随着我国经济的快速发展和市场经济体制的完善，贫富差距和收入不均等社会公正问题引起了国内外学术界的广泛关注。我国的基尼系数在1985年为0.175属高度平均；到1995年为0.338，属比较合理；而根据联合国开发计划署(UNDP)的统计数据，中国目前的基尼系数为0.469，社会底层20%的贫困人口占收入或消费的份额只有4.7%，最富裕的20%人口占收入或消费的份额高达50.0%，社会贫富差距已经突破了合理的限度(吴忠民，2005)。在这种状况下，由于分配机制、财产分布、教育机会、福利报酬等不公平所产生的负面影响也更加突出，引起了一系列社会问题。

组织作为社会的基本组成单位，其内部公平性是社会公正的基础。个体的社会不公正感往往与其在组织内部感受到的不公正对待有关；维护社会公正的政策、措施也需要通过各类型组织的内部消化和贯彻执行，才能有效发挥其社会调节作用(金杨华，2007)。因此，组织公正是社会公正得以实现的基石，也是社会主义和谐社会建设的关键环节，只有组织公正才可能有社会公正，只有各类型组织的和谐发展才会有社会的和谐稳定发展。此外，组织公正是企业可持续发展的内在要求，组织公正和不公正知觉一旦在员工与组织多重交换关系中形成，就会对个体的工作满意度、离职倾向、工作绩效等态度与行为变量产生影响，从而影响组织内部信任与和谐关系的建立(Cohen-Charash 和 Spector，2001)。有些学者甚至把组织公正及与之相关的信任提高到影响甚至决定一个国家经济繁荣、社会稳定和进步的层面(Dietz，Robinson，Folger et al.，2003)。因此，在我国社会转型的关键时期，有关个体衡量组织合意性的公正问题研究，对和谐社会的建立具有重要理论意义。

7.1 组织公正的研究基础

7.1.1 组织公正

从20世纪60年代起，组织公正就成为学者们关注的热点问题。French(1964)首创了“组织公正”一词，特指工作场所的公正。Greenberg(1987)率先将其应用于组织公正研究的文献中，并将其描述为个人对组织环境中公正的感知。学者们围绕组织公正的具体维度，探讨了这些具体维度对组织公民行为、组织承诺、工作满意度、离职意愿等结果变量的影响。Colquitt，Greenberg和Zapata-Phelan(2005)认为：组织公正理论的研究经历了分配公正、程序公正和互动公正三个阶段。Colquittet(2001)认为，互动公正包括人际公正和信息公正。信息公正要求在与程序和结果分配相关问题上，提供的信息要公正、准确、适时。目前，组织公正领域占统治地位的是三维度(分配公正、程序公正和互动公正)或者四维度(即互动公正再分为人际公正和信息公正)公正概念。下面就组织公正的具体维度进行简要说明：

(1)分配公正

根据亚当斯(Adams，1965)的公平理论，公平是人们进行社会比较的结果，人们总是喜欢将自己的回报(如报酬，即工资上涨)与投入(即贡献，如付出的努力)进行比较，如果投入与回报相一致，则会产生一种公平感，若两者不相等，则会产生不公平感。他认为，如果员工感觉存在不公正现象，员工就会采取行动来减少这种不公正感，使其达到自我感知的公正感。

(2)程序公正

Thibaut，Walker(1975)首次提出程序公正。他们认为，对公正感的认知不只是来源于分配的结果，在分配时具有的程序控制权也相当重要，“选择权”和“发言权”可能是程序公正的两个重要影响因素。研究结果发现，即便是人们在面对不利的结果时，如果决策过程能够体现公平性，人们具有程序控制权，那么他们对那些并不有利于自身的结果同样会感到比较公正。Folger，Greenberg(1985)分别从程序和决策两方面的控制权来定义程序公正，他们认为程序公正是组织成员对决策过程公正程度的感知。因而，程序公正不仅被运用于法律的公正性中，还被用于组织公正测量研究中(陈忠卫、潘莎，2012)。

(3)互动公正

Bies，Moag(1986)开始关注决策中人际互动对组织公正的影响。他们把这种公正称为“互动公正”。Greenberg(1993)还将互动公正分为人际公正和信息公正，人际公正主要指在执行决策程序时，上级在多大程度上能够做到尊重员工，并友善地对待员工；信息公正是指上级在多大程度上把信息传递给员工，或向员工解释为什么要用某种程序或为什么要执行这一程序。正是对管理决策中程序的关注才引发了对互动的关注，进而区分出人际公正和信息公正，使得原本的三维模型被细分为四维模型。

7.1.2 组织公正的研究问题

组织公正是涉及管理学、心理学和社会学等领域的跨学科前沿研究课题，目前已成为社会科学领域关注的热点。近年来，有关这方面的学术论文日渐增多，内容涉及歧视、员工关系、薪酬福利等各个方面(Greenberg 和 Colquitt，2005)。总结国内外组织公正文献，可以见到两条比较清晰的主线：一是组织公正的内涵和测量方法研究；二是组织公正的个体、组织层面效应分析。在组织行为学关于分配公正研究的基础上，Thibaut 和 Walker(1975)有关争端解决程序方面的论述引发了学者对程序公正的关注，Bies 和 Moag(1986)及 Greenberg(1993)等则进而强调了互动公正在个体公正性知觉中的重要性，形成了由分配公正、程序公正和互动公正组成的构思模型。虽然也有学者进一步从互动公正中区分出人际公正和信息公正，但与结果公平性知觉相关的分配公正，决定结果的制度、程序、规则相关的程序公正，以及评价上下级交换关系和信息共享的互动公正构成组织公正内涵的观点得到了普遍认可(Colquitt，2001)。

国外也有大量文献分析了组织公正对各水平结果变量的效应：分配公正与个体的工作满意度、工作绩效紧密相关；程序公正和互动公正会影响组织承诺、暴力行为和组织公民行为;整合型组织公正氛围会对人员管理效能和组织绩效等组织水平变量产生影响(Konovsky,2000;Tekleab,Takeuchi 和 Taylor,2005)。此外,程序公正和互动公正对员工的影响存在不同的作用模式,程序公正的效应主要受组织支持感(Perceived Organizational Supports)缓冲,互动公正则主要通过上下级交换关系(Leader-Member Exchange)对员工产生影响。分配公正、程序公正和互动公正三者间存在着交互作用,程序和互动公正的效应在分配不公正情形下更明显。综上所述,组织公正不仅是决定企业员工态度和行为的重要因素,而且会影响组织效能(Cohen-Charash 和 Spector,2001)。处于组织公正氛围中的员工往往表现出高组织承诺和组织公民行为,并能以更加积极的心态应对组织变革(Paterson,Green 和 Cary,2002)。有关体现员工与组织多重交换关系合意性的组织公正问题研究,有利于组织内部公正氛围建设、人员管理效能的提高以及企业核心竞争力的塑造,已成为企业可持续发展的内在要求。

西方学者对组织公正及其效应进行了实证检验,且已认识到组织公正作为个体衡量组织合意性的标准,会受文化差异与社会结构影响。文化既会影响个体解释事件公平性的认知参照标准,又决定着评判组织公正的基本原则(Skarlicki,2001)。国内学者虽然认识到组织公正研究的重要性,但对组织公正内涵及效应的实证研究还比较缺乏。因此通过实证调查,探讨在高权力距离和关系取向的中国文化背景下组织公正概念模型和效应模式,检验组织公正测量在中国情境下的适用性,具有较强的现实意义。

7.2 组织公正的研究方法

7.2.1 样本选取

为了探究组织公正的概念模型及其效应,我们在杭州市、上海市和温州市的 20 家企业进行调研,共发放问卷 300 份,回收有效问卷 262 份,有效问卷的回收率为 87%。参与调查有效的企业员工中男性 163 人,女性 92 人,缺失数据 7 人;一般员工 148 人,基层管理者 63 人,中高层管理者

51 人，被试平均年龄 29 岁，平均工龄 6 年。

7.2.2 变量及其测量

为了探索中国情境下组织公正的内涵及重要性，在实证调研基础上，运用验证型因素分析方法检验了组织公正的理论模型，并分析了员工组织公正知觉与组织绩效之间的关系。

组织公正从分配公正发展到程序公正、互动公正，具体选用几维的模型仍没有定论，Niehoff 和 Moorman(1993)指出组织公正量表包含一维测量(分配公正)、二维测量(分配公正、程序公正)。在其设计的量表中分配公正使用五个条目来测量不同工作结果的分配公平性，包括薪酬水平、工作进度、工作负荷、工作职责。程序公正的条目设计既包括正式的程序也包括互动公正。正式的程序运用六个条目测量所做的工作决定在多大程度上有确保员工能获取真实及公正信息、员工谏言、上诉流程的机制。互动公正的九个条目主要测量员工感受到他们的需要在多大程度上受到组织关注，以及组织做决定时向员工做了多大程度上的充分解释。综上所述，组织公正测量最终采用金杨华(2005)在 Niehoff 和 Moorman 等(1993)研究基础上编制的组织公正问卷，是由 20 个项目构成的利克特七点量表。组织绩效从任务绩效和周边绩效两个维度进行评价，组织任务绩效指标包括目标实现、开拓发展、竞争能力和适应能力四个项目；组织周边绩效包含团队合作、制度执行、员工发展和员工满意四个项目。

7.3 组织公正研究的结果分析

7.3.1 组织公正的理论模型检验

本研究运用主成分分析法，根据凯泽标准，在方差最大旋转基础上对组织公正测量进行了探索性因素分析，分析结果如表 7-1 所示。分析得到了分配公正、程序公正和互动公正三维结构，原有量表中的人际公正与信息公正项目聚合在一起，我们认为该因子反映的是上下级间的互动公正，三个因子的累积方差贡献率为57.89%。

表7-1 组织公正量表的探索性因素分析结果

组织公正量表项目	因子结构		
	分配公正	程序公正	互动公正
公司规章制度都是依据准确的信息制定	0.05	0.80	0.25
员工可以对制度带来的结果进行申诉	0.19	0.78	0.26
公司规章程序对所有的员工都一视同仁	0.29	0.77	0.10
员工对公司制度能表达其观点和感受	0.27	0.75	0.10
公司能按照规章制定无偏的正确决策	0.32	0.71	0.21
员工对规章程序带来的结果具有影响	0.35	0.65	0.20
公司规章程序符合伦理要求和道德标准	0.43	0.47	0.29
管理者以礼貌的方式对待员工	0.15	0.12	0.78
管理者不会给予不恰当的评论	0.19	0.11	0.72
管理者能充分考虑员工的尊严	0.10	0.01	0.71
管理者以尊敬的方式对待员工	0.00	0.19	0.66
管理者能坦率地与员工进行沟通	0.27	0.23	0.61
管理者对规章程序的解释合理规范	0.26	0.34	0.60
管理者能对公司规章程序进行全面解释	0.27	0.29	0.60
管理者能以及时的方式进行详细沟通	0.34	0.23	0.54
管理者能根据每个员工不同的需要进行沟通	0.23	0.41	0.47
从公司获得的回报反映了员工为公司做出的贡献	0.78	0.29	0.16
从公司获得的回报能够反映员工在工作中的投入	0.76	0.25	0.23
从公司获得的回报与员工完成的工作内容相一致	0.73	0.25	0.22
从公司获得的回报会根据员工工作绩效进行调整	0.48	0.27	0.33
方差贡献率(%)	14.91	22.03	20.95

在探索性因素分析基础上，我们运用结构方程建模软件AMOS5.0对组织公正量表进行了验证型因素分析。如表7-2所示得到：组织公正三维模型在各拟合度指标上均优于两维模型，组织公正三维模型的CFI，IFI和NFI指标在0.95以上，标准均方根残差为0.08，说明数据与模型

拟合较好，研究数据支持了分配公正、程序公正和互动公正三维理论模型。

表 7-2　组织公正理论模型的验证性因素分析结果

模型假设	χ^2	df	IFI	CFI	RMSEA
独立模型	2784.0	190			
组织公正两维模型	584.07	169	0.80	0.86	0.85	0.09
组织公正三维模型	449.14	167	0.97	0.98	0.98	0.08

注：NFI 为标准拟合度指数，IFI 为差别拟合度指数，CFI 为比较拟合度指数，RMSEA 为标准均方根残差。

对决策结果公平性的知觉——分配公正，对决策程序是否公平的感知——程序公正，以及决策执行过程中人际互动的公平性——互动公正构成了中国文化背景下组织公正的核心，说明虽然中西方在关系取向、权力距离等方面有较大文化差异，组织公正的结构与内涵则较为相似。

7.3.2　组织公正对员工组织绩效知觉的效应分析

组织公正与组织绩效的相关分析表明：员工的组织公正知觉与周边绩效相关更紧密；与分配公正和程序公正相比，互动公正与组织绩效指标间存在更紧密的相关。

表 7-3　组织公正与组织绩效间的相关矩阵

	1	2	3	4	5
周边绩效	(0.83)				
任务绩效	0.54**	(0.79)			
分配公正	0.29**	0.12*	(0.79)		
程序公正	0.28**	0.16**	0.67**	(0.90)	
互动公正	0.50**	0.31**	0.61**	0.60**	(0.87)

注：* $p<0.05$；** ，$p<0.01$；对角线括号中的数据为各分量表的内部一致性系数。

组织公正的效应分析为理解员工公正性知觉与绩效间的关系提供了重要依据，也为今后探索中国情境下组织公正的效应模式提出了新课题。我们的研究发现：员工组织公正知觉与人际促进、员工发展、工作奉献等周边绩效指标相关更紧密，而与目标实现、开拓发展等任务绩效指标相关相对较低，说明组织公正知觉主要影响周边环境与工作氛围。组织公正知觉与周边绩效、任务绩效间的作用机制是值得进一步研究的问题。此外，互动公正与组织绩效指标间的相关要高于分配公正与程序公正，这与西方研究结论存在较大差异，组织公正效应模式的文化差异也是将来研究的重点。

7.4 组织公正研究结果的总结与讨论

7.4.1 组织公正研究结果的总结

本研究以组织公正理论模型为主要内容进行了实证检验，并依此初步分析了组织公正各维度对员工组织绩效知觉的相对重要性，对理解组织公正的文化差异具有一定的启示意义。

通过验证型因素分析，我们认为组织公正的三维理论模型在拟合度上优于两维模型，组织公正由分配公正、程序公正和互动公正三个维度构成，各维度间存在中等程度的相关，说明在组织公正的维度构成上，与国外的研究比较一致（Viswesvaran 和 Ones，2002）。本研究关于组织公正各维度与组织绩效知觉间的相关分析发现：与组织任务绩效知觉相比，组织公正知觉与组织周边绩效相关更紧密；与分配公正和程序公正知觉相比，互动公正知觉与组织绩效指标间的相关最高。这与西方关于组织公正效应的研究结果不同，Cohen-Charash 和 Spector 等（2001）对现场研究的元分析发现：分配公正、程序公正和互动公正与工作绩效间的加权相关分别为 0.13，0.45 和 0.16，程序公正对工作绩效的影响最大，即说明在“关系”取向的中国文化背景下，员工的组织公正知觉主要依赖于对上下级交换关系的评价，互动公正显得更为重要。

7.4.2 组织公正研究结果讨论

西方学者虽已认识到组织公正作为个体衡量组织合意性的标准，将随认知参照标准变化，但并没有比较不同文化背景下组织公正认知判断的影响因素及效应模式。西方社会对组织公正的研究主要是从控制观和基于功利法则的经济型交换关系出发的，在高权力距离、关系取向和不确定性回避的华人社会，对组织公正的理解和判断并不简单依赖于西方学者所强调的经济型交换，而主要遵循以“关系”为核心的社会交换。在中国文化背景下，组织公正所蕴涵的关系性价值要高于工具性价值，是一种基于长期互惠关系的两类价值的动态统一，因此，互动公正与组织绩效的相关会高于分配公正与程序公正，管理者与员工之间的互动关系会对组织效能产生重要影响。

互动公正反映了组织成员对程序执行过程中人际处理方式的公平感知，它一方面表现在人际公正上，即管理层是否以礼貌、尊重、平等的方式对待员工；另一方面表现为信息公正，体现管理者是否给员工传达其应知晓的信息，包括为员工提供相关程序、规则等的解释。鉴于互动公正对组织绩效的重要影响，组织除了从工资、奖金、待遇等方面体现员工贡献，通过制度、流程、机制建设保证程序公正外，还应特别强调互动公正氛围营造。各类型组织只有平等对待与尊重员工，与员工进行充分的沟通与交流，建立长期、稳定、和谐的员工关系，才能有效塑造组织公民行为，推动企业的可持续发展。

第8章 组织公正、社会交换关系与员工心理契约违背

在我国社会经济转型的关键时期，体现个体与组织多重交换关系合意性的组织公正，会对员工心理与行为产生重要影响，是社会公正的基础和组织可持续发展的内在要求。但实际上，以往研究过于注重探讨组织公正对个体行为和绩效的效应，以及社会交换关系变量对组织公正效应的影响，对组织公正与个体心理反应变量，特别是与员工心理契约间的关系未做充分研究。因此，本章研究注重探讨在中国转型社会背景下，组织公正、社会交换关系与员工心理契约违背之间的关系。

8.1 研究基础和研究假设

8.1.1 组织公正与员工心理契约违背

根据 Morrison 等(1997)，心理契约违背是指员工基于对雇佣双方向对方所做的承诺是否得到履行而做出的认知评价。对于分配公正，员工认为组织给予的分配结果满足其自身期望，则心理契约就会维持平衡；如果员工通过比较发现结果不公或是分配结果根本没有达到自身期望，则其心理契约就遭到违背，感受到不公平的感觉，此时员工为缓解其心理契约的违背感、不公感，采取的行为可能包括减少自身投入程度、偷盗、缺勤等。

程序公正在一定程度上能够抵消由于分配不公所造成的心理契约违背，前提是组织给予公正的程序、决策或说明，一来员工可以体谅组织分配不公的决策，二来员工对心理契约违背的认知程度也不会过于消极，其行为也不会过分负面化和情绪化；但若是既有分配不公，又有程序不公，

那么员工心理契约违背的感知就会成倍增长，其行为也会变得更为负面和反常。

互动公正通常指向与上司有关的结果，互动不公往往意味着上司不尊重员工，不告知员工有关工作上的详细信息，对员工既缺乏关怀又疏于帮助，此时员工的心理契约就遭到违背，其工作的热情也会大大消减，从而使得偷懒、迟到等消极行为变成惯有的现象。

8.1.2 社会交换关系与员工心理契约违背

关于心理契约违背的解释主要是基于社会交换理论（Tekleab 和 Takeuchi，2005），在组织中有两种形式的社会交换关系：一种是员工与组织之间的社会交换关系（POS）；一种是员工与直接主管之间的社会交换关系（LMX）（Cropazano et al.，2002；Masterson et al.，2000）。下面，我们就这两种社会交换关系与员工心理契约违背的关系进行说明。

(1)组织支持感(POS)与员工心理契约违背

相对于心理契约强调的是员工和组织双方的相互承诺，组织支持感（POS）更侧重于组织对员工的支持和投入（Aselage 和 Eisenberger，2003）。组织支持感是员工对组织如何看待他们的贡献并关心他们利益的一种知觉和看法，反映了员工与组织之间社会交换的质量（Cropanzano 和 Mitchel，2005），它能够创造一种员工认为组织已经履行其责任的积极评价倾向，较高的组织支持感可以调整心理契约的认知（Coyle-Shapiro et al.，2005），使员工认为组织对自身做出了关怀和支持，自己就有回报组织的责任，从而主动增加自身承担的责任而相对减少组织的责任，继而减少心理契约违背的感知。

组织支持感与心理契约违背的关系已得到了许多学者的实证检验（Aselage 和 Eisenberger，2003；Taylor 和 Tekleab，2004）。Cropanzano，Prehar 和 Chen（2002）研究表明，组织支持感作为重要的社会交换关系变量，与员工心理契约违背之间存在负相关关系。同样，心理契约理论的倡导者们也提出，员工与组织间高质量的社会交换关系会削弱员工的心理契约违背感（Morrison 和 Robinson，1997）。Rousseau（1995）也认为强的员工与组织交换关系会使员工相对忽视组织的承诺及违约，而弱的交换关系则会让员工更加计较组织回报，导致心理契约违背的可能性增加。

(2)领导——部属交换(LMX)与员工心理契约违背

相对于组织支持感是反映与组织关系的社会交换变量，领导——部属交换关系(LMX)则更能反映与组织中特定个人的关系，主要表现为员工与其直接主管建立的关系紧密程度。由于LMX涉及员工与主管之间的关系，即反映了员工与直接主管之间的个人关系质量(Graen和Uh-Bien,1995)，可以认为，LMX作为社会支持机制，如果员工与上级主管的个人关系较差，则很难获得社会支持的满足，因而更容易导致心理契约违背；而高质量的领导——部属交换关系下，员工对上司的信任程度也较高，当上司没有履行对员工的承诺时，员工也不会相信上司是故意而为之。因而，高质量的领导——部属交换关系可以降低员工的心理契约违背(袁勇志，何会涛，2010)。

通常在组织中，主管由于自身精力和时间有限，在工作中会区分不同的下属，采用不同的管理方式，与不同的下属建立起不同类型的关系，由此出现所谓的“圈内下属”和“圈外下属”现象。一般来说，圈内下属更能受到主管的支持和关照，能够比圈外下属获得更快更多的工作信息，被主管派遣的工作内容也更为核心而有挑战性，例如更自主、更灵活的工作和更多的升迁机会等(任孝鹏、王辉，2005)。因此，如果员工感知到自己被主管归类于“圈内下属”，则这种高质量的领导——部属交换关系则会带来更高程度的社会支持和相互尊重，从而减少员工心理契约违背的认知，此外，“圈内下属”往往意味着员工与上司有共同的价值理念和相似认知，就会有更多的交流和更少的误解，这也必然会减少心理契约违背的认知(袁勇志、何会涛，2010)；反之，如果员工感知到自己被归类于“圈外下属”，则产生心理契约违背的可能性就越大。

8.1.3 模型假设

由前述，可以总结出，组织支持感和领导——部属交换作为分别反映组织关系和个人关系的两类重要社会交换变量，在塑造组织公正和心理契约等员工心理与行为方面发挥着重要作用。

另外，由于不同的文化背景，组织支持感和领导——部属交换这两类社会交换关系变量的作用也存在差异，尤其是在中国转型社会的背景下，个人关系本身就是社会结构的基本单元，员工更多把雇佣关系看成是与特定组织成员，特别是直接上级的关系。员工与组织内掌权人间的关系经常是员工体验雇佣关系的主要机制，转型社会的员工更加倚重个人特定关系(Person-Specific Relationship)，倚重掌握资源与机会的直接管理者的关系(Hui，Lee 和 Rousseau，2004)。与西方社会相比，中国基于个人关系的社会文化更加突显出领导——部属交换关系的重要性，尤其在影响组织公民行为等员工行为与绩效变量时，领导——部属交换关系或许比组织支持感更为重要。因而，根据中西方文化背景的差异，我们分别构建出社会交换关系相对于组织公正的中介变量模型和前因变量模型。

(1)中介变量模型

由社会交换关系理论的观点，特定类型的组织公正与其相应的社会交换有关。程序公正作为正式决策程序、规则的公平性感知，能预测体现员工与组织社会交换的组织支持感；而反映程序执行过程中人际处理公平性的互动公正，能更好地预测体现员工与直接上级社会交换的领导——部属交换关系(Erdogan，Liden 和 Kraimer，2006)。正如 Cropanzano 等(2001)指出的："从公正的角度看，公平对待会创建更紧密、开放的社会交换关系。这些关系又会让员工产生回报领导和组织的义务，这样才会有绩效等结果变量。"根据这些观点，组织支持感是程序公正与结果变量间的中介因素，互动公正的效应亦受领导——部属交换关系影响。Rupp 和 Cropazano(2002)的研究支持了社会交换对组织公正与工作结果变量间关系的中介作用，相关研究也检验了程序公正对组织支持感的影响及互动公正对主管交换关系的效应(Ambrose 和 Schminke，2003)。

由上述，为检验组织公正各维度通过社会交换关系变量对心理契约的间接效应(Rupp 和 Cropazano，2002；Tekleab，Takeuchi 和 Taylor，2005)，构建出社会交换关系变量相对于组织公正效应的中介变量模型，如图 8-1 所示：

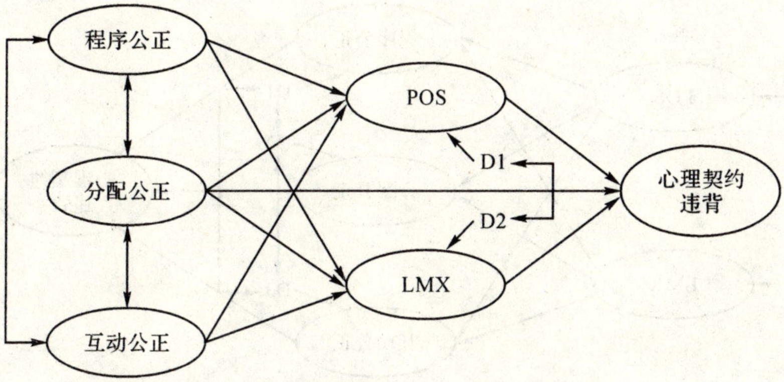

图 8-1　社会交换关系的中介变量模型假设

注：D1，D2 表示 POS 与 LMX 变量的干扰项(Disturbance Term)，该模型假设干扰项之间相关。

(2)前因变量模型

Tyler 和 Lind 等(1992)则从关系模型(Relational Model)角度分析了社会交换与组织公正间的关系。他们认为与组织权威间的良好关系有利于提高个体的程序公平感知，进而让个体感觉被群体所重视，这种感觉会影响个体的态度与行为。关系模型强调了关系判断对组织公正知觉的影响，认为员工与组织间的关系是影响公正知觉的前因变量。一些研究检验了领导——部属交换关系质量与组织公正、员工态度及组织公民行为间的关系，结果发现领导——部属交换关系会影响组织公正知觉，而组织公正知觉能预测员工的行为与态度变量(Tansky，1993)。Lee(2000)的研究也检验了 LMX 是员工分配公正、程序公正知觉的前因变量，LMX 会通过组织公正知觉影响工作满意度、组织承诺和离职意向等结果变量。由上述，根据关系模型，构建出组织公正、社会交换关系及心理契间的前因变量模型，如图 8-2 所示。

(3)模型假设分析

社会交换关系理论认为社会交换关系是组织公正效应的中介变量；关系模型则提出社会交换关系的质量会影响个体组织公正知觉，是组织公正知觉的前因变量。西方学者进行了大量的实证研究，其中多数文献支持 LMX 和 POS 等社会交换关系是组织公正效应的中介变量观点，也

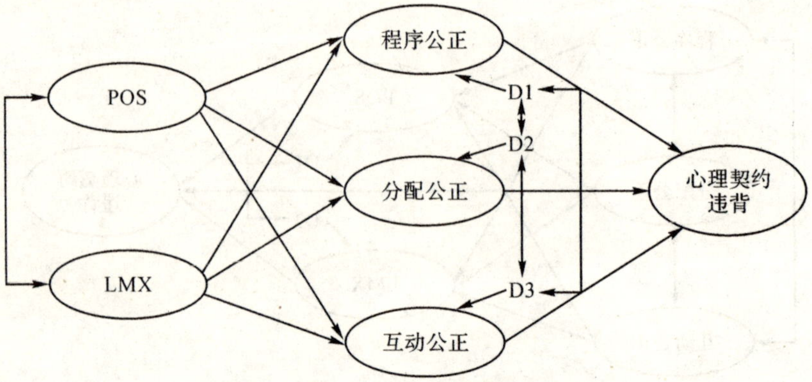

图 8-2　社会交换关系的前因变量模型假设

注：D1、D2、D3 表示程序公正、分配公正与互动公正的干扰项，该模型假设干扰项间两两相关。

有少量文献支持关系模型假设，还没有取得一致结论，也还没有研究同时对这两种观点进行比较检验。西方学者虽已认识到组织公正作为个体衡量组织合意性的标准，将随认知参照标准变化（Skarlicki，2001），但并没有比较不同文化背景下组织公正认知判断的影响因素及效应模式。高权力距离、关系取向和不确定性回避的华人社会，对组织公正的理解和判断并不简单依赖于西方学者所强调的、基于功利法则的经济型交换关系，而主要遵循以"关系"为核心的社会交换，组织公正所蕴涵的关系性价值要高于工具性价值，是一种基于长期互惠关系的两类价值的动态统一。由此，我们认为，在中国文化背景下，领导——部属交换关系和组织支持感可能会影响组织公正与结果变量间的关系，并且在员工组织公正知觉和判断中扮演着重要角色。

8.2　组织公正、社会交换关系与员工心理契约违背的研究方法

8.2.1　研究样本选取

本章研究对 35 家企业进行了调查，共发放问卷 600 份，回收有效问卷 410 份，回收率为 68.33%。参与调查人员的平均年龄为 34 岁，平均工龄为 11.8 年，调查基本特征情况如表 8-1 所示。

表 8-1　调查基本特征情况

性 别			职位层次			教育水平		
类别	人数	百分比	类别	人数	百分比	类别	人数	百分比
男	220	53.7	高层管理	21	6.1	高中及以下	53	13.0
女	178	43.4	中层管理	67	16.3	专科	126	30.7
			基层管理	90	22.0	本科	195	47.5
			基层员工	226	55.1	硕士及以上	27	6.6
有效总数	398	97.1	有效总数	404	98.5	有效总数	401	97.8
缺失	12	2.9	缺失	6	1.5	缺失	9	2.2

8.2.2　变量及其测量

(1)组织公正

组织公正问卷。采用金杨华等(2008b)在以往研究基础上编制的组织公正问卷。共由 20 个条目构成,采用利克特七点等级量表。分配公正与程序公正根据 Colquitt(2001)的问卷修订,分配公正由“从组织获得的回报反映了我在工作中的投入”等四个项目组成;程序公正包括“组织的规章程序符合伦理要求和道德标准”等七个项目;互动公正在 Niehoff 和 Moorman(1993)研究基础上编制,包括“组织管理者能以礼貌的方式对待我”等九个项目,该问卷具有较好的内部一致性。

(2)心理契约

心理契约(Psychological Contract)。采用 Robinson 和 Morrison(2000)在纵贯研究中的量表,包括“我感觉公司很好地履行了在雇佣我时做出的承诺”等五个项目;组织支持感的测量采用了 Eisenberger(1990)编制的量表,包括“当我需要帮助的时候,公司会帮助我”等八个用于测量员工组织支持感知的项目,上述测量均采用利克特七点等级量表形式,以往研究有效支持了心理契约与组织支持感量表的信度与效度。

(3)领导——部属交换关系

领导——部属交换关系。采用王辉等(2004)修订的多维度 LMX 量表，共由十六个项目组成，通过部属对直接上级的评价，分别测量情感（Affect）、忠诚（Loyalty）、贡献（Contribution）和专业尊敬（Professional Respect）四个 LMX 维度。该量表的信度与效度已得到较好的验证，其中情感、忠诚、贡献和专业尊敬分量表的信度分别为 0.87，0.67，0.86 和 0.89，较之单维 LMX 量表也有更高的结构效度（Construct Validity）与效标关联效度，能更好地预测员工绩效（Liden 和 Maslyn，1998；王辉、牛雄鹰和 Law，2004）。研究采用多维度 LMX 量表评价部属与领导之间关系的质量，目的是保证 LMX 测量的有效性，由于我们关心的是 LMX 作为部属与领导间的社会交换变量，对组织公正与心理契约间关系的影响，在结构方程模型中，主要分析 LMX 整体得分与研究变量间的关系。

8.2.3 统计分析方法

研究采用 SPSS11.0 软件进行基本统计、相关分析和信度分析等；以 AMOS5.0 软件对问卷的结构维度进行检验，构建和比较组织公正、LMX、POS 与心理契约间的关系模型。

考虑到研究涉及模型调整和备选模型的比较检验，我们在统计过程中将调查数据随机分成子样本一和子样本二（Mac Callum 和 Austin，2000）。样本一用于两个方面：第一，对组织公正问卷和多维 LMX 量表进行结构效度检验；第二，运用结构方程建模（SEM）技术分析社会交换关系的中介变量模型和前因变量模型，并根据检验结果对备选模型进行选择。为了能够对模型进行交叉检验（Cross-Validation），我们采用样本二对通过样本一检验的模型进行交叉检验，希望能够进一步考察组织公正、LMX、POS 和心理契约间的关系。

8.3 组织公正、社会交换关系与员工心理契约违背的假设检验与结果分析

8.3.1 组织公正问卷的验证型因素分析

运用样本一数据对组织公正问卷进行结构效度检验。通过备选模型

(Alternative Models)策略，我们在以往研究基础上比较了单因素模型、两因素模型(分配公正和程序公正)、三因素模型(分配公正、程序公正和互动公正)和四因素模型(分配公正、程序公正、人际公正和信息公正)。采用 AMOS5.0 进行了验证型因素分析，得到了 χ^2/df，CFI，NFI，IFI，TLI，RMSEA 等模型拟合度指数，如表 8-2 所示了组织公正问卷的验证型因素分析结果。

表 8-2　组织公正问卷的验证型因素分析结果

模型假设	χ^2	df	NFI	IFI	TLI	CFI	RMSEA
独立模型	3219.99	210					
单因素模型	225.68	110	0.92	0.95	0.91	0.95	0.08
两因素模型	251.25	109	0.92	0.95	0.91	0.95	0.08
四因素模型	300.41	125	0.91	0.94	0.90	0.94	0.08
假设的三因素模型	219.92	107	0.93	0.96	0.93	0.96	0.07

组织公正的三因素模型在各个拟合度指标上均优于其他备选模型，其 $\chi^2/df<3.0$，NFI，IFI，CFI 等拟合指标均在 0.90 以上，支持了分配公正、程序公正和互动公正三维模型假设，表明组织公正问卷具有良好的结构效度。

8.3.2　多维度 LMX 量表及心理契约问卷的验证型因素分析

根据调查数据检验了多维度 LMX 量表的结构效度。同样采用备选模型策略比较了单因素模型和王辉等(2004)提出的四因素模型。如表 8-3所示验证型因素分析结果可以看出，LMX 的四因素模型各指数均达到拟合要求，得到了数据支持。

表 8-3　多维度 LMX 量表的验证型因素分析结果

模型假设	χ^2	df	NFI	IFI	TLI	CFI	RMSEA
独立模型	2832.57	136					
单因素模型	737.41	104	0.74	0.77	0.69	0.77	0.17
假设的四因素模型	153.88	80	0.95	0.97	0.95	0.97	0.07

通过验证型因素分析对心理契约问卷的结构效度进行了检验，各项拟合指数，包括 χ^2/df，NFI，IFI，TLI，CFI，RMR 分别为 8.91(44.55/5)，0.93，0.94，0.87，0.94，0.08，由于自由度较小，χ^2/df 值大于 3.0，NFI，IFI 和 CFI 指标均在 0.90 以上，表明问卷的结构效度在可接受水平。

8.3.3 研究变量的描述性统计结果

如表 8-4 所示了研究所使用量表的内部一致性系数和相关系数，结果表明六个主要研究变量的内部一致性系数在 0.86～0.94 之间。领导——部属交换关系四个维度情感、忠诚、贡献和专业尊敬的内部一致性信度系数分别为 0.91，0.85，0.87 和 0.90，总量表的内部一致性系数为 0.94；组织公正总量表和心理契约问卷的内部一致性系数分别为 0.95 和 0.86，研究量表均具有良好的信度。从相关矩阵可以看出：组织公正各维度之间的相关在 0.65～0.71 之间；组织公正各维度、POS、LMX 与心理契约之间均存在显著负相关；较之分配公正与程序公正，互动公正与 POS，LMX 及心理契约间的相关更紧密；工龄与分配公正和 POS 之间存在显著正相关，性别与 POS 和心理契约存在显著相关，女性感受到的组织支持感更弱、心理契约违背感更强。

表 8-4 研究变量的平均数、标准差及相关矩阵

变量	M	SD	1	2	3	4	5	6	7	8	9	10
1. 性别	1.45	0.50										
2. 工龄	11.80	10.40	−0.15**									
3. 职位层次	4.30	1.00	0.28	−0.26**								
4. 教育水平	3.47	0.84	0.02	−0.32	−0.10							
5. 程序公正	4.81	1.06	−0.09	0.02	0.07	−0.03	***0.87***					
6. 分配公正	4.71	1.21	−0.09	0.12*	−0.06	−0.01	0.65	0.90				
7. 互动公正	4.90	1.02	−0.09	0.05	0.03	0.07	0.69	0.71	0.94			
10. POS	4.51	0.95	−0.13**	0.11*	−0.07	0.01	0.34	0.48	0.55	0.86		
11. LMX	4.89	0.98	−0.09	0.09	0.07	−0.02	0.47	0.50	0.51	0.51	0.94	
12. PCB	4.33	0.96	−0.15**	0.09	0.04	0.03	0.38	0.41	0.43	0.24	0.30	0.86

注：① * $p<0.05$，** $p<0.01$，表中相关系数绝对值超过 0.20，$p<0.001$；②对角线上的斜黑体数字代表该量表的内部一致性信度系数；③n＝383～410。

8.3.4 社会交换关系中介变量模型与前因变量模型的比较分析结果

根据调查数据，我们对观测变量进行了合成，通过计算测量项目的平均得分得到了由POS、LMX、心理契约、组织公正三个维度构成的六个合成指标，对本研究构建的前因变量模型和中介变量模型进行了比较分析。如表8-5所示模型的拟合度指数比较可以看出，中介变量模型的拟合情况不理想，研究数据较好地支持了前因变量模型。

表8-5 中介变量模型与前因变量模型的拟合度指数比较

模型假设(n=205)	χ^2	df	NFI	IFI	RFI	CFI	RMSEA
独立模型	522.85	21					
中介变量模型	28.59	3	0.95	0.95	0.62	0.95	0.20
前因变量模型	1.23	2	1.00	1.00	0.98	1.00	0.00

如表8-6所示AMOS5.0对两类备选模型的参数估计结果。从社会交换关系中介变量模型的参数估计也可以看出，除了互动公正对POS，互动公正与程序公正对LMX具有显著预测作用外，组织公正维度对POS和LMX的其他预测效应均不显著。

表8-6 两类备选结构方程模型的参数估计结果

前因变量模型			中介变量模型		
外源变量	预测指标	路径系数	外源变量	预测指标	路径系数
分配公正	POS	0.24**	POS	程序公正	0.11
互动公正	POS	0.38***	LMX	程序公正	0.16*
程序公正	POS	0.31***	POS	分配公正	−0.03
分配公正	LMX	0.34***	LMX	分配公正	0.13
互动公正	LMX	0.30***	POS	互动公正	0.42***
程序公正	LMX	0.36***	LMX	互动公正	0.30**
心理契约	程序公正	0.33***	心理契约	POS	0.20*
心理契约	互动公正	0.20+	心理契约	LMX	0.18*

续表

前因变量模型			中介变量模型		
外源变量	预测指标	路径系数	外源变量	预测指标	路径系数
心理契约	分配公正	−0.09			

注：①$^{+}$ $p<0.10$，* $p<0.05$，** $p<0.01$，*** $p<0.001$；②n=205

前因变量模型的参数估计表明：LMX、POS对组织公正三个维度的路径系数均显著，程序公正、互动公正对心理契约的路径系数显著，但分配公正对心理契约的路径系数不显著。上述结果表明LMX和POS对组织公正的三个维度均有预测力；POS和LMX会通过组织公正对心理契约产生影响，参数估计结果也较好地反映了社会交换关系的前因变量模型。

8.3.5 社会交换关系前因变量模型的交叉检验

运用样本二调查数据，研究对社会交换关系的前因变量模型进行了交叉检验，从拟合度指数整体情况看，研究数据很好地支持了前因变量模型假设。

如图8-3所示社会交换关系前因变量模型的交叉检验结果，从图8-3中可以看出，两类社会交换关系变量POS与LMX间相关显著，POS和LMX对组织公正各维度均具有显著的预测作用，是组织公正的重要前因变量；程序公正与互动公正对员工心理契约有显著的预测作用，分配公正对心理契约的预测效应不显著；POS和LMX会通过程序公正和互动公正对心理契约产生影响。

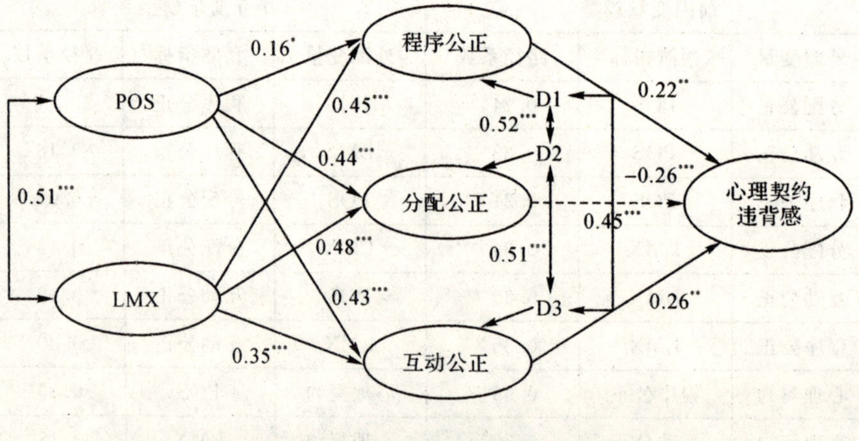

图8-3 社会交换关系变量的前因变量模型

注：模型中的数值表示标准化路径系数；* $p<0.10$，** $p<0.01$，*** $p<0.001$；虚线表示路径系数不显著。

8.4 研究总结与讨论

体现员工与组织多重交换关系合意性的组织公正水平，是员工是否愿意接受组织内部运行规则、程序以及在规则、程序下产生结果的重要依据。员工在组织中追求公正原则，但实际上，由于我国正处于社会、经济转型的关键时期，分配机制、财产分布、劳动保障等引起的社会公正问题日益突出，尤其在组织内部则表现为不是每个员工都能得到平等的分配和对待，由此而产生的一系列劳资纠纷及心理契约违背等现象势必会给组织的和谐与发展带来负面影响。因此，本章中我们基于当前中国转型的文化背景，检验了组织公正维度结构，拓展了组织公正、社会交换关系变量(POS和LMX)与员工心理反应的关系研究，具有较好的理论与现实意义。

8.4.1 研究结果讨论

关于组织公正、社会交换关系与员工心理契约违背的研究有两个目的，一是在中国文化背景下对组织公正的维度结构进行检验，同时对组织公正、社会交换关系变量(POS和LMX)及其与员工心理反应变量——心理契约的关系进行分析；二是运用结构方程建模，比较检验社会交换关系相对于组织公正的中介变量模型与前因变量模型。基于以上目的，通过实证调查，研究检验了组织公正、领导——部属交换关系、组织支持感和心理契约间的关系，并得到了如下结论：(1)在中国文化背景下，组织公正的三维模型得到了检验，程序公正、分配公正与互动公正间相关显著，程序公正与互动公正能更有效地预测员工心理契约达成；(2)两类社会交换关系变量，即组织支持感和领导——部属交换关系间的相关系数($r=0.51$，$p<0.001$)显著，POS和LMX对组织公正各维度均有显著的预测作用，是组织公正的重要前因变量，组织支持感水平和领导——部属交换关系质量会影响员工的组织公正知觉；(3)程序公正、互动公正在POS和LMX对员工心理契约的效应中起着中介作用，POS和LMX会通过程序公正与互动公正对心理契约产生影响。

8.4.2 主要理论贡献

(1)不同文化背景下,前因变量模型与中介变量模型的效应存在差异

本章研究根据社会交换关系理论和组织公正的"关系模型",构建了中介变量模型及前因变量模型,并通过实证研究对这两类模型进行比较分析,探究了社会交换关系、组织公正与心理契约间的关系,得到了中国情境下社会交换关系相对于组织公正的前因变量模型。而西方大多数研究则支持社会交换关系的中介变量模型(Tekleab,Takeuchi 和 Taylor,2005;Ambrose 和 Schminke,2003)。研究中,结构方程建模的结果支持了社会交换关系的前因变量模型,前因变量模型在拟合度指数等方面要明显优于中介变量模型。

(2)中国情境下的"关系模型"假设得到支持

研究中运用样本二调查数据,交叉检验了社会交换关系相对于组织公正的前因变量模型,支持了中国情境下"关系模型"假设。两个样本的结构方程模型参数估计均表明 LMX、POS 对组织公正三个维度的路径系数显著,说明 LMX 和 POS 是组织公正维度的重要前因变量;LMX 和 POS 主要通过程序公正与互动公正的中介作用对心理契约产生影响。

(3)分配公正、程序公正、互动公正在预测心理契约达成方面存在差异

研究结果显示,程序公正和互动公正能有效预测心理契约达成,但分配公正的预测效应不显著,说明在中国文化背景下,程序公正和互动公正是影响员工心理契约的主要因素,作为决策结果公平性知觉的分配公正,虽然也是构成组织公正的重要维度,但它并非是决定员工心理契约的因素,心理契约与决策程序及人际互动公平感知的关系更紧密。

由此表明,在实践中,各类型企业在组织公正建设方面虽然要考虑分配结果的有利性,但对于员工的心理感受而言,程序公正和互动公正更应受到关注。POS 和 LMX 作为两类重要的社会交换关系变量,会影响员工组织公正知觉,表明个体在评判组织公正状况时,不仅会受到组织支持氛围的影响，还依赖于对领导——部属交换关系的判断，领导——部属交换关系对组织公正的影响要超过组织支持感。这表明组织支持感与领导——部属交换关系均会对员工反应变量产生影响，但在不同文化背景下其作用机制存在差异，与西方社会相比，基于差序格局社会结构和强调私人关系的中国社会，领导——部属交换关系显得尤为重要。

第9章　组织公正的发展与演变:员工关系管理的作用

近年来,市场竞争范围的扩大和竞争程度的提高迫使企业传统的员工雇佣关系逐渐让位于灵活、临时的和基于任务契约规定的雇佣关系。随着多种员工雇佣关系模式的出现,员工的自主意识在逐步提高,雇主的强势则随员工能力的提高和市场空间的扩大而被逐步削弱。企业如何处理好雇佣关系,涉及组织公正、员工态度等众多因素。因此,本章节基于国内外相关理论研究基础,着重探讨在中国文化背景下的雇佣关系模式、员工组织公正感、态度结果变量(组织承诺、离职倾向)之间的关系问题。

9.1　员工关系管理的研究基础和研究假设

9.1.1　员工雇佣关系

员工与组织的关系问题(也称员工关系、员工雇佣关系、劳资关系等)一直是众多管理学者所关注的重要方面。此研究最早可以追溯到Barnard(1938)的文章,他指出员工雇佣关系是一种交换关系,即组织对员工的投入与员工为组织的贡献之间的交换关系,组织的成功权变依赖于"效用互换"管理。又有学者提出员工雇佣关系是指员工与其所在组织之间正式的和非正式的,经济的、社会的心理等方面的联系(Levitt B,March J,1988;Palich L E,2000;Park C,2003)。

(1)员工雇佣关系相关理论研究

针对员工雇佣关系的研究,国内外众多学者分别从不同角度对其进行了相关理论探讨。在这里我们简要分为四类进行说明。

①从员工角度(心理契约)进行的相关研究

心理契约是员工与组织之间隐含的、未公开的相互期望的总和(Levinson,1962)。然而,真正将心理契约推广成为用来解释员工与组织之间的关系的学者则是Rousseau(1995)。1990年,以Rousseau为代表的学者提出了从员工角度理解的雇佣关系双方责任认知的心理契约模型,认为心理契约是个体在雇佣关系背景下,对雇佣双方相互义务的一种理解或有关信念,具有主观性特点,同时Rousseau将心理契约分为四种类型:交易型(Transactional)、过渡型(Transitional)、平衡型(Balanced)和关系型(Relational)。

此后,越来越多的学者主张应用心理契约来分析当代雇佣关系。刘毕娜(2010)指出Kalleberg和Rogues从一个更制度化、社会化的角度,将心理契约作为研究挪威雇佣关系的核心要素。他们认为"心理契约理论对于雇佣关系的理解是很有帮助的,因为对于很多重要问题的研究都是基于这种理解,即大部分雇佣关系都是隐含的或至少不是书面的,于是双方对此都有自己不同的理解"。

②从组织角度进行的相关研究

组织支持感(POS)源于Eisenberger等(1986)发现的学术界研究员工雇佣关系的单向性倾向的不足,即过于注重"员工对组织的承诺",忽视"组织对员工的承诺"。第八章中我们提及组织支持感是指员工因组织关心自己并重视自己的贡献而产生的一种幸福感受,其出发点更在于强调组织对员工的关心和重视水平,从而员工以此来决定自己为组织履行一般互惠义务的程度。

徐淑英(1995)从组织角度,认为只要把组织及其代理人看作一个整体,就可以研究员工组织关系。她借鉴Barnard(1938)提出的"诱引——贡献"理论,将诱引(Inducement)定义为组织对员工的诱引,将贡献(Contribution)定义为组织期望员工为组织所做的贡献,并提出了雇佣关系的诱引——贡献(Inducement/Contribution)模型,该模型将员工雇佣关系划分为四种:准交易契约模式、相互投入型、投资不足型及过度投资型,如表9-1所示:

表 9-1 诱引——贡献模型

提供的诱引＼期望的贡献	低/狭窄	高/宽泛
低/狭窄	低诱引、低期望贡献 （准交易契约）	低诱引、高期望贡献 （投资不足）
高/宽泛	高诱引、低期望贡献 （过度投资）	高诱引、高期望贡献 （相互投入）

资料来源：Tusi，1995

徐淑英等（1997）以诱引——贡献模型为基础，进行了一系列的实证研究并证实：在（雇主对员工）充分投资或双方相互付出的关系模式中，企业员工业绩更好，组织公民行为更强，对雇主也更忠诚；而在“准交易契约”或（雇主对员工）投资不足的关系模式中，情况则截然相反。

本章研究主要沿袭徐淑英等学者的思路，将员工雇佣关系管理模式划分为准交易契约模式、相互投入型、投资不足型及过度投资型四种模式，主要探讨当企业采取不同模式时会对员工的组织公正感及其他态度变量会产生怎样的影响，而这些变量之间的互相影响又会是怎样的。

③员工雇佣关系与效果变量之间的关系研究

目前，员工雇佣关系的研究领域中有大量的理论与实证研究是关于关系类型与绩效变量之间的关系（如：Tsui，Pearce，Porter 和 Tripoli，1997），并且不少研究都证明某些员工组织关系模式在创造高绩效中优于其他的关系模式。

Wright 和 Edwards（2000）认为组织善待组织的成员，员工会改进工作态度，增加满意感和承诺感，并影响其行为，进而促进企业绩效的改善。Walton（1985）提出在员工雇佣关系管理中使用承诺策略能提高组织绩效。Lawler（1992）通过一系列案例研究发现，高参与体系与组织正面绩效是相关的。Tsui 等（1997）对不同 EOR 类型与工作绩效、工作态度之间的关系进行了研究，发现相互投入型的员工组织关系中，员工的态度及行为表现都是最有利于组织的。

Wang（2003）探讨了 EOR 同公司绩效之间的关系，其结论表明，对中层管理人员使用组织导向或过度投入模式的公司会比使用其他两种

EOR模式的公司获得更高的公司绩效,但若加入战略变量和所有权结构变量,只有组织导向模式对公司绩效的影响是显著的;在国有企业中,组织导向模式的使用与公司绩效呈显著正相关关系,但对外资企业来说这个关系并不显著。张一驰(2004)的研究也表明,组织导向型的EOR模式在各种所有权形式的企业中都占据着主导地位。

以上研究结果似乎都说明了某种员工组织关系模式总是要优于其他模式,这种最优的员工组织关系模式给组织提供了有竞争力的优势。

(2)员工雇佣关系模式与组织公正感、组织承诺及离职倾向

①员工雇佣关系模式与组织公正感

Adams(1975)的"公平理论"帮助我们理解员工是如何形成公平知觉的。不同的员工雇佣关系模式下,员工的付出和所得与其他雇佣关系模式中的员工是有差异的。比如在投资不足型中的员工,组织要求其做出无限制的贡献,却没有给予相应激励,员工就会觉得很不公正;而过度投资型虽然也是一种不均衡的关系模式,但因为员工是获益方,因此心理上的不平衡感很快就会消失,所以处于此模式中的员工会有较高的组织公正感;而在互相投入型及准交易型的均衡关系模式中,员工应该会感到受到了公正待遇。

据此,我们提出如下假设。

H1:在互相投入型和过度投资型员工雇佣关系模式中,员工的组织公正感最高;在准交易契约与投资不足型关系模式中,组织公正感依次降低。具体而言,在互相投入型和过度投资型员工雇佣关系模式中,员工的程序公正感最高,在准交易契约与投资不足型关系模式中,程序公正感依次降低;在互相投入型和过度投资型员工雇佣关系模式中,员工的分配公正感最高,在准交易契约与投资不足型关系模式中,分配公正感依次降低;在互相投入型和过度投资型员工雇佣关系模式中,员工的互动公正感最高,在准交易契约与投资不足型关系模式中,互动公正感依次降低。

②员工雇佣关系模式与组织承诺、离职倾向

Walton(1985),Ouchi(1980)确定了两种基本员工组织关系模式之间的差异,认为员工在这些由雇主设定的各种关系模式中会产生不同的心理反应。基于社会交换视角的雇佣关系理论体系，如果雇主着眼于长远，努力培养与员工的长期关系，则员工在心理上会对雇主更加忠诚。社会性交换的一个重要特征是希望培养和维持一种长期的关系，这与经济交换关系形成鲜明对比(Blau，1986)。

相关实证研究表明：组织中心型关系模式与组织绩效、生产率、战略实现正相关，与员工离职率负相关。Tsui等(1997)基于员工——组织关系模式对个体层面产出和态度的影响进行了实证分析，结果发现：北美情境下，互相投入型和过度投资型对员工的任务绩效、公民行为、有效承诺、公平感、员工间信任的正向作用都明显高于准交易型和投资不足型。

上述分析研究，其理论基础都可以归结为社会交换理论。社会交换依赖于自愿的行为而不是正式的契约。基于此，当组织对雇员表现出善意的时候，就会给雇员造成表现出互惠良好行为的义务。这种积极互惠的交换关系超越了正式的契约协定，能够给组织和员工带来共同的利益。社会交换概念与互惠原则是社会交换理论的主要构成部分。该理论隐含的前提假设是个体为了获得最大的个人利益而同别人建立联系，并且个体会积极回报自己的恩人；基本思想是当一方以善意和支持等形式为某人提供帮助时，接受方有责任回报其所接受的恩惠。

而在四种不同的员工雇佣关系模式中，员工与组织相互之间的付出及回报分别不同，则他们之间形成的契约也分别不同，因此他们对于组织的承诺或忠诚度也将不同。

根据研究基础，我们认为在过度投资和互相投入型关系模式中，雇主给予员工的开放性诱引具有社会性交换的特征，相对于其他两种关系模式，员工也会表现出更高水平的忠诚度加以回报。据此，我们提出以下假设：

H2：在互相投入型与过度投资型员工雇佣关系模式中，员工的组织承诺最高，而在准交易契约模式中组织承诺居中，在投资不足型关系模式中员工组织承诺最低。

H3：在互相投入型与过度投资型员工雇佣关系模式中，员工的离职倾向最低，而在准交易契约模式中离职倾向居中，在投资不足型关系模式中员工离职倾向最高。

9.1.2 组织公正感与组织承诺、离职倾向

(1)组织公正感与组织承诺

国内外大量研究都表明组织公正感会影响组织承诺。Colquitt 等(2001)通过元分析发现,程序公正与组织承诺强相关。Shalhoop(2003)进一步提出,分配公正和程序公正通过组织支持感影响员工对组织的承诺,互动公正通过领导——部属关系影响员工对领导的承诺。

在组织承诺的维度方面,Brooks 和 Zeitz(1999)研究发现程序公正与感情承诺之间强相关,而分配公正、互动公正与感情承诺的相关程度则没有程序公正强烈。存在多数研究认为组织公正感对持续承诺没有影响,但也有研究表明,程序公正和互动公正对员工的持续承诺有负面影响(Cohen-Charash 和 Specter,2000),而我国实证研究则发现公正感和持续承诺之间正相关。因而,组织公正感和持续承诺之间的关系究竟如何还有待进一步检验。据上述研究基础,我们提出如下假设。

H4:员工组织公正感对组织承诺有正向影响。具体而言,员工组织公正感的三个维度分配公正感、程序公正感、互动公正感对员工组织承诺的三个维度情感承诺、持续承诺、规范承诺分别有正向影响。

(2)组织公正感与离职倾向

离职倾向是指工作者在特定组织工作一段时间,经过一番考虑后,蓄意要离开组织的意图(Mobley,1977),属于主动离职的范畴。离职倾向与离职行为不同,是态度倾向与实际行为的区别,两者之间有一定距离。一般认为离职倾向是员工产生的想要停职并企图寻找其他工作想法的最后一个阶段,最能预测离职行为的发生(蔡坤宏,2000)。

离职倾向和实际的离职行为与分配公正和程序公正均相关,如果员工感知到组织的分配和程序是公正的,员工离开组织的动机就会大大减少(Daly 和 Geyer,1994;Konorsky 和 Cropanzano,1991)。Fields 等(2000)指出分配公正对中国香港员工的留职意愿有显著的影响。也有研究表明,只有程序公正与离职倾向和离职行为相关,因为程序公正表明了组织决策制定的一些规范和准则,这些与任何的分配结果无关。因而,只

要程序是公平的，一些具体的分配结果不会促使人们产生离开组织的愿望(Dailey 和 Kirk，1992)。相对而言，程序公正也被认为比互动公正对离职倾向有更好的预测能力(Masterson et al.，2000)。Cohen-Charash 和 Spector(2000)研究表明，离职倾向和分配公正及程序公正均表现出了稳定的负相关关系，互动公正与离职倾向也存在负相关，但相关程度相对较弱。

由上述研究基础可以得出，组织公正感在很大程度上会影响到员工的离职倾向，据此，我们提出如下假设。

H5：员工的组织公正感对其离职倾向有负向影响。具体而言，员工的程序公正感对其离职倾向有负向影响；员工的分配公正感对其离职倾向有负向影响；员工的互动公正感对其离职倾向有负向影响。

9.2 员工关系管理的研究方法

9.2.1 研究样本选取

本章节的实证研究一方面以 295 名浙江企业员工为样本，从社会交换理论的逻辑分析出发，分析论证不同员工雇佣关系模式下的员工组织公正感、员工态度变量(选取组织承诺、离职倾向)的差异，同时分析并论证组织公正感与组织承诺及离职倾向之间的关系；另一方面选取一家企业作为案例研究对象，通过分析企业内的员工雇佣关系等状况，来验证之前实证研究所得到的主要结论。

问卷调查选取十多家企业样本，分别在杭州市、宁波市、舟山市三个地区发放。共发放问卷 295 份，回收问卷 236 份，问卷有效率为 76.3%。样本基本特征中，企业性质分布为国有企业占 20.9%，三资企业占 19.1%，民营企业占 46.7%，公共服务部门占 13.3%；参与调查的男性占 51.1%，女性占 48.9%；其中 26—30 岁的人群比重最大，占 52.0%；本科学历的调查达到 54.2%，工龄在 1—3 年的占多数达到 56.9%；职位层次中一般员工占 76.0%，基层主管占 12.9%，中层主管占 8.9%，高层主管占 2.2%。

9.2.2　变量测量

问卷设计共分为六个部分,分别是:第一部分,被试对象的基本信息;第二部分,员工雇佣关系模式的测量;第三部分,员工组织公正感的测量;第四部分,领导——部属交换的测量;第四部分,员工组织承诺的测量;第五部分,员工离职倾向的测量。本问卷所有条目均采用五点利克特量表的形式计分。

问卷的第一部分是关于被试者的基本信息,包括被试者的性别、年龄、学历以及所在企业的概况等。

问卷第二部分员工雇佣关系测量的量表参考了 Song,Tsui 和 Law(2009)在实证研究中所运用的量表,并在此基础上稍做调整。问卷共测两个维度,分别为:(1)雇主期望员工做出的贡献;(2)雇主给予员工的诱引。每个维度由八条目测定,共十六个项目。

问卷第三部分员工组织公正感的量表参考了金杨华在 Niehoff 和 Moorman 等研究基础上编制的组织公正问卷,并在此基础上做了调整,共有十七个项目构成。

问卷第四部分组织承诺的量表,采用刘小平(2000)论文中有关研究组织承诺的量表,经过修改后得出。量表由十九个项目组成,包括三个维度:情感承诺、持续承诺和规范承诺。本研究把第一至第七题用来测量情感承诺,第八题至第十五题用来测量持续承诺,第十六题至第十九题用来测量规范承诺。

问卷第五部分离职倾向的量表,采用 Arnold 和 Davey(1999)在参考相关文献基础上开发的离职倾向量表,共四个项目。

9.3　员工关系管理的假设检验与结果分析

9.3.1　研究变量的描述性统计结果

如表 9-2 所示研究模型中所有研究变量之间的相关关系。从表 9-2 中可以得到以下结果:员工雇佣关系变量的两个维度(期望的贡献与提供的激

表 9-2　变量的均值、标准差和相关系数表

变量	M	SD	1	2	3	4	5	6	7	8	9	10	11
1. 期望的贡献	3.86	0.66											
2. 提供的激励	3.28	0.76	.297**										
3. 组织公正	3.49	0.70	.442**	.711**									
4. 程序公正	3.47	0.73	.426**	.665**	.896**								
5. 分配公正	3.42	0.90	.330**	.620**	.878**	.678**							
6. 互动公正	3.58	0.75	.421**	.589**	.860**	.708**	.588**						
7. 组织承诺	3.50	0.70	.500**	.494**	.653**	.599**	.547**	.578**					
8. 情感承诺	3.24	0.92	.444**	.581**	.671**	.601**	.565**	.605**	.896**				
9. 持续承诺	3.34	0.77	.375**	.372**	.441**	.413**	.365**	.389**	.811**	.613**			
10. 规范承诺	3.92	0.79	.443**	.270**	.519**	.485**	.437**	.448**	.816**	.614**	.460**		
11. 离职倾向	2.63	1.06	−.173**	−.449**	−.403**	−.392**	−.425**	−.231**	−.455**	−.513**	−.311**	−.307**	

注："**"表示系数在 0.01 水平上显著(双尾)；"*"表示系数在 0.05 水平上显著(双尾)；相关系数均为 Pearson 相关系数。

励)与组织公正及组织承诺都在0.01水平上正相关,与离职倾向在0.01水平上负相关;组织公正与组织承诺显著正相关,且其中程序公正与组织承诺及组织承诺的各维度的相关系数都为最高;组织公正与离职倾向呈显著负相关,而分配公正与程序公正及互动公正相比,与离职倾向的相关性最明显;LMX与组织公正呈显著正相关,且与其中的互动公正的相关系数最高;LMX与离职倾向呈显著负相关关系。

9.3.2 雇佣关系对组织公正、组织承诺及离职倾向的影响

通过回归分析,我们发现,提供的激励及期望的贡献都可以有效预测组织公正感和组织承诺,但其预测效度存在差异,提供的激励最能预测组织公正,而期望的贡献则对组织承诺的影响最为显著。

另外,在对员工雇佣关系变量各维度对离职倾向的回归分析中,我们发现,只有提供的激励可以显著预测员工的离职倾向,由此可以推断,组织提供给员工的激励越多,比如高的待遇、好的发展前景都能减弱员工的离职倾向。

9.3.3 组织公正对组织承诺及离职倾向的影响

通过回归分析,由所得数据,可以得出程序公正对组织承诺的影响最为显著,并且程序公正、分配公正及互动公正都能够有效预测组织承诺。我们的研究结论与其他学者基本一致,如Sweeney和McFarlin(1993)就指出程序公正比分配公正可以更好地充当组织承诺的前因变量,这是因为公正的程序使得员工感到他们能从组织获得公正的对待,他们应该在未来表现好作为回报,即使现在的分配结果有点不太公正。

在更进一步的分析中,我们通过数据发现分配公正、程序公正和互动公正都可以有效预测情感承诺和规范承诺,但论预测效度,互动公正最能预测情感承诺,程序公正最能预测规范承诺;而关于持续承诺,程序公正、互动公正则都能有效预测,分配公正却不行,其中程序公正对持续承诺的影响最为显著。

而在组织公正各维度对离职倾向的回归分析中,我们发现,分配公正与程序公正能够有效预测离职倾向,其中分配公正对离职倾向的影响最具显著性。

9.3.4 不同员工雇佣关系模式的方差分析

对于回收的数据，我们利用员工雇佣关系的两个维度（组织期望的贡献及组织提供的激励）的得分来构造出四种不同的员工雇佣关系模式。结合两个维度上的分数高低，我们用各维度的平均值进行群体区分。如果某样本在这两个维度上的得分都高于其平均值，那它就属于互相投入型；如果都低于其平均值，那它就属于准交易型；如果组织对其的期望贡献高于平均数，而组织提供的激励低于平均数，那它就属于投资不足型；如果组织对其的期望贡献低于平均数，而组织提供的激励高于平均数，那么它即属于投资过度型。

用这种方法对236个样本的员工雇佣关系模式进行归类，结果如表9-3所示：

表 9-3 员工雇佣关系模式分布表

	均值		互相投入型	准交易契约型	投资不足型	投资过度型
期望的贡献	3.8622	样本数	75	64	57	29
提供的激励	3.2756	百分比(%)	33.3	28.4	25.3	12.9

由表9-3可见，在此研究样本中，均衡的员工雇佣关系模式（61.7%）要比非均衡的员工雇佣关系模式更加普遍。

下面我们应用邓肯多范围检验（Duncan's Multiple Range Test）进行单因素方差分析（ANOVA），考查不同员工雇佣关系模式下的员工结果变量是否存在显著差异，且是否按假设的顺序排列，分析结果如表9-4所示。

表 9-4 四种员工雇佣关系模式中员工态度变量情况

因素	均值				F值	Sig.
	互相投入型	准交易契约型	投资不足型	投资过度型		
组织公正	4.11_a	3.04_c	3.15_c	3.59_b	59.659	.000
程序公正	4.13_a	3.03_c	3.09_c	3.49_b	58.510	.000
分配公正	4.00_a	2.93_c	3.12_c	3.62_b	26.513	.000
互动公正	4.19_a	3.15_c	3.23_c	3.64_b	42.280	.000

续表

因素	均值				F值	Sig.
	互相投入型	准交易契约型	投资不足型	投资过度型		
组织承诺	4.00_a	3.13_b	3.35_b	3.32_b	27.189	.000
离职倾向	2.17_a	2.83_b	3.00_b	2.69_b	8.693	.000

注：下标字母相同的项目均值无显著差异。

根据表9-4的方差分析结果，我们可以看到不同的员工雇佣关系模式下的员工各态度的平均得分，并发现各变量均存在显著差异。

H1预测在互相投入型和过度投资型员工雇佣关系模式中，员工的组织公正感最高，在准交易契约与投资不足型关系模式中，组织公正感依次降低。根据表9-4，假设H1得到部分验证。不过，互相投入型关系模式中的员工组织公正感明显高于过度投资型关系模式中的员工组织公正感，另外，并不是投资不足型关系模式下的员工组织公正感最低，而是准交易关系模式下的为最低。并且组织公正三维度（程序公正、分配公正、互动公正）在四种雇佣关系模式下的得分排序与组织公正总得分一致。

H2预测在互相投入型与过度投资型员工雇佣关系模式中，员工的组织承诺最高，而在准交易契约和投资不足型关系模式中，员工的组织承诺最低。根据表9-4，假设H2得到部分验证。相互投入型下员工组织承诺最高，接着是投资不足型，其次是投资过度型，最后是准交易契约型，且后三种模式下的员工组织承诺的平均分没有显著差异。

H3预测在互相投入型中员工离职倾向最低，其次是过度投资型，然后是准交易契约模式，在投资不足型关系模式中员工离职倾向最高。根据表9-4，实际情况正是如此。不过，投资过度型、准交易契约模式与投资不足型三者的平均分值并无显著差异，因此我们认为H3基本上得到了验证。

综上，通过表9-4得出的研究结果表明：总体来看，互相投入型和过度投资型关系模式中员工态度较好，而投资不足型或准交易契约型关系模式中的情况则相对较差。互相投入型关系在所有态度方面的得分为最佳。

9.4 员工关系管理的研究结果总结与讨论

本研究在理论分析的基础上，通过实证分析员工雇佣关系模式、组织公正感、组织承诺、离职倾向之间的关系，并引入调节变量——LMX。基于问卷统计分析以及实证研究的结果，本节将对研究结果做出总结与讨论。

9.4.1 期望的贡献、提供的激励对组织公正感及组织承诺的影响讨论

决定员工雇佣关系类型的两个变量（期望的贡献、提供的激励）对组织承诺与组织公正的回归分析结果与我们预想的有些不一致。一般情况下，我们认为，只有提供的激励能预测组织公正与组织承诺，而即便期望的贡献也能预测组织公正，其回归系数也应为负，这是因为我们认为当组织要求员工做出更多贡献时会导致员工感到受到亏待及较低的组织承诺。之所以会存在分析结果的不一致可能是由于调查中存在的误差。或许也可以这样思考：组织期望员工做出的贡献包括好的工作绩效及许多角色外行为，也包括要求员工主动学习公司内的一些特定技能，而这些技能则可能会促使员工做出一些额外贡献，这可以视为组织在员工身上进行了人力资本投资，而这种投资更有可能留住员工（Becker，1960），因此实际上这些贡献反而增加了员工的公正感及忠诚度。

9.4.2 不同员工雇佣关系模式下的员工组织公正感具有显著差异

研究结果显示，员工雇佣关系模式对组织公正感影响显著。当员工处于互相投入关系模式下时，员工与组织之间基于长期的、高质量的社会交换关系、彼此承诺和信任关系不仅会使员工表现出高的绩效（角色内绩效、角色外绩效），而且还会改进员工的各方面态度，促使处于这种雇佣关系下的员工组织公正感最高。而投资过度型虽然是种非均衡的关系模式，但由于员工处于有利方，因此其组织公正感也较高。

与假设预测一样,在准交易契约型与投资不足型模式中,员工的组织公正感较低。这是因为处于准交易契约型模式中的员工,即使交易双方均衡使员工理应感受到公正对待,但是此种雇佣关系下的员工一旦将自身与互相投入型的员工做比较时,就会觉得自己受到了亏待(Adams,1965)。

此外,我们发现投资不足型模式中员工的组织公正感并非最低。而一般情况下都会认为,当员工处于投资不足型模式中时,组织要求员工做出无限制的贡献,却没有给予相应的回报,员工就会觉得不公正。关于研究结果与一般认知的差异,我们认为可能有以下解释:第一,我们选取的样本中使用这种雇佣关系模式的企业太少,导致我们的研究没有选取到真正的投资不足型模式的样本,从而在一定程度上削弱了研究成果的效度;第二,研究样本的大多数为年轻工作者,而一般刚投入工作不久的年轻工作者在组织中更倾向于锻炼自身的能力,更愿意为组织做出贡献以提升自己,因此往往可能会表现得不追求回报,也不会在很大程度上认为自己受到了亏待。类似于刘亚(2002)的研究发现,年轻员工的分配公正感和程序公正感最高,但是随着年龄增长,这种分配公正感就会持续降低。

9.4.3　不同员工雇佣关系模式下的员工组织承诺、离职倾向具有显著差异

研究结果显示,互相投入型关系模式下的员工组织承诺最高,离职倾向最低。这意味着如果组织着眼于长远,努力培养与员工的长期关系,则员工对组织会更加忠诚,即组织承诺更高(Blau,1986)。此外,Haas 和 Deseran(1981)指出,社会性交换之所以成为可能,是因为交易双方的言行都遵循共同的互惠原则。在互相投入模式下,组织给予员工广泛的培训,提供相对较高的就业保障,同时要求员工给予相应的回报,提供长期稳定的服务,因而此模式下员工表现出的工作稳定性最高,离职倾向最低。

准交易契约关系模式属于纯经济的交换关系,此种模式下,员工只需做好本职工作(Walton,1985),也较少具有"准道德投入、角色外行为"(Pearce,1993),因而其组织承诺也最低。并且该关系中组织不期望员工忠心耿耿,雇佣关系的形成更多的是以某项工作内容的完成为目标,当有

更好的工资待遇时员工也极可能离职前往，因此离职倾向也最高。

此外，投资过度型的离职倾向也较低，仅次于互相投入型，这是因为此关系模式对于员工而言较为合算，因此他们更愿意享受“高”待遇，而不愿意离职。

9.4.4 员工组织公正感对组织承诺的影响讨论

研究证实了以下几点：一是互动公正、程序公正和分配公正都对员工的组织承诺产生积极影响，其中程序公正的影响程度最大，分配公正的作用力最弱；二是互动公正与情感承诺之间呈强相关关系，程序公正、分配公正与情感承诺的相关效果没有互动公正强烈；三是程序公正和互动公正对持续承诺有显著的直接影响，而分配公正对持续承诺则没有直接的因果关系；四是程序公正对规范承诺有显著影响，互动公正与分配公正对规范承诺的影响则稍弱。虽然以上研究结果与一些西方研究不一致，但考虑到中国的传统文化和经济特征，我们认为此研究结论仍是有效的。因为在当前的中国情境下，一方面，随着企业由人治管理向法治管理方式的转变，程序公正日益受到重视；另一方面，中国文化具有“关系”取向的特点和集体主义的特征，从而使组织中员工的互动公正知觉显得尤为重要。

9.4.5 员工组织公正感对离职倾向的影响讨论

研究显示，在组织公正与离职倾向的相关性上，组织公正及其各维度与离职倾向之间存在着显著的负相关关系。其中，分配公正与离职倾向的负相关系数最高，程序公正紧随其后，互动公正与离职倾向的负相关系数最低。并且在更具体的回归分析中也显示互动公正的影响作用不显著。这说明，在组织公正各维度中，员工的离职倾向更依赖于对分配公正与程序公正的认知。

我们的结论与不少学者的研究结果一致，如周浩、龙立荣等(2005)采用情境刺激实验法探讨组织公正各维度影响效果差异的结果表明，分配公正对员工消极后果有更多的影响。Masterson 等(2000)研究发现，程序公正会影响员工感知到的企业对其重视和尊重的程度，进而影响员工的离职倾向。

第10章　伦理型领导对组织伦理氛围的影响:渗透过程模型

作为社会各界关注的焦点,企业伦理建设中关于领导的研究不再过分注重领导的经济绩效,开始重视领导的伦理规范,并由此提出了伦理型领导的概念。伦理型领导作为组织伦理建设的引领者,在组织伦理氛围的建构中发挥关键作用。本章研究立足于中国现实环境,基于普通员工视角,通过构建出伦理型领导影响组织伦理氛围的渗透过程模型,以此来探讨伦理型领导塑造组织伦理氛围的多重机制。

10.1　伦理型领导对组织伦理氛围影响的研究基础和研究假设

本章节从以往的文献理论出发,介绍了伦理型领导和组织伦理氛围的研究成果,分析和归纳出伦理型领导可以通过三个方面影响组织伦理氛围,即伦理价值观、角色模范和伦理制度。并在此基础上提出研究假设。

10.1.1　伦理型领导对组织伦理的影响

(1)伦理型领导理论

伦理型领导最早被界定为一种思维方式,重点描述管理决策中的伦理问题,从而规范决策过程所参照的伦理准则和标准(Enderle,1987)。之后,不同学者从特质和行为角度对“什么样的领导者是有道德的领导者”这一问题进行了深入探讨。例如,Treviňo等(2000,2003)认为伦理型领导是正直、可信赖的、公平、有原则的决策者。Meda(2005)发现企业管理者通常会将伦理型领导概括为榜样领导、道德行为的角色模范、在商业事务中激励追随者做出道德反应等。Brown 等（2005）则认为伦理型领导是能通过个人行为和在人际互动中展现合乎规范的伦理操守，并通过双向沟通、行为强化和决策制定，从而激发下属伦理行为的领导者。

除对伦理型领导的定义，不同学者对伦理型领导的维度划分和测量方式进行了多项实证研究。Kanungo 和 Mendonca（1998）将伦理型领导划分为领导者的动机／意图、领导者的影响策略和领导者特质三个维度。Khuntia 和 Suar（2004）基于其研究成果，以印度东部的私营企业和公有制企业的中层管理者为样本，研究总结出“授权”和“动机和特质”这两个维度。然而，该研究的背景是印度高权力聚集的文化，适用范围具有很大局限性。

因此，为促进伦理型领导跨文化背景一致性的研究，Resick 等（2006）基于全球领导和组织行为有效性的研究项目（即 GLOBE 项目），以 62 个国家和地区为样本，其实证研究结果显示，伦理型领导包括：品行正直诚实、利他主义、集体主义至上和激励四个方面。随后，Martin 等（2009）对德国和美国中层管理者的研究也验证了 Resick 等（2006）的分析结果。

此外，De Hoogh 和 Den Hartog（2008）又将伦理型领导概括为道德公平、角色界定和权力分享三个维度，他们指出清晰的绩效目标和期望，以及角色界定是伦理型领导的重要组成成分。

（2）组织伦理氛围理论

Victor 和 Cullen 等（1987）对组织伦理氛围的开创性研究表明组织伦理氛围是员工对组织伦理政策和程序所持有的一种稳定、持续的共享观念和行为意向，是组织成员对什么是符合伦理的行为，如何解决伦理问题的共享认知。Mayer 等（2009）认为伦理氛围是指在一个组织中，人们对于伦理政策、行为和程序的共有认识和行为意向，是组织在处理有关伦理问题上的共有特征，也是组织成员在鉴定什么是符合伦理的行为以及该如何处理伦理问题两方面所形成的共有认知，这种认知会影响到组织成员对待伦理问题的态度、信念以及动机，最终会影响整个组织的伦理行为。

组织伦理氛围的作用在于使人们不仅能够从自身的经验教训中认识到学习伦理的重要性,还能通过观察组织中的奖惩制度来提高伦理认知水平,对伦理事件做出相应的反应。有关研究表明伦理氛围对领导者伦理决策产生积极影响(Flannery 和 May,2000),并和说谎意愿呈负相关(Ross 和 Robertson,2000)。它在引导组织成员行为方面起到了关键性作用,并反映了组织的伦理特征(Cullen,Parboteeah 和 Victor,2003)。也有学者表明,组织伦理氛围可以看作是组织氛围的一种类型,能够反映组织政策、程序和实践所带来的伦理结果(Mulki,Jaramillo 和 Locander,2009)。

(3)伦理型领导与组织伦理氛围

伦理型领导在组织伦理建设中具有示范和涟漪作用(Barney,2005)。Weaver,Treviño 和 Agle(2005)认为应该充分强调领导者在组织内部伦理价值的传达和塑造,提出应该关注伦理型领导者如何通过伦理期望和价值传导影响组织内部每一个员工的伦理意向和行为。并且,伦理型领导通过与各级管理者的互动和沟通,使自身的伦理行为能层层影响组织内其他员工,起到伦理角色模范的作用。此外,Davis 和 Rothstein(2006)提出伦理型领导应具备制度创新的能力,领导者应通过伦理规范的制度化来影响组织伦理建设。

总体而言,伦理型领导者通过各种正式或非正式的渠道不断向下属表明按伦理行事是所期望的、鼓励的和有价值的。这样,组织成员就能够更容易感受到组织的伦理氛围。许多相关研究都已经表明伦理型领导能够有效影响组织伦理氛围。例如,Schminke 等(2005)验证表明领导者的道德发展水平与组织伦理氛围紧密相关。Neubert 等(2009)认为伦理型领导者能够影响组织成员对组织伦理氛围的感知。Mayer 等(2009)提出的渗透过程模型也说明基于社会学习理论和领导行为的瀑布效应,高层伦理型领导可以通过价值传导、角色模范和奖惩制度系统,对各级主管的伦理行为产生积极影响,进而影响到员工的日常行为。

基于上述研究基础,我们提出如下假设。

H1:伦理型领导正向影响组织伦理氛围。

10.1.2 伦理型领导的价值传导与建构过程

(1)伦理价值观理论

Hunt 等(1989)指出企业伦理价值观是领导者个人价值观与企业的正式或者非正式的伦理政策的复合体。Clark 和 Leonard(1998)的观点认为企业伦理价值观既决定企业的伦理决议和伦理环境,又会最终影响企业的整体效益。Carroll 和 Buchholtz(2000)则表示企业伦理价值观在领导者评判事情正确与否的态度和行为上具有关键影响。相较于国外学者,国内学者如陈泽环(2003)指出,伦理价值观作为一种伦理道德观念,能够在一个组织或者社会共同体中引起共鸣和认同。

当组织成员面临着伦理两难困境时,伦理价值观对其行为的选择就会产生重要影响。一方面,人们各自不同的伦理价值观就会塑造其本身关于"哪些事情值得去做或不值得去做,哪些事情应该要做或不应该做"的思维意识,从而影响人们的伦理行为意向。另一方面,组织伦理价值观能够反映成员与组织相适应的心理机制。例如,Sims 和 Koen(1997)的研究就发现,当组织伦理工作氛围与组织成员自身所偏爱的伦理价值取向相符合时,他们会倾向于留在组织。因此,对于伦理型领导者来说,他们需要吸引和保留那些个体伦理价值观和组织伦理价值观相一致的人,以便能够塑造出稳定和谐的组织伦理氛围。

(2)伦理型领导对伦理价值建构的影响

伦理价值建构在组织伦理建设中至关重要,伦理型领导应在组织中建立和传导合适的伦理价值观,从而为组织成员在伦理决策时提供依据。

领导者在组织中组织这种目标的实现,除了利润和产出目标,领导者也有责任制定用来指导组织内部员工行为的伦理准则和伦理价值观。Wright 和 Quick 等(2011)的观点表明,一方面,领导者本身会影响组织价值系统和个人观念,而另一方面,组织内的下属会把领导者的价值观念内化,并致力于这些价值观念和目标的实现。因此,为提高组织伦理价值的接受程度并促进组织和下属之间伦理价值观的一致与匹配,伦理型领导具有不可忽视的作用。愈多的组织员工接受并按照领导者强调的伦理价值观行动,也就会培养出愈发强大的组织伦理氛围(Hood,2003)。

关于伦理型领导构建组织伦理价值观的过程,Thompson 等(2009)提出的三阶段模型具有重要的借鉴意义,这三个阶段分别是诊断阶段、预示阶段和驱动阶段。即先诊断发现原有组织伦理价值观与地方社会规范、领导价值观与成员特质之间存在的冲突,继而基于冲突的成因,塑造新的组织伦理价值观,最后整合并调整新的组织伦理价值观,促进领导与成员之间实现充分的交流与价值匹配。

基于上述研究基础,我们提出如下假设。

假设 H2:伦理价值观传导在伦理型领导与组织伦理氛围的关系中起中介作用。

10.1.3　伦理型领导的角色模范和道德榜样作用

(1)角色模范理论

社会学习理论对伦理角色模范的作用机理进行了一定解释。社会学习理论认为人们通过观察其他人的行为和行为后果进行学习。角色模范是一种价值观机制,它通过有魅力的领导传达多种与组织使命、未来有关的价值观,这种角色模范还会被发展、确认、激活成为一种规范的价值观,以便做出最恰当的伦理决策,因此,能够为组织成员提供伦理指导,并有助于组织成员更好地认识自我和展现伦理行为(Wright 和 Quick,2011)。Wood 和 Bandura(1989)也指出设立角色模范提供了学习和模仿的榜样,还向他人传递着相关行为规则。

(2)伦理型领导对角色模范引导的影响

领导者需要建立特定的角色模范和道德榜样影响组织道德的发展趋势。Brown 等(2005)指出领导者成为有效的伦理型领导者,他首先必须是一个具有伦理意识和伦理行为的,且正直可靠、具有魅力的角色模范。

研究结果也表明伦理型领导的角色模范主要体现了人际互动、自我期望和公正处事三个方面(Weaver et al.,2005)。在人际互动方面,伦理角色模范主要体现了领导者对组织成员的关怀和帮助,并保持良好关系,乐于助人,积极处事,为组织成员实现绩效结果提供保障;在自我期望方面，伦理角色模范体现在诚实正直，平易近人，严于律己，勇于承担，能够主动为组织发展而做出自我牺牲；在公正处事方面，伦理角色模范注重资源分配公正，程序执行平等正义，始终对他人表示尊重并保证组织内的信息流通通畅（Ambrose 和 Schminke，2009）。

因此，在伦理角色模范作用下，伦理型领导的可见的行为会影响组织成员的伦理决策和行为。当发生类似情形时，组织成员仿效伦理型领导的行为自觉采取相应的认为合理、恰当的伦理决策和行为的组织伦理氛围，因而，这种角色模范为组织内部的其他成员提供了伦理指导，并促成组织成员更好地认识自我和展现伦理行为（Weaver et al.，2005；Wright 和 Quick，2011）。

基于上述研究基础，我们提出如下假设。

假设 H3：角色模范引导在伦理型领导与组织伦理氛围的关系中起中介作用。

10.1.4 伦理规范的制度化与制度激励

(1)伦理制度理论

Brenner（1992）指出，每个组织都存在伦理程序，但大多数伦理程序非显性，它们没有明文规定，而是内置于组织文化中。这种伦理程序的隐性部分可能包括激励方式、领导过程、晋升政策和绩效评价等。伦理制度是“制度化的伦理”（Martin 和 Cullen，2006）。以往学者对伦理制度和制度伦理进行了一定的区分，强调伦理制度是一种明示的道德规范，它能够通过一系列的道德规范约束人们的行为，而制度伦理则强调在一般的制度形式中隐含的伦理要求，这些要求需要借助其他的制度间接影响人们的行为。

伦理制度对组织成员的规范主要通过强制和规范来体现，此外，伦理制度化还是组织环境的一部分，是组织成员在做伦理决策过程中的重要影响因素（Hunt 和 Vitell，1986）。伦理制度通过正式的规章和政策出现，进而以此作为组织的正式控制系统；伦理制度通过体现伦理型领导者的伦理价值观和行为准则来促成组织成员的伦理规范；伦理制度作为组织环境的一部分还体现在组织的各项实践中，如招聘标准中伦理要素的融入。

(2)伦理型领导对伦理制度激励的影响

组织中,伦理型领导通过对企业伦理制度的制定和执行来影响企业伦理的构建。奖惩制度在伦理制度的执行中发挥了重要作用,伦理型领导通过批评教育、惩罚进而对组织成员的非伦理行为进行负强化,以减少或抑制非伦理行为的发生(Singhapakdi 和 Vitell,2007),奖励伦理行为,通过奖惩维护组织期望的伦理行为并维持伦理制度的实际效力和刚性伦理型领导遵循伦理制度的作用机理。

完善的伦理培训制度能够让组织成员产生价值认同和共享认知,可以帮助员工了解不同情况下的伦理本质以及在面对伦理两难境地时如何做出恰当选择。通过培训,上下层之间就共有的伦理问题与行为期望进行交流、解答和内化,建立起彼此共通的伦理价值体系,从而促使组织成员对伦理行为的认知具有更强的一致性。

同时,伦理型领导者通过建立完善的伦理制度体系,约束组织成员的非伦理行为、培育其对伦理制度的价值认同,逐步实现从道德不自觉到道德自觉的发展转变,进而形成一种制度化的组织伦理。

基于上述研究基础,我们提出如下假设。

H4:伦理制度激励在伦理型领导与组织伦理氛围的关系中起中介作用。

10.2 伦理型领导对组织伦理氛围影响的研究方法

10.2.1 研究样本选取

本章研究的调查区域主要为杭州市、宁波市、温州市、金华市、衢州市、湖州市、绍兴市、南京市等 32 家企业,共发放问卷 320 份,回收有效问卷 246 份,有效问卷回收率为 77.2%。参与调查的企业员工中男性 128 人,女性 108 人;本科学历占百分比为 69.9%,参与调查的进入部门时间分布较为均匀,10 年以下的占 90.9%。职务层次分布中普通员工占 87.8%,基层员工占 12.2%。公司性质占比分别为:国有企业占 64.2%,

三资企业占 2%,民营企业占 32.9%,其它占 0.9%。此外,公司规模在 49 人及以下的占 14.2%,在 50—300 人的占 13.8%,在 301—2 000 人的占 45.1%,在 2 000 人以上的占 25.6%,缺失占 1.3%。

10.2.2 变量及其测量

(1)自变量和因变量的测量

①伦理型领导的测量

伦理型领导的测量采用了 Brown,Trevino 和 Harrison(2005)所编制的十个题项的单维度结构的伦理型领导量表(Ethical Leadership Scale,简称 ELS)。该量表的每一个题项都采用了利克特的七点计分方式,一表示“完全不同意”,逐步过渡到七表示“完全同意”。该量表经过国内外多项研究验证,具有较高的信度和效度。

②组织伦理氛围的测量

组织伦理氛围感知的测量采用的是 Schwepker(2001)开发的量表。该量表广泛被用来测量员工对于企业伦理守则、伦理政策、高层管理者的行为对组织伦理的影响的感知和评价(Jaramillo et al.,2006)。对该量表的测量也采取利克特的七点计分方式,一表示“完全不同意”,逐步过渡到七表示“完全同意”。其中,第五题和第六题采用反向计分法,即得分越高,表示被试员工伦理氛围感知越弱。

(2)中介变量的界定和测量

①访谈调查

为进一步了解企业领导者对组织工作氛围的影响方式,我们对三家企业(两家国企、一家民企)的 22 位普通员工进行了一对一的访谈调查,试图将领导者在现实工作中的影响方式进行分析和归纳。步骤包括:

第一,让员工用简单的语言评价直接领导者(一般为部门经理),以此了解该领导在员工心中的总体形象。调查发现,大多数员工对领导表示认可,有少数几个存在抱怨,并且同一部门员工对同一领导者的评价普遍呈现一致性。

第二,让员工用尽可能简短的词语来形容直接领导者。调查发现,对领导者特质基本上有三种类型的描述:一是“言行一致、公正可靠、尊重关怀、有责任心、价值观明确”,并认可领导者的伦理意识;二是偏重于“真诚、自信、乐观”等诚信特质;三是偏重于“极具魅力、充分信任下属”等魅力型特质。每种类型的侧重点不同。

第三,让员工描述直接领导者对其自身影响最深的语言或事件。调查发现,领导者的工作态度及言行举止均影响着员工们的认知、态度和行为,从而影响整个部门的工作氛围,这一点与以往文献强调的伦理价值观、角色模范影响工作氛围的作用一致。但是,访谈中的员工并未主动提及“伦理”两字,折射出在中国文化背景下,企业并未把商业伦理道德提升到一个应有的位置和高度。

第四,我们对“领导者是否能对员工的伦理行为进行公正的奖惩”进行了提问。大多数员工持肯定态度,但也表示伦理行为具有“大小”之分,例如,同为非伦理行为,收受贿赂应被严惩,但上班干私事则可以被接受。

②伦理价值观的界定和测量

基于以往理论研究和访谈调查,我们将组织伦理价值观界定为领导者个人价值观与企业伦理价值观的复合体,即企业领导者通过与员工的沟通交流,将自身的伦理价值观传达、渗透给员工,从而形成在组织内部对同一伦理价值观的共鸣。这种复合体反映了组织整体的伦理价值取向,是组织成员所共同遵守的企业伦理行为准则。针对伦理价值观的测量,我们主要参考了 Hunt,Wood 和 Chonko(1989),Valentine 和 Barnett(2002),Valentine(2004),Baker,Hunt 和 Andrews(2006),Biron(2010)以及 Valentine,Godkin,Fleischman 和 Kidwell(2011)的研究,最终形成测量伦理价值观的五条测量题项。

③角色模范的界定和测量

基于以往理论研究和访谈调查,我们将角色模范定义为通过一系列的伦理行为,向企业员工传达伦理要求,树立典范,引导下属正确行事。领导者的优秀行为会对下属产生重大的影响,因为在下属看来,领导者的“角色模范”代表了组织期望的一种价值体系。有效的领导者会在下属中树立起典范,且这种典范将会与组织目标和组织价值取向保持一致。针对伦理模范的测量,我们主要参考了 Chrobot-Mason(2004),Hammer,Kossek,Yragui,Bodner 和 Hanson(2009)以及 Ruiz-Palomino 和 Martinez-Cañas(2011)的研究,最终形成了测量角色模范的六条测量题项。

④伦理制度的界定和测量

基于以往理论研究和访谈调查,我们将伦理制度化定义为组织将伦理整合进组织决策过程的程度。这种整合可以是显性的,例如,明确指定某种伦理导向的规章制度、进行伦理培训等等;也可以是隐性的,例如,通过强调伦理责任、构建组织伦理文化等等。Jose 和 Thibodeaux(1999)在文献回顾的基础上,以显性——隐性两分为依据,梳理出了伦理制度化的两种类型。这为后来 Singhapakdi 和 Vitell(2007,2008)对伦理制度化量表的开发提供了重要基础。Singhapakdi 和 Vitell 开发的伦理制度化量表,存在显性制度化和隐性制度化。显性制度化包含了七个条目,而隐性制度化则包含了九个条目。本研究的测量主要参考了 Jose 和 Thibodeaux(1999),Singhapakdi 和 Vitell(2007),Vitel 和 Singhapakdi(2008)以及 Marta 等(2013)的研究,最终形成了测量伦理制度化的八条测量题项。

10.3 伦理型领导对组织伦理氛围影响的假设检验与结果分析

10.3.1 研究变量的描述性统计结果

我们对样本人口特征变量进行 SPSS 统计分析得出,调查样本的总体分布比较均衡,具有良好的代表性,由此可以避免由于样本构成过于单一而造成研究成果的偏差,促使研究成果具有更为普遍的应用意义。下面,我们对各变量之间的关系进行分析。各控制变量、伦理型领导、伦理价值观、角色模范、伦理制度和组织伦理氛围的相关性如表 10-1 所示。

据表 10-1,性别、年龄、学历、进入部门时间和企业性质都对研究的主要变量没有显著相关,企业人员规模对各主要变量显著相关。伦理型领导和伦理价值观在 0.01 水平上存在显著正相关关系外,其余各主要变量之间在 0.001 水平上存在着显著的正相关关系。各个因子之间的相关程度较高,这与调查数据同源性具有一定的关系。各变量的相关性较高,符合研究模型的预期。

表 10-1　统计变量及主要变量间的相关矩阵

变量	1	2	3	4	5	6	7	8	9	10
1. 性别	—									
2. 年龄	−0.34***	—								
3. 学历	0.28***	−0.23**	—							
4. 进入部门时间	0.02	0.34***	−0.23***	—						
5. 企业性质	0.10	−0.33***	0.10	−0.11	—					
6. 人员规模	−0.00	0.16*	0.07	0.17**	−0.40***	—				
7. 伦理型领导	0.10	0.09	−0.04	0.02	−0.02	−0.27***	—			
8. 伦理价值观	0.07	0.06	−0.07	0.00	−0.09	−0.18**	0.79***	—		
9. 角色模范	0.08	0.08	−0.09	0.04	−0.01	−0.27***	0.79***	0.67***	—	
10. 伦理制度	0.11	0.06	−0.05	0.04	0.02	−0.23***	0.77***	0.73***	0.74***	—
11. 组织伦理氛围	0.09	0.02	−0.09	0.04	0.08	−0.27***	0.58***	0.53***	0.61***	0.71***

注：*** 表示 $p<0.001$（双侧检验）；** 表示 $p<0.01$（双侧检验）；* 表示 $p<0.05$（双侧检验）。

10.3.2 方差分析

为进一步探究统计变量的某些特性，如被测者性别、年龄、学历、进入部门时间、所在部门同事数量、公司性质和公司人员规模对各变量的影响，我们采用方差分析（ANOVA）来研究自变量和因变量之间是否存在显著性差异，即我们在对各变量进行分析的过程中，是否受到了这些统计变量的影响。方差分析的结果如表 10-2 所示：

表 10-2　人口统计变量对各变量的方差分析结果

		伦理型领导	伦理价值观	角色模范	伦理制度	组织伦理氛围
性别	F 值	0.810	0.457	0.768	1.330	1.003
	显著水平	0.490	0.712	0.513	0.265	0.392
年龄	F 值	0.735	0.893	0.719	0.822	0.918
	显著水平	0.837	0.628	0.854	0.728	0.591
学历	F 值	0.899	1.255	1.130	0.852	0.651
	显著水平	0.496	0.279	0.346	0.531	0.689
进入部门时间	F 值	0.869	1.545	0.879	1.493	0.840
	显著水平	0.612	0.081	0.599	0.098	0.645
所在部门同事数量	F 值	1.593	1.213	1.748	1.491	1.856
	显著水平	0.029	0.212	0.011	0.052	0.006
公司性质	F 值	1.064	1.196	0.760	0.419	1.791
	显著水平	0.365	0.312	0.517	0.740	0.149
公司人员规模	F 值	7.553	4.450	4.582	6.953	7.299
	显著水平	0.000	0.005	0.004	0.000	0.000

据表 10-2 可得，性别、年龄、学历、进入部门时间、所在部门同事数量和公司性质均与各变量变异数不显著，但公司人员规模对各变量均显著。特别是公司人员规模对伦理型领导、伦理制度和组织伦理氛围的影响，均在 0.001 水平上显著，而公司人员规模对伦理价值观和角色模范的显著性均在 0.01 水平上，各个变量的显著性水平均很高。

10.3.3　回归分析

通过比较伦理型领导以及伦理价值观、角色模范和伦理制度这三个机制对组织伦理氛围的回归分析的数据，我们证实了假设 H1，即伦理型领导能够正向影响组织伦理氛围。并且我们发现，角色模范和伦理制度对组织伦理氛围有显著的正向影响作用，但伦理价值观对组织伦理氛围没有显著影响，同时结合中介效应的分析，我们证实了假设 H2 不成立，假设 H3 和假设 H4 成立，即不支持伦理价值观传导在伦理型领导与组织伦理氛围关系中的中介作用，肯定角色模范引导和伦理制度激励在伦理型领导与组织伦理氛围关系中的中介作用。

10.4　伦理型领导对组织伦理氛围影响的研究结果总结与讨论

伦理型领导在塑造组织伦理过程中发挥着重要作用。基于文献回顾和实证研究，本章研究构建了伦理型领导对组织伦理氛围的渗透过程模型，归纳总结并且验证了伦理型领导影响组织伦理氛围的两条路径：角色模范引导和伦理制度激励。如下图 10-1 所示是我们在数据结果基础上进行修正后的模型，其中，验证不成立的假设用虚线表示，验证成立的假设用实线表示，“＋”表示两个变量之间具有显著的正向关系：

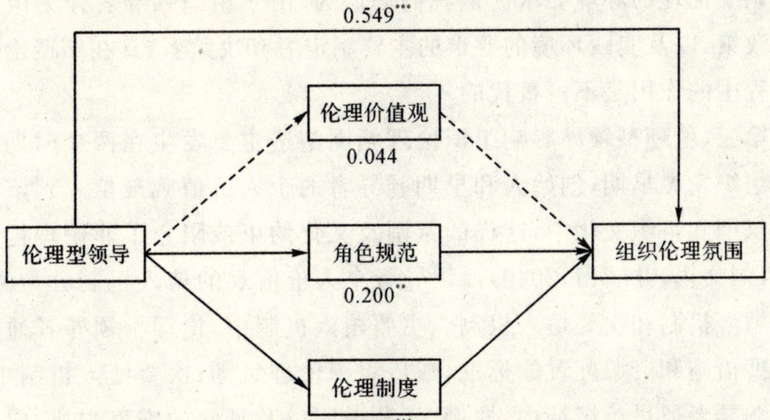

图 10-1　伦理型领导影响组织伦理氛围的渗透过程模型图

10.4.1 伦理型领导和组织伦理氛围的关系讨论

因此,我们的实证研究结果验证了伦理型领导能够正向显著影响组织伦理氛围的构建,这与 Dickson 等(2001)、Neubert 等(2009)、Mayer 等(2009)的研究结果相符。

首先,Mayer 等(2009)和 Davis 等(2006)认为,组织高层领导者和组织一般管理者都会对员工行为产生影响,但实际上,组织直接领导者对企业员工的影响最大,因为他们更接近于员工们的日常生活。这些领导者一般都较为关心组织成员、关怀社会,并且值得信赖,处事公正,他们往往会在生活和工作中表现出适当的、合乎伦理的行为(Michael E. Brown, Linda K. Trevino,2006)。因而借用社会交换理论的观点,此种伦理型领导者更容易与下属之间建立起社会交换关系,因而对组织员工而言,为回报伦理型领导者的这种公平和关心,他们会更加主动地采取一些亲社会行为而避免做出一些伤害社会或所在组织的非伦理行为。所以从某种程度上来说,伦理型领导也可以是交易型的,例如运用奖惩措施来影响和促使企业员工对他们的行为结果承担伦理责任。而当组织内部都形成了统一的伦理意识,组织成员们都自觉遵守组织的伦理守则和伦理制度,其行为结果也都以伦理为导向时,组织伦理氛围也就形成并逐步变得愈发强大。

第二,也有学者提出,一个组织的社会文化环境和特殊的历史背景同样也可以影响组织伦理氛围的形成和形态(Victor,Cullen,1988),他们重点强调了伦理的环境要求。但我们仍认为,由于组织领导者作为组织目标和政策,以及实践环境的要求的主要制定者和决策者,其在塑造伦理氛围过程中的作用是不可替代的。

第三,伦理型领导影响组织伦理氛围塑造主要发生在两个时期。一是在组织发展早期,创始人和早期领导者的个人价值观被植入到该组织工作氛围和组织文化中,这样的氛围及文化约束或阻止了非伦理行为的发生(刘文彬,井润田,2010)。领导者个人价值观的植入机制分为两种:主要植入机制和次要植入机制。主要植入机制中,伦理型领导者通过建立奖惩措施和资源配置的标准,塑造组织伦理氛围;次要植入机制中,伦理型领导者通过组织结构、惯例、任务说明以及日常的交流沟通,向员工进一步阐述和巩固组织的伦理价值观。通过使组织伦理的共有认知和价值观在组织成员身上逐步呈现出一致化，促使组织伦理氛围的塑造和发展。二是当组织逐步变得更大更成熟的时候，伦理型领导者向组织成员传达和渗透伦理价值观，同时各个层级的领导者实施用来加强组织伦理价值体系的伦理准则。目前的大多数企业基本上都是如此，在这个时期，一方面，伦理型领导者会通过制定更完善的伦理制度来规范组织员工的伦理行为，特别是具有良好激励效应的奖惩制度；另一方面，培训制度的设计也会更为伦理化，在对各层级员工的培训中会明确组织对他们的伦理期望，为组织成员今后的伦理行为提供良好的伦理导向，从而加快促进组织伦理氛围的建设。

当然，无论是在组织初期还是组织的成熟阶段，伦理型领导者角色模范作用的效力是不容忽视的。组织成员期待能够"复制"其直接领导者的成功，这势必会不断模仿领导者在日常工作中的言行与处事态度。因此，伦理型领导者在组织伦理氛围塑造中的作用极其重要。

10.4.2　伦理价值观中介效应的讨论

我们研究证实，伦理价值观在伦理型领导对组织伦理氛围构建的过程中并未起到中介作用。对此，我们的解释如下。

首先，在中国的文化背景下，企业领导者在与组织员工沟通交流的过程中可能忽略了伦理价值观传导的重要性。在日常工作交流中，伦理型领导者并未将自身的伦理价值观很好地向下属传达，他们可能还未认识到伦理价值观传导和渗透的重要性，以及通过这种影响机制塑造组织伦理氛围的作用。另一种可能是，伦理型领导者在传达伦理价值观的过程中并未得到组织成员的理解和认可，导致无法和组织成员在伦理价值观上的共鸣。在访谈中，几乎很少有员工表示他们/她们的领导者会与他们交流伦理价值观。"伦理价值观"这个词在访谈过程中也很少被员工所主动提及。由此，我们可以看到，伦理价值观的影响作用并未被大家所重视。

其次，我们通过相关系数的数据发现，伦理价值观、角色模范和伦理制度这三个影响机制彼此具有很高的相关性。也就是说，伦理价值观的中介效应可能被角色模范和伦理制度的中介效应所影响，因此，这也可能是导致伦理价值观中介效应不显著的原因之一。

最后，由于资源有限，样本量较小，得到的数据结果可能并不十分可靠，所以这也可能是造成此伦理价值观中介效应不显著的原因之一。

10.4.3 角色模范中介效应的讨论

我们研究证实，伦理型领导的角色模范作用在构建组织伦理氛围的过程中起到了良好的中介作用。对此，我们的解释如下。

一方面，伦理型领导者个人品质通常都比较优秀，作为组织中的伦理角色模范，他们很容易脱颖而出，并值得组织中的其他各级员工争相学习。而作为伦理的个人，伦理型领导者在日常生活与工作中都会以伦理的方式行事，关怀和帮助员工，他们站在伦理的出发点和角度，往往会考虑到不同利益相关者的长远利益而做出恰当的伦理决策。作为组织成员，当观察到伦理型领导者的伦理行为时，会由衷地产生钦佩感和认同感，并希望自己也能像伦理型领导者那样内在和外在的成功，从而催生出他们的模仿行为。

另一方面，经访谈调查，我们发现有不少被访谈者都不约而同地提到他们看到他们的领导拒绝企业外来人员有关工作上的礼品馈赠。通过这种亲眼看见的经历，这些被访谈人员均认为收受贿赂是不光彩、不被允许的行为。事实上，相对于普通员工，在伦理意识和伦理决策的识别上，伦理型领导更容易识别出伦理两难困境，并能够认识到做出伦理行为倾向的必要性和重要性。因此，在塑造组织伦理氛围的初期，即组织成员所能感知到的伦理氛围较弱，此时伦理型领导者会通过以身作则去帮助和引导组织成员识别伦理困境，促进伦理行为；而当组织伦理氛围逐渐变强，组织内部成员的伦理行为和伦理决策会趋向于一致，从而自觉克制非伦理行为的发生而主动做出组织期望的行为。

10.4.4 伦理制度中介效应的讨论

我们研究证实，伦理制度在伦理型领导和组织伦理氛围中起到了关键的中介作用。对此，我们的解释如下。

首先，伦理制度是“制度化的伦理”，把相对抽象的伦理准则和道德要求具体化为组织成员所必须遵循的一系列伦理规范。在企业中,领导者往往是企业制度的主要制定者和制度执行的主要监督者。而伦理型领导者则可以通过在制度制定的过程中融入伦理元素,比如员工行为的奖惩制度,培训制度,等等,以此来引导、规范和激励组织成员的行为,促进组织伦理的建设。

其次,访谈调查和问卷分析的数据都表明,伦理制度对组织伦理氛围的影响效力都要高于伦理价值观和角色模范的引导。并且在访谈过程中,几个被访谈者纷纷表示,绝不会触及企业制度中的"行为禁区"。伦理型领导者作为道德的管理者,向组织成员准确传达了哪些行为是组织所允许的,哪些行为是组织所期望和支持的,而哪些行为又是组织所严厉禁止的,从而规划出组织清晰明确的伦理制度。在这样的组织中,员工对组织伦理氛围的感知会愈发强烈,尤其是在制度监督力度较大的企业,伦理制度的中介效应就显得更为有效。

最后,在访谈过程中,我们了解到,很多企业在其组织制度中明文规定了伦理行为的奖惩措施,但却大都忽略了培训制度在引导和规范组织成员伦理行为方面的作用。许多培训制度,包括新员工入职培训、岗位晋升培训等等,在其实施过程中往往高度强调要提高岗位技能的训练,却常常忽视对员工正确行事的教导,但其实,员工在面对伦理两难时如何选择自己的行为方式对组织伦理的建设及伦理氛围的构建都具有重要影响。

第 11 章　道德强度与消极评价对组织伦理决策的影响

社会经济转型对组织商业环境和伦理规范体系产生了巨大的冲击和影响,社会中各种伦理违背事件的发生迫使伦理决策和伦理行为日益受到社会各界的广泛关注(Svensson 和 Wood,2008;Brand,2009)。

作为学术界的热点,以往组织伦理决策的研究着重于系统分析影响伦理决策的个体、群体及环境因素,强调伦理问题本身所蕴含的道德强度、个体特征变量和环境因素的共同影响(Treviño et al.,2006),并对伦理决策的过程和效应进行研究。一方面,道德强度、影响因素和决策过程等方面的研究增进了人们对组织伦理决策的了解;另一方面,就整体而言,仍相对缺乏有关道德强度对伦理决策的影响机制,以及伦理决策潜在心理过程的研究(Tenbrunsel 和 Messick,2004;Reynold,2006)。

11.1　道德强度与消极评价影响的研究基础和研究假设

伦理决策的研究主要存在两个学派的观点:"烂苹果"学派和"烂木桶"学派。Treviño 和 Youngblood(1990)等"烂苹果"学派强调伦理决策是决策者个人特征的直接结果,取决于认知道德发展(Cognitive Moral Development)和价值取向等个体水平因素;"烂木桶"学派则侧重于外部环境因素对个体及组织伦理决策的影响(Jones 和 Kavanagh,1996;Spicer et al.,2004),认为应该用权变观点看待伦理决策,群体规范、竞争压力等情境变量才是伦理决策和行为的决定因素。继 Jones(1991)提出伦理决策问题——权变模型(Issue-Contingent Model)后,学术界基本达成共识，认为组织中伦理决策和行为是由认知道德发展水平等个体特征变量与情境变量共同决定的(Treviño et al.，2006)。同时，该理论还进一步引入了"道德强度"概念，强调不能脱离伦理问题本身讨论伦理决策和行为，提出伦理问题特征的道德强度会对个体伦理决策产生重要影响(Sweeney 和 Cosello，2009)。

11.1.1 道德强度及其对伦理决策的影响

问题——权变模型的提出拓展了伦理决策研究的视野，其引入的"道德强度"概念认为，在伦理决策和行为研究中不应忽视伦理问题自身的特性，离开伦理问题本身谈论个体的伦理决策，实际上是不合逻辑的，这是因为伦理决策过程本身就起始于决策者对伦理问题的感知。Jones 等(1991)认为在伦理决策过程中，人们会考虑决策的后果可能影响到哪些人，这些人跟自己关系的亲疏程度如何，采取的行为会对这些人产生什么样的后果等。这些特征是伦理问题本身所蕴含的，会给决策者带来道德上的压力和紧迫感，他们把这些会对个体造成道德压力或紧迫感的特征称为道德强度。

道德强度包括：后果严重性、社会一致性、效应可能性、时间即刻性、关系亲密性和效应集中性六个维度。后果严重性是指伦理行为可能造成的伤害或益处的总和；社会一致性是社会群体伦理行为一致性评价的程度；效应可能性主要评价伦理行为会造成实际伤害或益处的可能性；时间即刻性描述伦理行为与结果间的时间跨度；关系亲密性是决策者与受害者或受益者在社会、文化、心理或生理上的紧密程度；效应集中性是伦理行为伤害或普惠的人群数量，道德强度的这些方面可能会对伦理决策产生影响(Jones，1991；Tenbrunsel，Smith-Crowe，2008)。虽然也有学者认为用六个方面描述伦理问题的道德强度特征过于复杂，如 Haines 等(2008)就采用了跟道德强度相关，但更为综合的概念——伦理问题重要性知觉(PIE)，认为可以用伦理问题重要性知觉替代道德强度进行研究。然而，伦理决策的绝大多数研究者认同和支持道德强度及其多维度构思(Mc Mahon，2002；Vitell，Patwardhan，2008)。

在道德强度概念提出后，大量实证研究开始检验道德强度对伦理决策过程的影响，特别是对伦理判断和伦理行为意向的影响。Morris 和

Mc Donald(1995)利用情景评价方式对学生样本进行了研究,发现个体对不同伦理问题的认知存在差异,伦理问题所蕴含的道德强度也有所不同,在道德强度的六个维度中,后果严重性和社会一致性较其他因素显得更为重要和有影响力。

1996～1998 年,Singer 等进行了一系列研究检验道德强度与伦理决策的关系。他们通过对管理者和普通市民样本的比较发现,后果严重性、社会一致性、效应可能性均对伦理判断有预测作用,但时间即刻性影响不显著。社会一致性对管理者是最重要的维度,而对普通市民影响最大的是后果严重性;随后,他们以公司职员和学生为样本进行研究并支持了后果严重性、社会一致性和效应可能性的预测效应(Singer,1996,1998)。Barnett(2001)通过层次多元回归分析了后果严重性、社会一致性、关系紧密性和时间即刻性对伦理判断的影响,发现只有后果严重性和社会一致性对两类伦理行为有显著预测作用。Sweeney 和 Costello(2009)也采用层次多元回归检验后果严重性及社会一致性对伦理行为意向的影响,发现这两个变量均能显著预测个体伦理行为意向,且社会一致性更具预测力。

基于上述研究基础,我们发现后果严重性和社会一致性对伦理决策过程的影响得到了实证研究较为一致的支持,对伦理决策的影响也最显著。因此提出如下假设。

H1a:后果严重性会对伦理决策过程产生显著影响。

H2b:社会一致性会对伦理决策过程产生显著影响。

11.1.2 社会认知理论与伦理决策中的消极评价

社会认知理论认为个体存在着阻止非伦理行为发生的道德自我监管机制(Self-Regulatory Mechanism),这一机制涉及个体如何根据内在道德标准对行为及反应进行自我监控(Bandura,1991)。根据社会认知理论,大多数人已形成个人道德行为标准,这些标准在自我调节中起作用,它能够引导好的行为、制止坏的行为,这是因为个体可以依据内在道德行为标准预期、监控、判断自己的行动。当个体行为违反内在道德标准时,他们会自我谴责。然而,道德自我监管机制只有在被激活的时候才起作用,当该机制出现问题时,个体可能会做出非伦理决策,表现出非伦理行为。

在社会认知理论基础上，Bandura 等提出“道德解脱”(Moral Disengagement)是破坏自我监管机制的主要原因，它能够很好地解释为什么原先正常的人会涉及非伦理行为。通过道德解脱，个体为违背内在道德标准的行为找到理由，进而从非伦理行为后的内疚和罪恶感中解脱。在道德解脱情况下，个体更有可能做出非伦理决策和行为。个体的道德解脱主要包括责任扩散、去人性化和道德辩护三大机制，这三大机制都离不开个体对社会公众、外部力量和参照群体的伦理行为评价，当评价消极时，道德解脱就更加容易出现(Bandura，1999；Moore，2008)。同时，根据 Detert 等(2008)的研究，道德自我监控和道德解脱机制存在明显的个体差异，移情和道德认同水平等会显著影响道德解脱及随后的伦理违背行为，不同专业领域的群体，其在伦理行为和社会伦理规范感知方面也会表现出一定差异，教育和社会化因素同样会影响个体对社会群体的消极评价程度。

同样，个体对社会伦理规范的判断也离不开参照群体和群体规范信息，如果感知到参照群体伦理行为水平高，个体对伦理规范的评判也更积极，反之，则更消极。因此，个体所在的群体不同，其对伦理规范和行为的认知也存在差异。Cole 和 Smith(1996)研究了管理者与学生群体在伦理认知和行为方面的差异，结果发现，管理者和学生群体对特定情景下社会公众的伦理判断存在差异，学生对商业环境下管理者的伦理行为认知比有经验的管理者更消极。Kitts(2003)认为，个体社会判断中较易产生自我中心偏差和多元忽视偏差(Pluralistic Ignorance)，个体对社会群体的行为评价往往比自我评价消极，从而形成社会群体规范的负面知觉。商业伦理的公众印象受媒体报道影响很大，媒体报道使一些伦理违背行为公众化，从而影响个体对社会大众伦理行为的判断。

基于上述研究基础，我们认为，沉浸于商业实践中的管理者和从事管理类专业学习的学生，由于其所在的群体规范不同，在获取社会公众伦理行为信息的渠道方面存在差异，所以在个体的伦理判断和伦理行为方面也会存在显著不同。并且，根据 Detert 等(2008)的研究发现，学生群体更加容易受媒体关于伦理行为负面报道的影响，也相对缺乏商业实践中伦理决策的直接经验，因而对社会伦理行为的评价会更为消极。据此，本章节提出如下假设。

假设2:个体对社会群体的伦理判断存在消极评价效应;

假设3:管理者和学生在消极评价效应方面存在显著差异,与管理者相比,学生在伦理决策中的消极评价更加明显。

11.2 道德强度与消极评价影响的研究方法

11.2.1 研究样本选取

研究选取了两类调查对象:一是制造、金融和通信等行业的十五家企业300名管理者,回收有效问卷289份,有效问卷回收率为96.33%,管理者的平均年龄32.06岁,平均工龄为9.92年;二是管理类专业的学生,共发放问卷220份,回收有效问卷215份,问卷回收率为97.73%,学生的平均年龄为20岁。调查其他特征情况如表11-1所示。

表11-1 调查基本特征情况

管理者									学生		
性别			教育水平			职位层次			性别		
类别	人数	百分比(%)	类别	人数	百分比(%)	类别	人数	百分比(%)	类别	人数	百分比(%)
男	145	50.2	大学专科以上	247	85.8	高层管理	25	8.6	男	104	48.4
女	132	45.6				中层管理	92	31.7	女	111	51.6
						基层管理	169	58.3			
有效总数	277	95.8				有效总数	286	98.6			
缺失	12	4.2				缺失	4	1.4			

11.2.2 变量及其测量

研究采用管理伦理情景评价方式对变量进行测量,问卷共包含商业欺瞒、知识产权侵犯、环境污染等十五个以往研究中运用过的伦理两难问题情景(Mc Mahon,2002;Parks et al.,2003;金杨华、吕福新,2008)。

后果严重性和社会一致性采用Mc Mahon(2002)在Singhapakdi等研究基础上开发的测量项目。伦理情景中的项目"该事件造成的消极后果是非常严重的”用以评价后果严重性；“社会中大多数人会觉得情景中的决策是合适的”评价社会一致性(Singhapakdi et al.,1996;Mc Mahon,2002)。伦理判断和伦理行为意向基于伦理决策过程模型，要求调查对象分别评价情景中的行为是否符合伦理，及自己在该情景下是否会采取相同的行为，上述评价均采用利李科特七点量表形式(Rest,1986;Sparks,Pan,2010)。

11.3　道德强度与消极评价影响的假设检验与结果分析

11.3.1　研究变量的描述性统计结果

如表 11-2 所示研究变量间的相关矩阵。从表 11-2 中可以看出：性别与伦理行为意向间相关显著，女性管理者(M＝4.10,SD＝1.02)较男性管理者(M＝3.80,SD＝0.82)表现出更强的伦理行为意向；管理者年龄与后果严重性、伦理行为意向相关显著，整体而言，年长的管理者表现出更强的伦理行为意向，对伦理问题消极后果的评价也更严重。后果严重性和社会一致性作为道德强度的重要方面，存在一定程度的关联，它们与伦理判断及伦理行为意向等变量相关均显著。

表 11-2　研究变量的平均数、标准差及相关矩阵

变量	M	SD	1	2	3	4	5	6	7
性别	1.42	0.57							
年龄	32.10	8.49	−0.12						
职位层级	4.29	1.34	−0.28**	−0.07					
教育水平	3.40	0.96	−0.08	−0.21**	−0.11				
后果严重性	4.07	0.87	0.12	0.14*	−0.07	−0.08			
社会一致性	2.89	1.02	0.08	0.07	−0.09	−0.00	0.27***		
伦理判断	4.17	0.85	0.11	0.08	0.03	−0.06	0.59***	0.20***	
伦理行为意向	4.02	0.90	0.14*	0.16*	−0.03	−0.11	0.56***	0.28***	0.75***

注：* $p<0.05$，** $p<0.01$，*** $p<0.001$；性别、工龄等控制变量与其他变量间的相关系数从管理者样本得到。

11.3.2 道德强度对伦理决策的影响分析

为检验假设 1a 和 1b，研究中采用分样本比较方式构建了道德强度对伦理决策过程影响的结构模型，对变量间关系进行了路径分析如图 11-1 所示中 M 表示基于管理者样本的路径系数，S 表示基于管理类学生样本的路径系数。对管理者而言，后果严重性完全通过伦理判断对伦理行为意向产生影响，社会一致性既影响管理者的伦理判断，又会影响伦理行为意向。对管理类学生而言，社会一致性只影响自身伦理行为意向，而对个人伦理判断的影响不显著，说明社会伦理行为一致性判断更多的起到自身行为参照作用；后果严重性对伦理判断和伦理行为意向均有显著预测效应。如表 11-3 所示可以看出，两个路径模型的拟合情况良好。

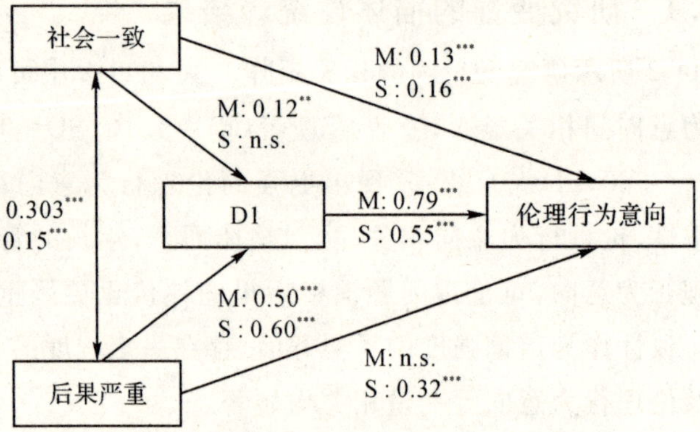

图 11-1 道德强度对伦理决策影响的路径模型

表 11-3 路径模型的拟合度指数

模型假设	χ^2	df	NFI	RFI	CFI	RMSEA
独立模型	429.425	6				
结构模型(管理者样本)	0.874	1	0.996	0.958	0.999	0.040
独立模型	328.625	10				
结构模型(学生样本)	1.371	1	0.998	0.988	1.000	0.000

11.3.3　伦理决策和消极评价的方差分析结果

如表 11-4 所示管理者与学生在道德强度变量、伦理判断及伦理行为意向间的差异比较结果。学生与管理者在后果严重性评价及伦理判断上差异不显著，但学生在伦理行为意向上得分显著高于管理者，学生在伦理行为意向方面表现更佳；与管理者相比，学生在社会一致性评价方面更为消极。伦理判断和推理往往是一种主观评价，根据社会认知理论，个体的伦理判断是在现实经历中逐渐形成，其对自身和他人伦理行为的知觉和判断，经常会受心理预期和知觉期望的影响（Leary，1983；严进等，2011）。本章研究以个体与他人伦理行为知觉间的差异，即个体伦理行为意向与社会一致性评价间的得分差异，来描述伦理决策中的“消极评价”效应，并比较管理者与管理类学生的消极评价效应，发现管理类学生在伦理决策中的消极评价效应比管理者更明显，上述研究结论支持了研究假设 2 和假设 3。

表 11-4　道德强度、伦理决策和消极评价的比较

	管理者	学生	F
	M(SD)	*M*(SD)	
后果严重性	4.08(0.88)	4.18(0.77)	2.00
社会一致性	3.15(1.04)	2.56(0.88)	44.82***
伦理判断	4.15(0.86)	4.21(0.83)	0.56
伦理行为意向	3.94(0.94)	4.13(0.83)	5.33*
消极评价效应	0.78(1.13)	1.57(1.03)	66.79***

* $p<0.05$，*** $p<0.001$

11.4　道德强度与消极评价影响的研究结果总结与讨论

随着经济发展和物质繁荣，商业伦理滑坡已成为我国社会经济转型过程中不得不面对的现实，各种伦理违背事件的频发也使现代社会面临

着深刻的道德和伦理危机。事实上,一些伦理违背者并非完全不知晓其行为是不符合社会道德和伦理规范的,但却仍然为之。种种伦理危机的发生不仅仅是伦理准则的问题,更多的是对于伦理信念和伦理规范的认知;不单纯是发生在“我们应当遵守什么样的伦理”上,而是发生在“我们为什么一定要遵守伦理规范”上,发生在人们履行伦理行为的基本信念上。这些伦理信念的滑坡和伦理认知的偏差降低了伦理规范对商业行为和社会活动的约束性,使得人们在面临伦理和利益选择的两难境地时常常会为了利益而违背伦理,做出“明知故犯”的行为。本章节通过对管理者和学生样本的比较,分析了道德强度变量对伦理决策的影响差异,并提出了个体伦理决策中的消极评价效应,所得结论对理解管理者伦理决策的潜在认知过程,对推动组织伦理的建设具有积极意义。

11.4.1 关于伦理判断的后果严重性和社会一致性的讨论

本章研究发现,伦理问题本身蕴含的后果严重性和社会一致性特征均会对伦理决策过程产生影响,其中,后果严重性对伦理判断的影响比社会一致性更明显,该结论与 Barnett(2001)等的研究结果具有一致性。虽然伦理判断具有主观性,但个体还是会依据一些相应的特征和标准进行评价,其中一个重要特征就是伦理问题对社会造成负面后果的严重性程度。同时,个体的伦理判断依据和标准是在现实生活中逐渐形成的,由于受社会群体一致性判断的影响,那些与自身相似或具有参照意义的群体的伦理行为表现,会影响个体自身的伦理判断。由此也可推断,个体的伦理判断和价值取向并非是基于一成不变的普遍原则或标准,会受社会群体行为的影响,并且随社会伦理行为规范的影响而发生变化(霍娜、李超平,2008)。

11.4.2 管理者和管理类学生在伦理判断和伦理行为意向方面的差异讨论

本章研究发现,管理类学生的伦理行为意向显著高于管理者,这与 Kracher 等(2002)基于美国和印度样本的研究结论是一致的。具体而言,相对于管理者,伦理问题的后果严重性完全通过伦理判断对伦理行为意向产生影响，社会一致性既影响管理者的伦理判断，又会影响伦理行为意向；而对管理类学生而言，后果严重性对伦理判断和伦理行为意向均有显著预测效应，社会一致性只影响自身伦理行为，而对伦理判断的影响不显著。

之所以会产生这样的差异性，主要原因是伦理判断和行为往往与管理实践经历相关，管理者在其工作实践中观察和体验到各种伦理事件，久而久之，社会伦理规范逐渐成为管理者伦理判断的标准之一，伦理判断除取决于伦理问题可能造成后果的严重性外，也受社会舆论和群体规范的影响（Tenbrunsel，Messick，2004）。而管理类学生则相对缺乏管理实践，伦理判断更多的取决于伦理问题可能会造成的后果严重性，并且实践经历的缺乏也使得社会一致性判断成了学生伦理行为选择的重要线索和依据，成为自身伦理行为的参照，进而对其伦理行为意向产生影响。

11.4.3　管理者和管理类学生在社会一致性判断和消极评价方面的差异讨论

本章研究发现，管理类学生在伦理行为的社会一致性评价方面显著低于管理者，学生对社会群体伦理行为的评价更消极。虽然自陈式问卷研究中不可避免地会存在共同方法偏差，但我们认为管理类学生与管理者间在社会一致性判断和消极评价上的显著差异可能来自于信息获取的区别。

通常来说，管理者沉浸于商业实践环境，是商业伦理的亲历者和实践者，对伦理实践现状有更多直接的、一手的信息资料（Oumlil，Balloun，2009）。学生对社会公众伦理评价的信息更多来自于二手信息，根据Kitts（2003）的观点，基于二手信息的社会判断比较容易产生自我中心偏差和多元忽视偏差，从而造成对社会群体规范的错误知觉。并且，对管理类学生而言，商业实践中伦理行为正面信息和负面信息间存在不对称性，媒体和社会公众对伦理实践的负面信息比较关注，非伦理行为也更多出现在各类二手信息渠道中，从而也会影响学生的社会一致性评价，并导致更为严重的消极评价效应。

参考文献

[1] AGARWAL J,MALLOY D C. Ethical work climate dimensions in a not-for-profit organization: an empirical study[J]. Journal of Business Ethics,1999,20(1):1-14.

[2] AGUILAR F J. Managing corporate ethics[M]. New York,Oxford University Press,1994.

[3] AJZEN I. The theory of planned behavior[J]. Organizational Behavior and Human Decision Processes,1991,4(2):179-211.

[4] AMBROSE M L,SCHMINKE M. The role of overall justice judgments in organizational justice research: a test of mediation[J]. Journal of Applied Psychology,2009,94(2):491-500.

[5] AMBROSE M L,SEABRIGHT M A,SCHMINKE M. Sabotage in the workplace: the role of organizational injustice[J]. Organizational Behavior and Human Decision Processes,2002,89(1):947-965.

[6] AMBROSE,MAUREEN L,MARSHALL S. Organizational structure as a moderator of the relationship between procedural justice,interactional justice,perceived organizational support,and supervisory trust[J]. Journal of Applied Psychology,2003,88(2):295-305.

[7] ARNOLD J,DAVEY K M. Graduates' work experiences as predictors of organizational commitment,intention to leave, and turnover: which experiences really matter[J]. Journal of Applied Psychology,1999,48(2):211-238.

[8] ARYEE S,BUDHWAR P S,CHEN Z X. Trust as a mediator of the relationship between organizational justice and work outcomes: test of a social exchange model[J]. Journal of Organizational Behavior,

2002,23(3):267-285.
[9] ASELAGE J,EISENBERGER R. Perceived organizational support and psychological contracts:a theoretical integration[J]. Journal of Organizational Behavior,2003,24(5):491-509.
[10] AU K, PENG M W, WANG D. Interlocking directorates, firm strategies,and performance in Hong Kong:towards a research agenda [J]. Asia Pacific Journal of Management,2000,17(1):29-47(19).
[11] BAKER T L, HUNT T G, ANDREWS M C. Promoting ethical behavior and organizational citizenship behaviors:the influence of corporate ethical values[J]. Journal of Business Research,2006,59(7):849-857.
[12] BANDURA A. Social cognition theory of self-regulation[J]. Organizational Behavior and Human Decision Processes, 1991, 50(2):248-281.
[13] BANDURA A. The origins and consequences of moral disengagement:a social learning perspective[C]. Washington,DC: American Psychological Association Understanding Terrorism Psychosocial Roots Consequences And Interventions,2003.
[14] BANSAL P. From issues to actions:the importance of individual concerns and organizational values in responding to natural environmental issues[J]. Organization Science,2003,14(5):510-527.
[15] BARNETT T, SCHUBERT E. Perceptions of the ethical work climate and covenantal relationships[J]. Journal of Business Ethics, 2002,36(3):279-290.
[16] BARNETT T, VAICYS C. The moderating effect of individuals' perceptions of ethical work climate on ethical judgments and behavioral intentions[J]. Journal of Business Ethics,2000,27(4):351-362.
[17] BARNEY J B. Should strategic management research engage public policy debates? [J]. The Academy of Management Journal,2005, 48(6):945-948.
[18] BLADER S L, TYLER T R. What constitutes fairness in work

settings? a four-component model of procedural justice[J]. Human Resource Management Review,2003,13(1):107-126.

[19] BORMAN W C,MOTOWIDLO S J. Expanding the criterion domain to include elements of contextual performance[M]. In N. Schmitt,W. C. Borman 和 Associates(Eds.),Personnel selection in organizations. San Francisco:Jossey-Bass,1993.

[20] BRAND V. Empirical business ethics research and paradigm analysis [J]. Journal of Business Ethics,2009,86(4):429-449.

[21] BRENNER S N. Ethics programs and their dimensions[J]. Journal of Business Ethics,1992,11(5):391-399.

[22] BROCKNER J,CHEN Y R,MANNIX E A,et al. Culture and procedural fairness:when the effects of what you do depend on how you do it[J]. Administrative Science Quarterly,2000,45(1):138-159.

[23] BROCKNER J. Making sense of procedural fairness:how high procedural fairness can reduce or heighten the influence of outcome favorability[J]. Academy of Management Review,2002,27(1):58-76.

[24] BROWER H H,SHRADER C B. Moral reasoning and ethical climate:not-for-profit vs. for-profit boards of directors[J]. Journal of Business Ethics,2000,26(2):147-167.

[25] BROWN M E,LINDA K. Trevino,Harrison D A. Ethical leadership:a social learning perspective for construct development and testing [J]. Organizational Behavior And Human Decision Processes, 2005,97(2):117-134.

[26] BROWN M E,TREVINO L K. Ethical leadership:a review and future directions[J]. Leadership Quarterly,2006,17(6):595-616.

[27] CALDWELL C,BISCHOF F S J,KARRI R. The four umpires:a paradigm for ethical leadership[J]. Journal of Business Ethics,2002,36(1-2):153-163.

[28] CARR J Z,SCHMIDT A M. Climate perceptions matter:a meta-analytic path analysis relating molar climate,cognitive and affective

states, and individual level work outcomes[J]. Journal Applied Psychology, 2003, 88(4): 605-619.

[29] CARROLL A, BUCHHOLTZ A. Business and society: ethics and stakeholder management[M]. Cincinnati: South Western College Publishing, 2000.

[30] CHEN C C. New trends in rewards allocation preferences: a sino-U.S. comparison[J]. Academy of Management Journal, 1995, 38(2): 408-428.

[31] CHOCKALINGAM, VISWESVARAN C. Examing the construct of organizational justice: a meta-analytic evaluation of relations with work attitudes and behaviors[J]. Journal of Business Ethics, 2002, 38(3): 193-203.

[32] CHROBOT-MASON D. Managing racial differences: the role of majority managers' ethnic identity development on minority employee perceptions of support[J]. Group And Organization Management, 2004, 29(1): 5-31.

[33] CHUN J S, SHIN Y, CHOI J N, et al. How does corporate ethics contribute to firm financial performance? The mediating role of collective organizational commitment and organizational citizenship behavior[J]. Journal of Management, 2013, 39(4): 853-877.

[34] CLEEK M A, LEONARD S L. Can corporate codes of ethics influence behavior[J]. Journal of Business Ethics, 1998, 17(6): 619-630.

[35] COHEN-CHARASH Y, SPECTOR P E. The role of justice in organizations: a meta-analysis[J]. Organizational Behavior And Human Decision Processes, 2001, 86(2): 278-321.

[36] COHEN-CHARASH Y, SPECTOR P E. The role of justice in organizations: a meta-analysis: erratum[J]. Organizational Behavior And Human Decision Processes, 2001, 86(2): 278-321.

[37] COLIQUITT J A. On the dimensionality of organizational justice: a construct validation of a measure[J]. Journal of Applied Psychology,

2001,86(3):386-400.

[38] COLIQUITT J A,GREENBERG J,ZAPATA-PHELAN C. What is organizational justice? a historical overview[M]. GREENBERG J,COLIQUITT J A. Handbook of organizational justice. New Jersey:Lawrence Erlbaum Associates,2005:3-56.

[39] CONLON D E. Some tests of the self-interest and group-value models of procedural justice: evidence from an organizational appeal procedure[J]. Academy of Management Journal, 1993,36(5):1 109-1 124.

[40] COYLE-SHAPIRO J A M,CONWAY N. Exchange relationships: examining psychological contracts and perceived organizational support [J]. Journal of Applied Psychology,2005,90(4):774-781.

[41] CROPANZANO R,MITCHELL M S. Social exchange theory:an interdisciplinary review[J]. Journal of Management,2005,31(6): 874-900.

[42] CROPANZANO R,PREHAR C A,CHEN P Y. Using social exchange theory to distinguish procedural from interactional justice[J]. Group and Organization Management,2002,27(3):324-351.

[43] CULLEN J B, PARBOTEEAH K P, HOEGL M. Crossnational differences in managers' willingness to justify ethically suspect behaviors: a test of institutional anomie theory[J]// Academy of Management Journal,2004,47(3):411-421.

[44] CULLEN J B,PARBOTEEAH K P, VICTOR B. The effects of ethical climates on organizational commitment:a two-study analysis [J]. Journal of Business Ethics,2003,46(2):127-141.

[45] DAILEY R C,KIRK D J. Distributive and procedural justice as antecedents of job dissatisfaction and intent to turnover[J]. Human Relations,1992,45(3):305-317.

[46] DALY J P, GEYER P D. The role of fairness in implementing large-scale change:employee evaluations of process and outcome in seven facility relocations[J]. Journal of Organizational Behavior,

1994,15(7):623-638.

[47] DAVIS A L, ROTHSTEIN H R. The effects of the perceived behavioral integrity of managers on employee attitudes: a meta-analysis[J]. Journal of Business Ethics,2006,67(4):407-419.

[48] DAVIS M A, JOHNSON N B, OHMER D G. Issue-contingent effects on ethical decision making: a cross-cultural comparison[J]. Journal of Business Ethics,1998,17(4):373-389.

[49] DE BOER E M, BAKER A B, SYROIT J E, et al. Unfairness at work as a predictor of absenteeism[J]. Journal of Organizational Behavior,2002,23(2):181-197.

[50] DE HOOGH A H B, DEN HARTOG D N. Ethical and despotic leadership, relationships with leader's social responsibility, top management team effectiveness and subordinates' optimism: a multi-method study[J]. The Leadership Quarterly,2008,19(3):297-311.

[51] DENISON D R. What is the difference between organizational culture and organizational climate? A native's point of view on a decade of paradigm wars[J]. Academy of Management Review,1996,21(3):619-654.

[52] DESHPANDE S P. The impact of ethical climate types on facets of job satisfaction: an empirical investigation[J]. Journal of Business Ethics,1996,15(6):655-660.

[53] DETERT J R, TREVINO L K, SWEITZER V L. Moral disengagement in ethical decision making: a study of antecedents and outcomes[J]. Journal of Applied Psychology,2008,93(2):374-391.

[54] DICKSON M W, SMITH D B, GROJEAN M W, et al. Ethical climate: the result of interactions between leadership, leader values, and follower values[J]. Leadership Quarterly,2001,12(2):1-21.

[55] DIETZ J, ROBINSON S L, FOLGER R, et al. The impact of community violence and an organization's procedural justice climate

on workplace aggression[J]. Academy of Management Journal, 2003,46(3):317-326.

[56] (3)DOUGLAS P C, DAVIDSON R A, SCHWARTZ B N. The effect of organizational culture and ethical orientation on accountants: ethical judgments[J]. Journal of Business Ethics. 2001,34(2):101-121.

[57] DUFFY M K, AQUINO K, TEPPER B J, et al. Moral disengagement and social identification: when does being similar result in harm doing[R]. Paper Presented at the Annual Meeting of the Academy of Management, Honolulu, HI. 2005.

[58] EISENBERGER R, PETER F, VALERIE D L. Perceived organizational support and employee diligence, commitment, and innovation[J]. Journal of Applied Psychology, 1990,75(1):51-59.

[59] ELM D R, NICHOLS M L. An investigation of the moral reasoning of managers[J]. Journal of Business Ethics, 1993,12(11):817-833.

[60] ERDOGAN B, LIDEN R C, KRAIMER M L. Justice and leader-member exchange: the moderating role of organizational culture[J]. Journal of Applied Psychology, 2006,49(2):395-406.

[61] FALKENBERG L, HERREMANS I. Ethical behaviors in organizations: directed by the formal or informal system[J]. Journal of Business Ethics, 1995,14(2):133-143.

[62] FIELDS D, PANG M, CHIU C. Distributive and procedural justice as predictors of employee outcomes in Hong Kong[J]. Journal of Organizational Behavior, 2000,21(5):547-562.

[63] FINEGAN, JOAN E. The Impact of person and organizational values on organizational commitment[J]. Journal of Occupational And Organizational Psychology, 2000,73(2):149-169.

[64] FIANNERY B L, MAY D R. Environmental ethical decision making in the U. S. metal-finishing industry[J]. Academy of Management Journal, 2000,43(4):642-662.

[65] FLINT D H. The role of organizational justice in multisource

performance appraisal theory-based applications and directions for research[J]. Human Resource Management Review, 1999, 9(1): 1-20.

[66] FOLGER R, KONOVSKY M A. Effects of procedural and distributive justice on reactions to pay raise decisions[J]. Academy of Management Journal, 1989, 32(1): 115-130.

[67] FRITZSCHE D J. Ethical climates and the ethical dimension of decision making[J]. Journal of Business Ethics, 2000, 24(2): 125-140.

[68] FU W, DESHPANDE S P. Antecedents of organizational commitment in a Chinese construction company[J]. Journal of Business Ethics, 2012, 109(3): 301-307.

[69] FU W, DESHPANDE S P. The impact of caring climate, job satisfaction, and organizational commitment on job performance of employees in a China's insurance company[J]. Journal of Business Ethics, 2013, 24(2): 1-11.

[70] GELFAND M J, HIGGINS M, NISHII L H, et al. Culture and egocentric perceptions of fairness in conflict and negotiation[J]. Journal of Applied Psychology, 2002, 87(5): 833-845.

[71] GOOLSBY J R, HUNT S D. Cognitive moral development and marketing[J]. Journal of Marketing, 1992, 56(1): 55-68.

[72] GOPALAN S, RIVERA J B. Gaining a perspective on Indian value orientations: implications for expatriate managers[J]. International Journal of Organizational Analysis, 1997, 5(2): 156-179.

[73] GRAEN G B, UHL-BIEN M. Relationship-based approach to leadership: development of leader-member exchange(LMX) theory of leadership over 25 years: applying a multi-level multi-domain perspective[J]. Leadership Quarterly, 1995, 6(2): 219-247.

[74] GRAHAM, DYNE. Organizational citizenship behavior: construct redefinition, measurement and validation [J]. The Academy of Management Journal, 1994, 37(4): 765-802.

[75] GREENBERG J, COLQUITT J A. The handbook of organizational justice[M]. Mahwah, NJ: Erlbaum, 2005: 301-328.

[76] GREENBERG J. Employee Theft as a Reaction to Underpayment Inequity: the Hidden Costs of Pay Cuts[J]. Journal of Applied Psychology, 1990, 75(5): 561-568.

[77] GREENBERG J. Stealing in the name of justice: informational and interpersonal moderators of theft reactions to underpayment inequity [J]. Organizational Behavior and Human Decision Processes, 1993, 54(1): 81-103.

[78] GREENBERG J. The social side of fairness: interpersonal and informational classes of organizational justice[M]//In Cropanzano R(Eds), Justice in the Workplace: Approaching Fairness in Human Resource Management, Hillsdafe Mahwah, NJ: Erlbaum, 1993: 79-103.

[79] GREENBERG J. Who stole the money, and when? individual and situational determinants[J]. Organizational Behavior and Human Decision Processes, 2002, 89(1): 985-1003.

[80] GROJEAN M W, RESICK C J, DICKSON M W, et al. Leaders, values, and organizational climate: examining leadership strategies for establishing an organizational climate regarding ethics [J]. Journal of Business Ethics, 2004, 55(3): 223-241.

[81] HAINES R, STREET M D, HAINES D. The influence of perceived importance of an ethical issue on moral judgment, moral obligation, and moral intent [J]. Journal of Business Ethics, 2008, 81 (2): 387-399.

[82] HOFSTEDE G, HOFSTEDE G J, MINKOV M. Cultures and organizations: software of the mind [M]. London: McGraw-Hill, 1991.

[83] HOFSTEDE G. Culture's consequences: international differences in work-related values[M]. Beveril Hills: CA sage, 1980.

[84] HOOD J N. The relationship of leadership style and CEO values to

ethical practices in organizations[J]. Journal of Business Ethics, 2003,43(4):263-273.

[85] HOUSE R J, HANGES P J, JAVIDAN M, et al. Culture, leadership, and organizations: globe study of 62 societies[M]. Newbury Park, CA: Sage, 2004.

[86] HOUSE R J, SHAMIR B. Toward the integration of transformational, charismatic, and visionary theories [C]//CHEMERS M M, AYMAN R. In Leadership theory and research: Perspectives and directions, CHEMERS M M, AYMAN R. (Editors), Academic Press: San Diego, CA. 1993:81-107.

[87] HUI C, ROUSSEAU D M. Employment relationships in China: do workers relate to the organization or to people[J]. Organization Science, 2004, 15(2):232-240.

[88] HUNT S D, VITELL S J. The general theory of marketing ethics: a retrospective and revision[M]. Ethics in Marketing: Homewood, IL: Irwin Inc., 1993.

[89] JIN K G, ZDENKO R G. Relationships among perceived organizational core values, corporate social responsibility, ethics, and organizational performance outcomes: an empirical study of information technology professionals[J]. Journal of Business Ethics, 2010, 92(3): 341-359.

[90] JOHNS G. The essential impact of context on organizational behavior [J]. Academy of Management Review, 2006, 31(2):386-408.

[91] JOHNSON R E, JACKSON E M. Appeal of organizational values is in the eye of the beholder: the moderating role of employee identity [J]. Journal of Occupational And Organizational Psychology, 2009, 82(4):915-933.

[92] JONES G E, KAVANAGH M J. An experimental examination of the effects of individual and situational factors on unethical intentions in the workplace [J]. Journal of Business Ethics, 1996, 15 (5): 511-523.

[93] JONES T M. Ethical decision making by individuals in organizations: an issue-contingent model[J]. Academy of Management Review, 1991, 16(2): 366-395.

[94] JOSE A, THIBODEAUX M S. Institutionalization of ethics: the perspective of managers[J]. Journal of Business Ethics, 1999, 22(2): 133-143.

[95] JUDGE T A, COLQUITT J A. Organizational justice and stress: the mediating role of work-family conflict[J]. Journal of Applied Psychology, 2004, 89(3): 395-404.

[96] JUDGE W Q. Correlates of Organizational Effectiveness: A Multilevel Analysis of a Multidimensional Outcome [J]. Journal of Business Ethics, 1994, 13(1): 1-10.

[97] KHUNTIA R, SUAR D. A scale to asses ethical leadership of Indian private and public sector managers[J]. Journal of Business Ethics, 2004, 49(1): 13-26.

[98] KIM K I, PARK H J, SUZUKI N. Reward allocations in the United States, Japan, and Korea: a comparison of individualistic and collectivistic cultures [J]. Academy of Management Journal, 1990, 33(1): 188-198.

[99] KIM T Y, LEUNG K. Forming and reacting to overall fairness: a cross-cultural comparison[J]. Organizational Behavior and Human Decision Processes, 2007, 104(1): 83-95.

[100] KLEIN K J, SORRA J S. The challenge of innovation implementation [J]. Academy of Management Review, 1996, 21(4): 1 055-1 080.

[101] KONOVSKY M A, CROPANZANO R. Perceived fairness of employee drug testing as a predictor of employee attitudes and job performance[J]. Journal of Applied Psychology, 1991, 76(5): 698-707.

[102] KONOVSKY M A. Understanding procedural justice and its impact on business organizations[J]. Journal of Management, 2000, 26(1): 489-511.

[103] KOZLOWKI S W J, KLEIN K J. A multilevel approach to theory and research in organizations: Contextual, temporal, and emergent processes[M]. In: Klein K and Kozlowski S Eds, Multilevel Theory, Research, Methods in Organizations: Foundations, Extensions, New Directions, 2012 San Francisco, CA: Jossey——Bass, 2000: 3-90.

[104] KRACHER B, CHATTERJEE A, LUNDQUIST A R. Factors related to the cognitive moral development of business students and business prof essionals in India and the United States: nationality, education, sex and gender[J]. Journal of Business Ethics, 2002, 35 (4): 255-268.

[105] KWONG J Y Y, LEUNG K. A moderator of the interaction effect of procedural justice and outcome favorability: importance of the relationship[J]. Organizational Behavior and Human Decision Processes, 2002, 87(2): 278-299.

[106] LAM S S K, SCHAUBROECK J, ARYEE S. Relationship between organizational justice and employee work outcomes: a cross-national study[J]. Journal of Organizational Behavior, 2002, 23(1): 1-18.

[107] LEE C, PILLLUTLA M, LAW K S. Power-distance, gender and organizational justice[J]. Journal of Management, 2000, 26(4): 685-704.

[108] Lee Hyung-Ryong. An empirical study of organizational justice as a mediator of the relationships among leader-member exchange and job satisfaction, organizational commitment, and turnover intentions in the lodging industry[D]. Dissertation of the Faculty of the Virginia Polytechnic Institute and State University, 2000.

[109] LEMMERGAARD J. Tolerance for ambiguity: the intersection between ethical climate, psychological climate, and ethnic diversity [M]. Institution for Marketing And Management, 2004 University of Southern Denmark.

[110] LEPINE J A, Van Dyne L. Voice and cooperative Behavior as

Contrasting forms of contextual performance: evidence of differential relationships with big five personality characteristics and cognitive ability[J]. Journal of Applied Psychology, 2001, 86(2): 326-336.

[111] LEUNG K, SU S, MORRIS M W. When is criticism not constructive? the roles of fairness perceptions and dispositional attributions in employee acceptance of critical supervisory feedback[J]. Human Relations, 2001, 54(9): 1 155-1 187.

[112] LEUNG K, TONG K K, HO S S Y. Effects of interactional justice on egocentric bias in resource allocation decisions[J]. Journal of Applied Psychology, 2004, 89(3): 405-415.

[113] LIDEN R C, MASLYN J M. Multidimensionality of leader-member exchange: an empirical assessment through scale development[J]. Journal of Management, 1998, 24(1): 43-72.

[114] LIND E A, EARLEY P C. Procedural justice and culture[J]. International Journal of Psychology, 1992, 27(2): 227-242.

[115] LIND E A, KULIK C T, AMBROSE M, et al. Individual and corporate dispute resolution: using procedural fairness as a decision heuristic[J]. Administrative Science Quarterly, 1993, 38(2): 224-251.

[116] LIND E A, VAN DEN BOS K. When fairness works: toward a general theory of uncertainty management [J]. Research in Organizational Behavior, 2002, 24(2): 181-223.

[117] LONG B S, CATHY Driscoll. Codes of ethics and the pursuit of organizational legitimacy: theoretical and empirical contributions [J]. Journal of Business Ethics, 2008, 77(2): 173-189.

[118] MARSHAII B, DEWE P. An investigation of the components of moral intensity [J]. Journal of Business Ethics, 1997, 16 (5): 521-530.

[119] MARTA J K M, SINGHAPAKDI A, LEE D J, et al. Perceptions about ethics institutionalization and quality of work life: Thai versus American marketing managers[J]. Journal of Business Research, 2013, 66(3): 381-389

[120] MARTIN C L, BENNETT N. The role of justice judgment in explaining the relationship between job satisfaction and organizational commitment[J]. Group And Organizational Management, 1996, 21 (1): 84-104.

[121] MARTIN G S, RESICK C J, KEATING M A, et al. Ethical leadership across cultures: a comparative analysis of German and US perspectives[J]. Business Ethics, 2009, 18(2): 127-144.

[122] MARTIN G, STAINES H, PATE J. Linking job security and career development in a new psychological contract[J]. Human Resource Management Journal, 1998, 8(3): 20-40.

[123] MARTIN K D, CULLEN J B. Continuities and extensions of ethical climate theory: a meta-analytic review[J]. Journal of Business Ethics. 2006, 69(2): 175-194.

[124] MASTERSON S S, LEWIS K, GOLDMAN B M, et al. Integrating justice and social exchange: the differing effects of fair procedures and treatment on work relationships[J]. Academy of Management Journal, 2000, 43(4): 738-748.

[125] MAYER D M, KUENZI M, GREENBAUM R, et al. How low does ethical leadership flow? test of a trickle-down model[J]. Organizational Behavior 和 Human Decision Processes, 2009, 108 (1): 1-13.

[126] MCCABLE D L, TREVINO L K, Butterfield K D. The influence of collegiate and corporate codes of conduct on ethics-related behavior in the workplace[J]. Business Ethics Quarterly, 1996, 6 (4), 461-476.

[127] MCFARLIN D B, SWEENEY P D. Distributive and procedural justice as predictors of satisfaction with personal and organizational outcomes[J]. Academy of Management Journal, 1992, 35 (3): 626-637.

[128] MCFARLIN D B, SWEENEY P D. Workers'evaluations of the "ends" and the"means": an examination of four models of distributive

and procedural justice[J]. Organizational Behavior and Human Decision Processes, 1993, 55(1):23-40.

[129] MEDA A K. The social construction of ethical leadership[D]. Doctorial Dissertation of Philosophy in Organization Development: Benedictine University, 2005.

[130] MOORE C. Moral disengagement in processes of organizational corruption[J]. Journal of Business Ethics, 2008, 80(1):129-139.

[131] MOORMAN R H, BLAKELY G L, NIEHOF F B P. Does perceived organizational support mediate the relationship between procedual justice and organizational citizenship behavior[J]. Academy of Management Journal, 1998, 41(3):351-357.

[132] MOORMAN R H. The relationship between organizational justice and organizational citizenship behaviors: do fairness perceptions influence employee citizenship[J]. Journal of Applied Psychology, 1991, 76(6):845-855.

[133] MORRIS M W, WILLIAMS K Y, LEUNG K, et al. Conflict management style: accounting for cross-national differences[J]. Journal of International Business Studies, 1998, 29(4):729-747.

[134] MORRIS S A, MCDONALD R A. The role of moral intensity in moral judgments: an empirical investigation [J]. Journal of Business Ethics, 1995, 14(9):715-726.

[135] MORRIS S A. Internal effects of stakeholder management devices [J]. Journal of Business Ethics, 1997, 16(4):413-424.

[136] Morrison E W, Bobinson S L. When employees feel betrayed: a model of how psychological contract violation develops[J]. Academy of Management Review, 1997, 22(1):226-256.

[137] MOSSHOLDER, KEVIN W, BENENTT, et al. A multilevel analysis of procedural justice context[J]. Journal of Organizational Behavior, 1998, 19(2):131-141.

[138] MUELLER C W, IVERSON R D, JO D G. Distributive justice evaluations in two cultural contexts: a comparison of US and

South Korean teachers[J]. Human Relations, 1999, 52(7): 869-893.

[139] MULKI J P, JARAMILLO J F, LOCANDER W. Critical role of leadership on ethical climate and salesperson behaviors[J]. Journal of Business Ethics, 2009, 86(2): 125-141.

[140] MUMFORD M D, SCOTT G M, GADDIS B, et al. Leading creative people: orchestrating expertise and relationships[J]. The Leadership Quarterly, 2002, 13(6): 705-750.

[141] MUNCY J A, VITELL S J. Consumer ethics: an investigation of the ethical beliefs of the final consumer[J]. Journal of Business Research, 1992, 24(4): 297-311.

[142] NEUBAUM D, MITCHELL M, SCHIMNKE M. Firm newness, entrepreneurial orientation, and ethical climate[J]. Journal of Business Ethics, 2004, 52(4): 335-347.

[143] NEUBERT M J, CARLSON D S, KACMAR K M, et al. The virtuous influence of ethical leadership behavior: evidence from the field[J]. Journal of Business Ethics, 2009, 90(2): 157-170.

[144] NIEHOF F B P, ROBERT H M. Justice as a mediator of the relationship between methods of monitoring and organizational citizenship behaviors[J]. Academy of Management Journal, 1993, 36(3): 527-556.

[145] O'REILLY C A, CHATMAN J A, CALDWELL D F. People and organizational culture: a profile comparison approach to assessing person-organization fit[J]. Academy of Management Journal, 1991, 34(3): 487-516.

[146] ORLITZKY M, SCHMIDT F L, RYNES S L. Corporate social and financial performance: a meta-analysis[J]. Organization Studies, 2003, 24(3): 403-441.

[147] OUMLIL A B, BALLOUN J L. Ethical decision-making differences between American and Moroccan managers[J]. Journal of Business Ethics, 2009, 84(4): 457-478.

[148] PALICH L E, CARDINAl L B, MILLER C C. Curvilinearity in the diversification-performance linkage: an examination of over three decades[J]. Strategic Management Journal, 2000, 21(2): 155-174.

[149] Park C. Prior performance characteristics of related and unrelated acquirers[J]. Strategic Management Journal, 2003, 24(3): 471-480.

[150] Parker S K, Wall T D, Jackson P R. That's not my job: developing flexible employee work orientations[J]. Academy of Management Journal, 1997, 40(4): 899-929.

[151] PARKS M L, CONLON D E, ANG S, et al. The manager giveth, the manager taketh away: variation in distribution/recovery rules due to resource type and cultural orientation [J]. Journal of Management, 1999, 25(5): 723-757.

[152] PATERSON J M, GREEN A, CARY J. The measurement of organizational justice in organizational change programmes: a reliability, validity and context-sensitivity assessment[J]. Journal of Occupational And Organizational Psychology, 2002, 75(4): 393-408.

[153] PETERSON D K. The relationship between unethical behavior and the dimensions of the ethical climate questionnaire[J]. Journal of Business Ethics, 2002, 41(4): 313-326.

[154] PHILLIPS J M, GULLY S M. Fairness reactions to personnel selection techniques in Singapore and the United States[J]. International Journal of Human Resource Management, 2002, 13(8): 1 186-1 205.

[155] PILLAI R, SCANDURA T A, WILLIAMS E A. Leadership and organizational justice: similarities and differences across cultures [J]. Journal of International Business Studies, 1999, 30 (4): 763-779.

[156] PRICE K H, HALL T W, Van Den Bos K, et al. Features of the value function for voice and their consistency across participants from four countries: great Britain, Mexico, the Netherlands, and the United States[J]. Organizational Behavior and Human Decision Processes, 2001, 84(1): 95-121.

[157] RESICK C J, HANGES P J, Dickson M W, et al. A cross-cultural examination of the endorsement of ethical leadership[J]. Journal of Business Ethics, 2006, 63(4): 345-359.

[158] REST J. Background Theory and Research, in J. Rest and D. Narvaez (Eds.), Moral Development in the Prof essions [M]. Erlbaum and Associates, 1994.

[159] REYNOLDS S J. Moral awareness and ethical predispositions: investigating the role of individual differences in the recognition of moral issues[J]. Journal of Applied Psychology, 2006, 91(1): 233-293.

[160] ROBERT C, WASTI S A. Organizational individualism and collectivism: theoretical development and an empirical test of a measure[J]. Journal of Management, 2002, 28(4): 544-566.

[161] ROBERTS P W, DOWLING G R. Corporate reputation and sustained superior financial performance [J]. Strategic Management Journal, 2002, 23(12): 1 077-1 093.

[162] ROBINSON S L, MORRISONE W. The development of psychological contract breach and violation: a longitudinal study[J]. Journal of Organizational Behavior, 2000, 21(5): 525-546.

[163] ROUSSEAU D M. New hire perception of their own and their employee's obligations: a study of psychology contract[J]. Journal of Organizational behavior, 1990, 11(5): 389-400.

[164] ROUSSEAU D M. Psychological contract in organizations[M]. 出版地: California Thousand Oaks, CA: Sage, 1995.

[165] RUIZ-PALOMINO P, MARTINEZ-CCANAS R. Supervisor role modeling, ethics-related organizational policies, and employee ethical intention: the moderating impact of moral ideology[J]. Journal of Business Ethics, 2011, 102(4): 653-668.

[166] RUPP D E, CROPANZANO R. The mediating effects of social exchange relationships in predicting workplace outcomes from multifoci organizational justice [J]. Organizational Behavior and Human

Decision Processes, 2002, 89(1): 925-946.

[167] SCHMINKE M, AMBROSE M L, NEUBAUM D O. The effect of leader moral development on ethical climate and employee attitudes[J]. Organizational Behavior and Human Decision Processes, 2005, 97(2): 135-151.

[168] SCHWARTZ S H. Beyond individualism/collectivism: new cultural dimensions of values[M]. California Newbury park, 1994.

[169] SCHWEPKER C H. Ethical climate's relationship to job satisfaction, organizational commitment, and turnover intention in the sales force [J]. Journal of Business Research, 2001, 54(1): 39-52.

[170] SCHWEPKER C H. Ethical climate's relationship to job satisfaction, organizational commitment, and turnover intention in the salesforce[J]. Journal of Business Research, 2001, 54(1): 39-52.

[171] SHALHOOP J H. Social-exchange as a mediator of the relationship between organizational justice and workplace outcomes[D]. Ohio University of Akron, 2003.

[172] SIMS R L, KEON T L. Ethical work climate as a factor in the development of person-organization fit[J]. Journal of Business Ethics, 1997, 16(11): 1095-1105.

[173] SIMS R R. Ethics and corporate social responsibility: why giants fall[M]. New York, Praeger Publishers, 2003.

[174] SINGER M S. The role of moral intensity and fairness perception in judgments of ethicality: a comparison of managerial professionals and the general public[J]. Journal of Business Ethics, 1996, 15(4): 469-474.

[175] SINGHAPAKDI A, VITELL S J, KRAFT K L. Moral intensity and ethical decision-making of marketing professionals[J]. Journal of Business Research, 1996, 36(5): 245-255.

[176] SKARLICKI D P, FOLGER R, TESLUK P. Personality as a moderator in the relationship between fairness and retaliation[J]. Academy of Management Journal, 1999, 42(1): 100-108.

[177] SONG L J, TSUI A S, LAW K S. Unpacking employee responses to organizational exchange mechanisms: the role of social and economic exchange perceptions[J]. Journal of Management, 2009, 35(1): 56-93.

[178] SPICER A, DUNFEE T W, BAILEY W J. Does national context matter in ethical decision-making? an empirical test of integrative social contracts theory[J]. Academy of Management Journal, 2004, 47(4): 610-620.

[179] STEINER D D, GILLILAND S W. Fairness reactions to personnel selection techniques in France and the United States[J]. Journal of Applied Psychology, 1996, 81(2): 134-141.

[180] SVENSSON G, WOOD G. A model of business ethics[J]. Journal of business ethics, 2008, 77(3): 303-322.

[181] SWEENEY P D, MCFARLIN D B. Workers' evaluations of the "ends" and the "means": an examination of four models of distributive and procedural justice[J]. Organizational Behavior And Human Decision Processes, 1993, 55(1): 23-40.

[182] TAYLOR M S, TEKLEAB A G. Moving forward with psychological contract research: addressing some troublesome issues and setting research priorities[M]. Ox ford COYLE-SHAPIRO J, SHORE L, TAYLOR M S, Tetrick L. The employment relationship: examining psychological and contextual perspectives[M]. Oxford University Press, 2004: 253-283.

[183] TEKLEAB A G, TAKEUCHI R, TAYLOR M S. Extending the chain of relationships among organizational justice, social exchange, and employee reactions: the role of contract violations[J]. Academy of Management Journal, 2005, 48(1): 146-157.

[184] TEPPER B J. Health consequences of organizational injustices: test of main and interactive effects[J]. Organizational Behavior and Human Decision Processes, 2001, 86(2): 197-215.

[185] THOMPSON L J. The moral compass: leadership for a free world

[M]. Charlotte, NC, Information Age Pub Inc, 2009.

[186] TOH S M, MORGESON F P, CAMPION M A. Human resource configurations: investigating fit with the organizational context [J]. Journal of Applied Psychology, 2008, 93 (4): 864-882

[187] TREMBLAY M, ROUSSEL P. Modelling the role of organizational justice: its effects on satisfaction and attitudes to collective action [J]. International Journal of Human Resources Management, 2001, 12: 717-737.

[188] TREVINO L K, BRDWN M, HARTMAN L P et al. A qualitative investigation of perceived executive ethical leadership: perceptions from inside and outside the executive suite[J]. Human Relations, 2003, 56(1): 5-37.

[189] TREVINO L K, WEAVER G R, REYNOLDS S J. Behavioral ethics in organizations: a review [J]. Journal of Management, 2006, 32(32): 951-990.

[190] TREVINO L K, YOUNGBLOOD S A. Bad apples in bad barrels: a causal analysis of ethical decision-making behavior[J]. Journal of Applied Psychology, 1990, 75(4): 378-385.

[191] TRIANDIS H C. Individualism And collectivism[M]. Boulder: Westview Press, 1995.

[192] TSAI M T, HUANG C C. The relationship among ethical climate types, facets of job satisfaction, and the three components of organizational commitment: a study of nurses in Taiwan[J]. Journal of Business Ethics, 2008, 80(3): 565-581.

[193] TSUI A S, XIN K R. Dealing with discrepant expectations: response strategies and managerial effectiveness[J]. Academy of Management Journal, 1995, 38(6): 1 515-1 543.

[194] TUSI A S, PEARCE J L, PORTER L W, et al. Alternative approaches to the employee organization relation: does investment in employees pay off[J]. Academy of Management Journal, 1997, 40(5): 1 089-1 121.

[195] TYLER T R, BALDER S L. Cooperation in groups: procedural justice, social identity, and behavioral engagement[M]. New York: Psychology Press, 2000.

[196] TYLER T R, LIND A E. A relational model of authority in groups, in M P Zanna (Eds.), advances in experimental social psychology [M]. San Diego: Academic Press, 1992.

[197] VALENTINE S, BARNETT T. Ethics codes and sales professionals' perceptions of their organizations' ethical values[J]. Journal of Business Ethics, 2002, 40(3): 191-200.

[198] VALENTINE S, BARNETT T. Ethics codes and sales professionals' perceptions of their organizations' ethical values[J]. Journal of Business Ethics, 2002, 40(3): 191-200.

[199] VALENTINE S, GODKIN L, FLEISCHMAN G, et al. Corporate ethical values, group creativity, job satisfaction and turnover intention: the impact of work context on work response[J]. Journal of Business Ethics, 2011, 98(3): 353-372.

[200] VAN DEN BOS K. Uncertainty management: the influence of uncertainty salience on reactions to perceived procedural fairness [J]. Journal of Personality and Social Psychology, 2001, 80(6): 931-941.

[201] VANSANDT C V, SHEPARD J M, ZAPPE S M. An examination of the relationship between ethical work climate and moral awareness [J]. Journal of Business Ethics, 2006, 68(4): 409-432.

[202] VICTOR B, CULLEN J B. The organizational bases of ethical work climates[J]. Administrative Science Quarterly, 1988, 33(1): 101-125.

[203] VISWESVARAN C, ONES D S. Examining the construct of organizational justice: a meta-analytic evaluation of relations with work attitudes and behaviors[J]. Journal of Business Ethics, 2002, 38(3): 193-203.

[204] VITELL S, SINGHAPAKDI A. The role of ethics institutionalization

in influencing organizational commitment, job satisfaction, and esprit de corps[J]. Journal of Business Ethics, 2008, 81(2): 343-353.

[205] WALTON R E. From control to commitment: transforming work force management in the United States[M]. Boston: Harvard Business School Press, 1985.

[206] WANG, TSUI A S. Employment relationships and firm performance: evidence from an emerging economy[J]. Journal of Organizational Behavior, 2003, 24(5): 511-535.

[207] WATLEY L D. Enhancing moral intensity: an informational model of ethical decision making[D]. 地点: Lindon, The University of Nebraska, 2002.

[208] WEAVER G R, Conlon D E. Explaining facades of choice: timing, justice, effects, and behavioral outcomes[J]. Journal of Applied Social Psychology, 2003, 33(1): 2217-2244.

[209] WEBER J, SEGER J E. Influences upon organizational ethical subclimates: a replication study of a single firm at two points in time[J]. Journal of Business Ethics, 2002, 41(1-2): 69-84.

[210] WEBER J. Managers' Moral Reasoning: Assessing Their Responses to Three Moral Dilemmas[J]. Human Relations, 1990, 43(7): 687-702.

[211] WIERZBICKA A. Cross-cultural pragmatics: the semantics of human interaction[M]. New York: Mouton de Gruyter, 1991.

[212] WIMBUSH J C, SHEPARD J M, MARKHAM S E. An empirical examination of the multi-dimensionality of ethical climate in organizations[J]. Journal of Business Ethics, 1997, 16(1), 67-77.

[213] WINGREEN S C, BLANTON J E. A social cognitive interpretation of person-organization fitting: The maintenance and development of professional technical competency[J]. Human Resource Management, 2007, 46(4): 631-650.

[214] WRIGHT T A, QUICK J C. The role of character in ethical leadership research[J]. Leadership Quarterly, 2011, 22(5): 975-978.

[215] 曹德本，方妍. 中国传统义利文化研究[J]. 清华大学学报(哲学社会科学版)，2005，1(20)：14-19.

[216] 陈泽环. 全球化、文明模式与经济伦理价值观[J]. 学术月刊，2003，9：11-14.

[217] 陈志刚. 员工公平感与人力资源薪酬策略以及组织承诺的关系研究[D]. 杭州：浙江大学，2003.

[218] 邓恒. 霍布斯正义观初探[J]. 哈尔滨学院学报，2006，27(8)：18-21.

[219] 葛玉辉，陈悦明. 绩效管理实务[M]. 北京：清华大学出版社，2008.

[220] 何颖. 制度伦理及其价值诉求[J]. 社会科学战线，2007(4)：37-41.

[221] 洪振顺. 组织公正对组织公民行为影响之研究一信任关系之观点[D]. 广州：中山大学，1998.

[222] 黄珺君. 伦理型领导对组织伦理氛围的影响：基于渗透过程模型[D]. 杭州：浙江工商大学，2012.

[223] 霍娜，李超平. 工作价值观的研究进展与展望[J]. 心理科学进展，2009，17(4)：795-801.

[224] 金杨华，黄珺君. 伦理型领导对组织伦理的影响[J]. 管理现代化，2013(1)：79-81.

[225] 金杨华，吕福新. 关系取向与企业家伦理决策——基于"浙商"的实证研究[J]. 管理世界，2008(8)：100-106.

[226] 金杨华，赵文阁. 组织公正的理论模型与效应研究[J]. 商业经济与管理，2008，201：37-41.

[227] 金杨华. "浙商"从个人偏好到组织公正的转型[J]. 浙江社会科学，2007(3)：53-56.

[228] 雷丁. 海外华人企业家的管理思想——文化背景与风格[M]. 张遵敬，范煦，吴振寰，译. 上海：三联书店出版社，1993.

[229] 李超平，时勘. 分配公平和程序公平对工作倦怠的影响[J]. 心理学报，2003，35(5)：677-684.

[230] 李登月. 组织伦理气候对员工越轨行为的影响研究[D]. 广州：华南理工大学，2012.

[231] 李谦. 关键绩效指标考核法研究[D]. 天津：天津商学院，2003.

[232] 李晓明，王新超，傅小兰. 企业中的道德决策[J]. 心理科学进展，2007，15(4)：665-673.

[233] 李晔，龙立荣，刘亚. 组织公平感对组织结果变量的影响[J]. 管理世界，2003(3)：126-132.

[234] 刘毕娜. 雇佣关系模式、组织公正感与员工反应变量关系研究[D]. 杭州：浙江工商大学，2010.

[235] 刘文彬，井润田. 组织文化影响员工反生产行为的实证研究——基于组织伦理气氛的视角[J]. 中国软科学，2010(9)：118-129.

[236] 刘小平，王重鸣. 组织承诺及其形成过程研究[J]. 南开管理评论，2001，4(6)：58-62.

[237] 刘亚. 组织公平感的结构及其与组织效果变量的关系[D]. 武汉：华中师范大学，2002.

[238] 卢嘉，时勘，杨继锋. 工作满意度评价结构和方法[J]. 中国人力资源开发，2001(1)：15-17.

[239] 卢嘉. 工作满意度的结构及其与公正感、离职意向的关系[D]. 北京：中国科学院，2001.

[240] 罗尔斯. 正义论.[M]. 何怀宏，何保钢，廖申白译. 北京：中国社会科学出版社，1998.

[241] 罗跃军. 柏拉图《理想国》中的正义观辨证[J]. 哲学研究，2012(8)：68-71.

[242] 马广敏. 企业伦理准则感知对组织伦理氛围和非伦理行为的影响[D]. 杭州：浙江工商大学，2013.

[243] 彭世勇. 霍夫斯塔德文化价值理论及其研究方法[J]. 解放军外国语学院学报，2004，27(1)：95-99.

[244] 彭亚琳. 和谐社会视域下的商业伦理建设研究[D]. 沈阳：沈阳师范大学，2010.

[245] 谭长富，罗建文. 论经济行为主体的道德理性基础及其作用[J]. 湖南社会科学，2003 (3)：15-18.

[246] 汪新艳，廖建桥. 组织公平感对员工工作绩效的影响机制研究[J]. 江西社会科学，2007，9：152-156.

[247] 王怀勇,刘永芳,顾雷. 互动公正对员工绩效与主管承诺的影响及其机制[J]. 心理科学,2013,36(1):164-169.

[248] 王辉,牛雄鹰,Kenneth,等. 领导—部属交换的多维结构及对工作绩效和情境绩效的影响[J]. 心理学报,2004,36(2):179-185.

[249] 王庆燕,石金涛. 组织气氛与组织文化的研究脉络与异同[J]. 中国软科学,2012,34(6):112-119.

[250] 王宇清,周浩. 组织公正感研究新趋势——整体公正感研究述评[J]. 外国经济与管理,2012,34(6):25-32.

[251] 吴红梅,刘洪. 西方伦理决策研究述评[J]. 外国经济与管理,2006,28(12):48-55.

[252] 吴红梅. 西方组织伦理氛围研究探析[J]. 外国经济与管理,2005,27(9):32-38.

[253] 吴维库,刘军,张玲,等. 以价值为本的领导行为与团队有效性在中国的实证研究[J]. 管理世界,2002(08).

[254] 吴忠民. 警惕逐渐拉开的贫富差距[J]. 瞭望,2005(32):56-56.

[255] 严进,付琛,郑玫. 组织中上下级值得信任的行为研究[J]. 管理评论,2011,23(2):99-106.

[256] 杨国枢. 中国人的社会取向:社会互动的观点[M]. 台北:桂冠图书公司,1992.

[257] 杨继平,李波. 西方学者对组织伦理气氛结构的研究[J]. 心理科学,2008,31(1): 173-176.

[258] 余兵. 柏拉图《理想国》中的正义思想及其对后世影响[D]. 合肥:安徽大学,2008.

[259] 袁勇志,何会涛. 组织内社会交换关系对心理契约违背影响的实证研究[J]. 中国软科学,2010(2):123-125.

[260] 张宁. 组织公平感对组织动态能力影响的实证研究[D]. 北京:中国政法大学,2013.

[261] 张一弛. 从扩展的激励——贡献模型看我国企业所有制对雇佣关系的影响[J]. 管理世界,2004(12):90-98.

[262] 张治灿,方俐洛,凌文辁. 企业职工的组织承诺[J]. 中国管理科学,1997,5(1):46-51.

[263] 赵立. 中小企业组织道德氛围及其对组织绩效的影响——基于浙江等省市的调查与分析[J]. 浙江社会科学,2011(7):135-144.

[264] 周浩,龙立荣,王燕. 分配公正、程序公正、互动公正影响效果的差异[J]. 心理学报,2005,37(5):687-693.

[265] 周杰. 企业员工组织公正感与组织公民行为的关系[J]. 心理科学,2009,32(4):997-999.

后 记

改革开放以来,中国经济社会经历了三十多年的发展和转型。经济社会的发展转型在促进物质繁荣的同时,也对组织商业环境和伦理规范产生了巨大的冲击和影响。规范商业伦理、促进组织公正已成为社会经济转型过程中迫切需要解决的问题,也成为理论界与实践界关注的焦点。

如果我们去访问员工,你们在组织中感受如何?你们怎么评价工作、领导、同事、薪酬、晋升和管理制度?不可避免地会涉及组织公正和组织伦理问题。组织公正与伦理不仅会影响员工的心理、态度与行为,而且会对组织的可持续发展产生重大影响。出于对这一关乎组织与员工共同发展的问题的关注,2006 年以来,我们对组织公正和组织伦理决策相关文献进行了梳理,开展了一系列实证研究,以期为转型社会背景下的中国企业组织公正与伦理建设贡献一点力量。我们的相关研究课题也得到了国家自然科学基金委、浙江省自然科学基金委、浙江省社科联等相关机构的资助。本书是对以往一些研究成果的总结,从理论和实践两个部分对转型社会背景下组织公正与伦理决策若干问题进行了论述。理论篇着重阐述组织公正与伦理决策的研究历史、理论方法与模型的总结;实证篇是对中国文化背景下组织公正内涵和作用机制的分析、伦理决策影响因素与效应的评价。

本书的出版得到了很多同事、朋友的帮助,我要衷心感谢在工作中给予我帮助和支持的老师、同事、朋友和学生们。感谢我的博士生导师、浙江大学人文社科资深教授王重鸣先生,是王老师的谆谆教诲和关怀指导,引领我走上了学术研究的道路;感谢浙江工商大学工商管理学院郝云宏院长和同事们,是他们营造了良好的工作和学习氛围,也为我的研究提出了很多宝贵建议;感谢我的学生陈红、潘建林、叶燕华、黄珺君、谢瑶瑶、王阳、殷婷婷、王婷等等,他们参与了课题研究,并或多或少为本书的出版做出了贡献；也要感谢浙江工商大学出版社鲍观明社长、郑建主任带领的团队，他们为编辑和出版本书付出了辛勤的汗水。

还要特别感谢父母、妻子对我的支持和理解，感谢女儿小米给我带来的无尽乐趣。学术研究是一条艰辛的道路，既然选择了它，我会怀着本真在学术田野里勤奋耕耘。